中国社会科学院创新工程学术出版资助项目

高英东 著

美国社会的犯罪与犯罪治理

CRIME AND CRIMINAL GOVERNANCE IN AMERICAN SOCIETY

中国社会科学出版社

图书在版编目（CIP）数据

美国社会的犯罪与犯罪治理／高英东著 . —北京：中国社会科学
出版社，2017.10
ISBN 978 - 7 - 5203 - 1130 - 4

Ⅰ.①美…　Ⅱ.①高…　Ⅲ.①犯罪—社会问题—研究—美国
Ⅳ.①D771.288

中国版本图书馆 CIP 数据核字（2017）第 243309 号

出 版 人	赵剑英	
责任编辑	郭　鹏	
责任校对	张艳萍	
责任印制	李寡寡	

出　　版	中国社会科学出版社	
社　　址	北京鼓楼西大街甲 158 号	
邮　　编	100720	
网　　址	http://www.csspw.cn	
发 行 部	010 - 84083685	
门 市 部	010 - 84029450	
经　　销	新华书店及其他书店	

印　　刷	北京明恒达印务有限公司	
装　　订	廊坊市广阳区广增装订厂	
版　　次	2017 年 10 月第 1 版	
印　　次	2017 年 10 月第 1 次印刷	

开　　本	710×1000　1/16	
印　　张	16	
字　　数	235 千字	
定　　价	68.00 元	

凡购买中国社会科学出版社图书，如有质量问题请与本社营销中心联系调换
电话：010 - 84083683

目　　录

前　言

　　美国是一个崇尚法律的国家，它的法律制度可谓完善，法治文化可谓成熟。但与此同时，挑战、甚至破坏法律又是美国社会由来已久的一种现象抑或传统。因此，美国又是全球驰名的公民违法犯罪大国。20世纪六七十年代，由于民权运动、反战、政府腐败等原因，美国社会陷入剧烈动荡，犯罪状况持续严重。到20世纪80年代，美国社会的犯罪率已远远超过西欧各国、日本等绝大多数西方发达国家，成为西方世界位居第一的犯罪大国。联合国国际预防犯罪中心（UNCCP）提供的资料显示，20世纪80年代初，在综合犯罪率位居全球前十的世界大型城市中，美国一国就占据了3席，而整个欧洲40多个国家相加在一起才只有2席。

　　从表层上看，社会犯罪给美国民众的生命财产和生活质量造成了严重损害；而从深层上说，犯罪削弱了美国的国家"软实力"。因为社会犯罪不仅加剧了美国不同阶层、不同种族、不同信仰、不同政治派别，乃至不同地区之间的矛盾和冲突，并且对青少年的道德、人格塑造以及价值观、世界观的形成等造成了严重的负面影响，从而损害了美国社会的今天和未来。美国著名政治学家约瑟夫·奈指出，美国的谋杀率和入狱人口的高比例等犯罪问题大大降低了美国社会的吸引力，因此削弱了美国的"软实力"。由此不难看出，犯罪对美国社会的伤害是巨大而深远的。

　　面对日益严重的社会犯罪，1993年，时任美国总统的克林顿在其向国会两院以及全体美国人民发布的《国情咨文》（*State of the Union Address*）中郑重宣布，将充分利用政府的资源，动员美国人民，以举国之力"向犯罪宣战"（War On Crime）。提出向犯罪"宣战"，并把遏制犯罪提升到国家战略的高度，这在美国历史上前所未有。然而，二十多年过去了，如今，如何有效遏制犯罪的增长和蔓延却依旧是摆在美国各级政府面前的一大难题。特别是在奥巴马执政的 8 年里，社会犯罪，特别是一些严重的刑事犯罪出现了逐年上升的情况，枪支暴力犯罪、毒品犯罪、仇恨犯罪、青少年团伙犯罪等等，案件的发案率不断增多，公共安全形势持续滑坡。在最近一次即 2016 年的总统竞选中，犯罪问题也因此再度成为一个重要的竞选议题。在竞选过程中，特朗普始终把"反犯罪"作为其竞选活动的一个重要"抓手"，在此问题上大做文章。他一方面不断指责是奥巴马政府的错误政策导致了今天的恶果，另一方面则再三对选民承诺，如果当选，他将"采取强硬化的刑事司法手段，彻底清除美国社会的犯罪和暴力"，成为一个"'法律与秩序'（Law and Order）的总统"。1 月 20日正式入主白宫后，打击犯罪是摆在他桌面的紧迫事项之一。在短短一个多月的时间里，他迅速推出了多项重大举措，例如，他宣布成立打击犯罪的"联邦安全特遣队"；发起了对美国境内有犯罪记录的非法移民的"突袭性"逮捕行动；坚持启动引起巨大争议的"禁穆令"等等。尽管这些政策、措施几乎都是他在竞选期间反复承诺或主张的，但是他上台后在此问题上的出手速度之快、力度之大、涉及的范围之广等，还是大大出乎了人们的意料。这也从一个侧面反映了遏制犯罪在当今美国社会的紧迫程度。然而，特朗普领导下的美国新政府能否在遏制日趋严重和复杂的社会犯罪问题上真正有所作为，美国的犯罪形势将如何演变，目前还难作定论。

本书对目前美国犯罪问题的总体状况及特点、新的变化与趋势等进行了全面梳理，着重陈述和分析了当今美国社会最为突出和对公众与社会生活影响最为重大的一些犯罪问题，例如枪支暴力问题、毒品泛滥问题、青少年犯罪问题、网络犯罪问题，等等。全书以考察美国公民权利与犯罪控制之间存在的矛盾冲突为视角，从分析美国社会与文化各主要因素的发展、变化对犯罪问题的影响入手，从立法举措和司法制度的利弊成败等多个层面，分析、阐述了美国社会犯罪问题的产生、特点、症结与变化等，介绍、分析了美国联邦和地方政府在犯罪治理方面的举措和方略，总结、归纳了它的成败得失以及未来的走向等。

　　犯罪治理是当今全球性的一个紧迫问题。近年来，在以习近平总书记为核心的党中央领导下，中国政府十分重视法治建设和依法治国，社会治理中的犯罪治理也日益成为全社会关心与思考的热点问题。美国立法、司法建设的历史长远，实践充分；美国应对及治理犯罪的经验与教训丰富、典型，具有一定的参考价值。与此同时，加强和推动中美文化交流包括法治建设方面经验的交流也是中国政府确定的中美交往与合作中的重要内容之一。相信本书的出版能在一定程度上满足对犯罪治理问题感兴趣以及从事相关研究工作的各界人士的迫切需求。

第一章　近十年国内美国犯罪问题研究综述（2007—2016）

过去十年是美国的社会犯罪发生剧烈起伏变化的十年，其犯罪率从 20 世纪末、21 世纪初相对平稳甚至趋于下降的势头再度逆转，十年间尤其是奥巴马上台执政的 8 年里，刑事犯罪特别是一些"重罪"案件的发案率明显增多，例如枪支暴力、谋杀、毒品犯罪、"仇恨犯罪"等等，公共安全形势明显恶化。这种剧烈变化的形势在客观上对中国的美国犯罪问题研究产生了一定的推动，十年来相关研究发展迅速，成果大量涌现。鉴于篇幅所限，现仅对最近十年来该领域的研究概貌予以介绍，并对各主要研究方向中的重点成果予以介绍和评析。

第一节　研究成果概述与分析

最近十年来，国内对美国犯罪问题与犯罪治理的研究无论在数量、质量，还是在选题的宽度与广度，以及研究方法和手段的开拓与更新等各个方面，都取得了明显的提升或进展，应当说比上一个十年上了一个很大的台阶。通过对此间发表的相关专著、论文、译著等成果内容与形式的研究和分析，可以给出以下几方面的评述。

一　研究成果数量大幅增加

据不完全统计，最近十年来，中国学者撰写的关于美国犯罪与犯罪治理问题的学术专著（含专著中有较大篇幅涉及美国犯罪与犯罪治理问题研究的作品）31部，平均每年3.1部①，比上一个十年增加16部，增长幅度约为94.1%；发表的学术论文610余篇，平均每年60余篇②，比上一个十年增加370余篇，增长幅度约为154%；翻译及翻译加评述类的国外（主要是美国）学者撰写的美国犯罪与犯罪治理问题的学术专著33部，平均每年3.3部③，比上一个十年增加14部，增长幅度为73.6%。

由此可见，最近十年来在研究专著、论文、译著三大类别的成果上都取得了很大幅度的增长，尤其是专著和论文，均取得了近百分之百或更高的增长幅度。特别值得一提的是，研究专著与译著之比已由十年前的3∶5，提升至最近十年的几乎为5∶5，专著出版已几近追平译著的出版。这充分说明，最近十年来，中国在该领域的"自主"性研究及其成果取得了明显的发展。

二　研究成果形式丰富多样

研究成果出版形式的变化是最近十年来该领域出现的一个十分重要的改变和提升。这方面最显著的特点是，成果的出版在依然注重选题契合读者需要的同时，已开始普遍重视产品的规模化、系列化、冲击力等外在形式的改善，出现了众多"丛书""文库""译丛"等系列化的产品形式。这一变化不仅使相关出版得以更广泛地涵盖各类读者的阅读、参考需求，同时也为实现研究成果的社会效益与经济效益的双赢提供了可能。在这些系列化的产品中，既有专门（或主要）研究美国法律及犯罪问题的"丛书"或"文库"，也有法律、犯罪、社会学、政治学等多学科方向兼容并蓄的产品。其主要产品有：

---

① 本统计数字主要依据对当当网、亚马逊网、百度学术、孔夫子旧书网、豆瓣读书等的检索而得出。

② 本统计数字主要依据对中国知网、百度学术、中国社科期刊（网络版）、人大复印报刊资料全文数据、维普中文社科期刊数据库、万方数据库等网站或数据库的检索而得出。

③ 本统计数字主要依据对当当网、亚马逊网、百度学术、孔夫子旧书网、豆瓣读书等的检索而得出。

（一）专门（或主要）研究美国法律及犯罪问题的"丛书"与"文库"

此类系列化成果主要有以下 12 项，即："美国宪法与刑事诉讼经典判例丛书""美国最高法院大法官传记译丛""美国法律文库""外国法律文库""外国反腐败法律译丛""犯罪学名著译丛""现代西方犯罪学译丛""国际犯罪学大师系列""法学译丛""法律与社会译丛""警察学译丛"和"威科法律译丛"。

其中"美国法律文库"是以上"丛书"或"文库"中出版成果最多的一个。该文库的一个得天独厚的优势与支撑是，它是根据1997 年10 月江泽民主席访美期间与美国总统克林顿达成的"中美元首法治计划"（*Presidential Rule of Law Initiative*）而发起和推动的。该文库由美国新闻署策划主办、中国政法大学出版社翻译出版。该文库所选书目均以能够体现美国法律教育的基本模式以及法学理论研究与实践的最高水平为标准。该文库计划出书近百种，既包括经典法学教科书，也包括经典法学、犯罪学等专著。该文库无疑是中国学者了解美国的法律与司法体系和制度，以及犯罪控制问题的重要参考文献。最近十年来，该文库出版的重要作品有：《法律人统治下的国度：法律职业危机如何改变美国社会》《为了司法/正义：法律职业改革》《美国最高法院（第三版）》等。

其他有一定规模和影响的系列及其代表作品有："外国反腐败法律译丛"及其中的《美国政府道德法、1989 年道德改革法、行政部门雇员道德行为准则》；"外国法律文库"及其中的《白领犯罪》；"法学译丛"及其中的《少年司法的一个世纪》；"现代西方犯罪学译丛"及其中的《社会控制——越轨行为、犯罪与社会秩序》《解读犯罪预防——社会控制、风险与后现代》；"警察学译丛"及其中的《警察与社区——概念和实例》等等。

（二）多学科汇集且包含美国法律与犯罪治理的"丛书"与"文库"

此类系列化成果主要有以下 14 项，即："社科院文库"，其中的相关作品有《美国的政治腐败与反腐败——对美国反腐败机制的研究》；"东方青年学人文库"，主要相关作品有《科学与政治之间：美国医学会与毒品管制的源起（1847—1973）》；"禁毒研究丛书"，主要相关作品有《二十世纪美国毒品政策的演变》；"金木棉学术文丛"，主要相关作品有《美国监狱私有化研究——私人部门参与提供公共服务分析》；"国家治理与政府改革译丛"，主要相关作品有《公民治理——引领21世纪美国的社区》；"社会学译丛"，主要相关作品有《越轨社会学》； "社会思想译丛"，主要相关作品有《司法至上的政治基础——美国历史上的总统、最高法院及宪政领导权》；"华东政法大学校庆六十周年纪念文丛"，主要相关作品有《新型国际犯罪研究》；"华东政法大学刑法学博士文库"，主要相关作品有《恐怖主义犯罪研究》；以及"政法文丛"，主要相关作品有《奥巴马与最高法院》。

三 研究成果内容质量全面改善

通过对相关研究成果内容的梳理、研读和分析，可以明显地看出，过去十年中国学者对美国犯罪问题、犯罪治理以及相关法律问题的研究无论在理论与实务方面，还是在广度与深度方面，以及在方法与手段方面等等，都取得了显著的提升和推进。其具体进展与变化如下：

（一）研究成果所涉及的学科方向大大拓展

其内容广泛涉及以下各个领域：第一，对美国法律"顶层设计"领域的研究。例如：关于宪法与最高法院的研究。第二，对刑事司法制度的构建与运作，以及犯罪治理的研究。例如：犯罪被害人制度研究、犯罪防控体系研究、犯罪成因研究、犯罪构成模式研究、犯罪重建原理与方法研究、监狱制度改革研究，等等。第三，对社会犯罪热点问题的研究。例如：枪支犯罪研究、毒品犯罪研究、有组织犯罪研究、青少年犯罪研究、校园暴力研究，等等。第四，对新型犯罪问题的研究。例如：恐怖主义犯罪研究、网络空间犯罪研究、职务犯罪研究、仇恨犯罪研究，等等。

（二）社会热点、重点犯罪问题及犯罪控制方面的成果数量明显大于其他犯罪问题

例如：枪支暴力、腐败问题、恐怖主义犯罪、社区警务等方面的

成果数量增长速度大大居前。

（三）出现了一些对"非显性"抑或"冷僻"学科方向的研究成果

例如：军事犯罪立法研究、法官人身安全保护制度研究、汽车搜查制度研究、地点警务研究，等等。

（四）译著的出版发生显著变化

其主要表现是，一般性的关于美国犯罪问题和犯罪治理的译著出版的数量明显减少，例如青少年犯罪、毒品犯罪、犯罪矫正等。与此同时，一些专门性的但又同样适合大众读者阅读的法律、刑事司法或犯罪控制的译著，其出版数量则有所增加。例如：犯罪现场调查、犯罪心理分析、金融电子犯罪，等等。

（五）研究方向或选题更为与时俱进

选题内容明显更具时代性、现实性，更注重与中国国内现实的法律与犯罪治理方面的理论需求、方法借鉴需求等相呼应或相契合，学者的现实关怀意识明显增强。例如，最近十年来，对美国网络犯罪问题、暴恐犯罪问题、少年司法问题、社区治理问题、毒品控制问题等的研究投入明显加大，成果明显增多，为中国相关问题的研究和应对措施的制定等提供了很好的支持。

第二节　研究关注的主要问题及成果内容论列

最近十年来，中国学者完成的关于美国犯罪、犯罪治理以及相关法律问题的学术专著、译著和研究论，其涉及的领域或问题主要集中在以下 6 个方面，即：宪法和最高法院研究、腐败问题研究、枪支暴力犯罪研究、毒品问题研究、"白领犯罪"研究和青少年犯罪研究。

一　宪法和最高法院研究

从严格意义上说，关于宪法和最高法院的研究成果似不属于"美国犯罪问题与犯罪治理"之范畴，本书之所以将其纳入其中，主要有以下三点考量。第一，研究美国的犯罪问题，尤其是犯罪控制与犯罪治理，对美国宪法以及最高法院的研究是重要的基础和前提。这不仅仅是因为美国宪法是美国的"高级法"，美国联邦及各级政府制定和实施的各类、各项法律，都必须以宪法为基础，以宪法规定的原则为准绳，而且还在于，美国宪法中的一些重要的法律规定例如"第二修正案""第四修正案""第八修正案"等等，以及最高法院的"司法审查权"① 和一些重要判决，例如"哥伦比亚特区诉海勒案"（District of Columbia v. Heller, 554 U. S.）、"麦克唐纳诉芝加哥案"（McDonald v. Chicago）、"米勒诉阿拉巴马州案"（Miller v. Alabama）、"杰克逊诉霍布斯案"（Jackson v. Hobbs）等等，均对当今美国社会的犯罪控制发挥着重要的，乃至决定性的作用和影响，并且这种作用和影响在美国政治与社会日益趋于"两极化"的今天，似乎比以往任何时候都愈加重要和关键。第二，当今，美国社会的枪支暴力问题、大麻合法化问题、青少年犯罪问题等日益凸显，而对于这些问题的研究和治理不仅涉及具体的刑事司法问题，更重要的是它还广泛涉及美国的宪法思想与宪法权利问题。忽略了这些问题，就很难分析和理解那些具体的犯罪治理问题。因此，研究美国的犯罪与犯罪治理问题，无法脱离或忽略对美国宪法和最高法院的研究。第三，目前，美国社会围绕着是否应对宪法中"权利法案"中的某些条款，例如《宪法第二修正案》等进行修订的争论时有发生，并且这种争论已成为近年来美国社会，特别是司法界讨论较多的问题之一，这个问题的走向不仅将直接决定美国枪支问题的未来，而且还将影响到整个"权利法案"的命运，是一个"牵一发动全身"的重大宪法和法律问题。此外，我们以往对美国犯罪问题与犯罪治理的研究，事实上存在着一个明显的误区或缺漏，即一般只注重对具体的犯罪问题与治理方法的探讨和研究，而对该问题"顶层设计"方面的研究却发力不够甚至予以忽略。这样的研究就难免会出现浮于表面、不切要害的后果。鉴于

---

① 美国联邦最高法院是美国国家最高审判机构，它握有宪法解释权和司法审查权（Judicial Review），即它可以通过对具体案例的裁决宣布联邦或州的法律是否违宪，并以此来影响和左右各州的立法及法院的司法操作。并且最高法院经司法审查后作出的判决是最终判决，必须予以执行。

以上背景、问题和考量，把对美国宪法和最高法院的研究纳入本综述的考察、论述之内显然是正确和必要的。

近年来，枪支管控问题、大麻合法化问题、废除死刑问题等越来越成为美国社会的热点议题，公众和舆论围绕着这些问题的争论也在持续升温，而这些问题的解决无一不首先涉及美国宪法的规定以及最高法院的司法审查与裁决。犯罪控制及犯罪治理问题与宪法和最高法院的这种密切的相关性，在客观上把中国学界在该领域的研究，特别是对最高法院司法审查权的研究推向了一个新的高度，出现了诸多研究成果。其中，任东来、胡晓进等的专著《在宪政舞台上：美国最高法院的历史轨迹》是这些研究成果中最为系统、全面、翔实地对最高法院司法审查权的历史与现状进行了深入研究的成果。本书以美国联邦最高法院的发展历程为切入点和视角，梳理、阐述了美国法治及其宪政制度的生成、巩固、发展和演化的历史进程。作者指出，在这一进程中，就制度建设而言，法院既经历了被人忽视、权威有限的孤独落寞，也体验了众星捧月、高高在上的无限风光。关于最高法院的作用和影响。作者认为，历史上它既有顺应潮流、迎合民意的作为，也有抵制潮流、阻止革新的行为。① 当然，它更多的是发挥了引领潮流、倡导变革的作用。关于最高法院的司法审查权对民权与犯罪控制的影响，作者指出，最高法院通过漫长的司法实践，把简洁的宪法文本发展成为一部复杂的部门法——宪法法，使之成为最高法院拥有最高权威的依据。而宪法法和司法审查权的确立，为最高法院在相关案件的判决中，包括持枪权、死刑问题方面维护美国人的基本价值和根本利益等奠定了基础。②

庞凌的论文《论司法审查的正当性基础》，则从宪法的高级法背景、分权与制衡原则、宪政视野下法院的职责、最高法院履行违宪审查的优势等几个方面，论证了在美国的宪法精神之下，最高法院司法

---

① 任东来、胡晓进等：《在宪政舞台上：美国最高法院的历史轨迹》，中国法制出版社2007年版，第77页。

② 同上。

审查权的正当性与制度基础。作者认为，司法审查体现了分权制衡原则，保障了公民的宪法权利，同时也维护了宪法的高级法地位，实践了美国宪政视野下的法院职责，确保各级法院在行使司法审判权时的合宪性，对美国社会在宪法精神与规定之下实施犯罪控制等具有不可替代的作用。

任东来、胡晓进和庞凌对最高法院司法审查权在美国政治生活以及法治建设包括犯罪控制等方面的作用和影响基本持正面和肯定的立场。但是，雷安军在《美国现代司法审查的兴起》一文中则与其不同，他对最高法院的这项权利基本持否定的立场和观点。他认为，我们今天所看到的美国司法审查是司法审查发展的现代阶段。我们必须清楚，在长时间的发展中，美国司法审查经历了质的变化。在殖民地时代，司法审查的行使往往被视为对抗立法暴政的革命行动，是震动社会的大事件。所以，此时法官们较为谨慎地行使司法审查权，因为此种权力被赋予了革命的意义，被认为是一种政治色彩极强的行为。在美国联邦成立前后，司法审查在人们的观念和实践中发生了质变，司法审查的行使不再是革命的行动，而是制约立法的常规手段。① 法院将解释宪法作为日常工作的一部分，并且根据解释的结果去审查立法是否违宪。至此，司法审查被赋予了浓厚的法律色彩，成为法院职责的一部分。这种司法审查的质变发生在早期的美国。在这之后，司法审查的质变经历了三个阶段：传统阶段、转型阶段和现代阶段。传统的司法审查以相信法官客观地解释宪法为特征，通过解释，法官"发现"立法违宪无效，因此，立法的违宪是客观的。然而，到19世纪末，作为一种支流的司法审查却通过正当程序尤其是实体正当程序主导了法官对规制的制定。在行使此种司法审查时，法官更多的不是在宪法中发现答案，而是在宪法中"创造答案"，司法审查权变成了法官立法的重要形式，这就完全违背了该权利设立时的初衷。② 作者认为，在司法审查的现代阶段。法院的哲学发生了根本的变化。司法

① 雷安军：《美国现代司法审查的兴起》，《北方法学》2011年第6期，第39页。
② 同上。

性立法被认为是法官无法退却甚至很有必要的职责。法院通过司法审查权，广泛地介入公共政策的制定过程，然而这并不是法院本该拥有的职责。然而目前，最高法院仍然而且更大力度地将现代司法审查淋漓尽致地应用于人权领域、少数族裔权利领域，以及枪支、堕胎、隐私、同性恋等等领域，使司法审查和最高法院成了美国举足轻重的决策者，这明显已经背离了美国制度的基础——三权分立，这对美国的民主制度而言是极其危险的。但作者认为，这种状态不会成为美国法律制度的常态。作者指出，我们所看到的美国的现代司法审查仅仅是司法审查发展的一个阶段，我们既不应将现代司法审查抬到过高的位置，认为其放之四海而皆准，甚至将其"神化"或"圣化"，也不必对其今天的"独大"地位过于担忧，因为，现代司法审查只是司法审查制度中的一个发展阶段，也就是说，在未来的发展中，它也会像其前面的三个发展、过渡阶段一样，终究会被超越。

另外，由傅郁林等译，美国宪法学家 H. R. 佩里撰写的《择案而审——美国最高法院案件受理议程表的形成》一书，也是中国学者和广大读者了解美国最高法院的运作，特别是其案件的受理过程和审判程序制定等重要环节的一部很有价值的专著。联邦最高法院每年收到的案件数量高达 5000 多宗，然而，它只对其中的近 5% 的案件进行复审。那么，这些案件是如何挑选出来的，最高法院的议程表又是如何设定的？作者深度采访了 5 位大法官、4 位联邦总检察长、7 位哥伦比亚特区联邦上诉法院法官和 64 位前联邦最高法院的大法官助理，通过这些采访以及多年对最高法院的近距离观察，作者披露了许多鲜为人知的最高法院设定议程表的政策、程序和优先考虑的因素等重要信息。这些信息无疑可以作为中国学者研究美国最高法院的重要的、具有第一手价值的宝贵资料。

二　腐败问题研究

就全球范围而言，美国并不是一个腐败问题严重的国家。根据透明国际①公布的全球《清廉指数排行》（*International's Corruption Perception Index*），近十年来，美国一直在第 25 至 30 位左右的区间内徘徊。虽然美国文官制度特别是控制腐败的相关立法已经相当完善和成熟，但是，由于一些政治、经济以及社会思潮方面的原因，政治腐败的情况在美国社会也时有发生，有些阶段甚至也极为严重，例如在 20 世纪末和 21 世纪初，"旋转门"② 现象司空见惯，军事采购方面的腐败问题也尤为突出，等等。但是美国通过法律制度的完善以及公众舆论的监督等措施对这类腐败现象一直实施着相对有效的控制。近年来，随着中国社会反腐败斗争的持续推进，对国外，包括美国在内的各国反腐制度与措施建设等方面的参考、借鉴需求日益加大，这在客观上大大推动了中国学界对世界各国特别是美国、欧洲等国反腐、防腐制度与体系建设方面的研究，研究成果迅速增长。最近十年间，这方面的研究主要从以下两大方面展开。

（一）对美国反腐败理论的形成及内容的研究

周琪的《西方学者对腐败的理论研究》在介绍、分析大量西方，特别是美国学者关于腐败理论研究著述的基础上，对腐败理论在西方的演变、西方学者对腐败的定义、腐败产生的根源及后果等问题的不同看法，进行了分析和整理。文章认为，美国对于政治腐败的系统研究始于 20 世纪 70 年代，那时美国学术界产生了政治腐败研究的修正主义方法。经过近 25 年的争论，约瑟夫·奈（Joseph Nye）用现代化

---

① "透明国际"（Transparency International）即"国际透明组织"，简称 TI，是一个非政府、非盈利、国际性的民间组织。"透明国际"于 1993 年由德国人彼得·艾根（Peter Ai-tken）创办，总部设在德国柏林。该组织以推动全球反腐败运动为己任，今天已成为对腐败问题研究的比较权威、全面和准确的国际性非政府组织，目前已在 90 多个国家成立了分会。它的研究结果经常被其他权威国际机构反复引用。

② "旋转门"，指的是个人在公共部门和私人部门之间双向转换角色、穿梭交叉为利益集团牟利的机制。"旋转门"机制可以被归为两类。第一类是由产业或民间部门进入政府的"旋转门"。这主要是指公司高级管理人员和商业利益集团游说者进入联邦政府并担任要职，在政策制订和实施的过程中，就可能为他们曾经代表的团体谋取特别的好处。第二类是由政府进入私人部门的"旋转门"。以前的政府官员也可以利用自己与政府的联系来为现在所代表的团体谋取特别的利益。在当今的美国，"旋转门"司空见惯，权钱交易的腐败行径被披上了合法外衣，成为当代美国腐败问题的重要来源之一。

过程来解释腐败的观点，得到了不少学者的认同。该文在最后提出了现代化是否都要经历一个政治腐败的过程、用于解释第三世界国家腐败的理论是否适用于中国等令人深思的问题。

任建明、杜治洲的《腐败与反腐败——理论、模型和方法》对美国腐败与反腐败的历史进行了全面回顾，对反腐败理论的形成及主要内容等进行了比较深入的探讨。作者特别研究了美国反腐败战略模型的构成，揭示了腐败行为内在的心理机制，并就美国政治腐败的本质及存在的各种根源进行了分析。

徐静的《腐败对公共支出的影响及其治理对策研究》一文，介绍了美国腐败概念的一些重要要素及其界定腐败所遵循的一些主要原则，并以实证分析的方法将腐败问题对公共支出结构所产生的影响等进行了理论分析，从经济学、财政学的角度，研究了腐败的经济学界定与测量、政府官员的经济人角色与腐败的滋生、不同制度中腐败现象的经济学比较等等。作者也对美国的一些反腐败法律及法律外的预防措施等进行了考察，对美国遏制腐败产生的措施、对策等进行了分析。

总体而言，截至目前，已有的关于美国政治腐败理论的专著和研究论文还比较有限和单薄，并且这些研究成果在论述美国政治腐败的过程中运用政治学理论偏多，其他领域的理论如经济学、社会学、心理学等尽管也有，但却明显偏少、偏弱，以至于这方面的理论阐述显得不够丰满、全面和坚实。

（二）美国反腐败机制与措施研究

周琪、袁征的专著《美国的政治腐败与反腐败——对美国反腐败机制的研究》对美国的反腐败机制与措施等进行了比较系统、全面的研究，是该领域里的一部学术价值颇高的力作。作者首先从理论上探讨了腐败的定义、腐败的特点、腐败的根源和腐败的弊端；追溯了美国反腐败机制的形成历史，揭示了在反腐败机制形成之前，美国历史上也曾经存在过一个腐败肆虐的时期等。本书把美国反腐败机制概括为："有关政府道德的规章与法律，以及执行这些规章和法律的政府机构。"① 书中详细阐述了这些法律和规章的制定与修正，以及执行这些法律和规章的政府机构的建立与完善，介绍了美国地方政府反腐败措施的发展，并分析了媒体在反腐败中的重要作用，等等。此外，书中列举了大量有关政府官员和国会议员的腐败行为以及对其惩处的案例，以说明美国政治腐败的特征和反腐败机制的运作方式等。

孙哲、赵可金的论文《美国国会对腐败问题的治理》对美国国会在腐败问题的治理进行了系统梳理和分析，对国会的道德防腐、法理控腐和监管反腐三个阶段的内容、成效等进行了逐一研究。作者认为，美国国会对腐败问题的治理具有一定的积极作用和成效，特别是它制定的反腐败法律、建立的反腐败机制和运用的反腐败技术手段等，已自成体系，对于一定时期内治理腐败行为也很见成效。比如美国的腐败行为在 19 世纪中后期和 20 世纪初十分猖獗，但经过建立文官制度、制定一系列反腐败法律和健全反腐监管机制后，美国愈演愈烈的腐败得到了一定程度的控制。至少在形式上勉强维护了美国民主制度的体面和民众对民主的信心，令民众看到民主的自我修复能力，对腐败行为也能够产生某种震慑并发挥限制的效果。但是，作者最终作出的结论性判断则认为，从根本上来说，此种反腐战略治标而不治本，无法从根本上切断政治腐败的根源和形成机制。② 美国腐败的根源在于私有制和民主政治的悖论。一方面，私有制的存在，使得谋求私有权力的政治实现成为理所当然的政治行动，另一方面，美国民主政治的开放性，使得私有权力的政治冲动有机可乘，比如美国竞选捐款制度与金钱运作的天然隐蔽性相结合就形成了金钱政治，美国政治游说制度与发达政治公关行业相结合就产生了威力无穷且无所不在的社会关系网，美国权力制衡制度与高科技手段相结合使得政治监管变得异常艰难，等等。因此，只要腐败的根源仍然存在，美国的腐败问题就不会终结。

① 周琪、袁征：《美国的政治腐败与反腐败——对美国反腐败机制的研究》，中国社会科学出版社 2009 年版，第 76 页。
② 孙哲、赵可金：《美国国会对腐败问题的治理》，《清华大学学报》（哲学社会科学版）2009 年第 2 期，第 142 页。

　　石庆环的《立法与反腐：以美国联邦政府腐败治理为研究对象》一文以法理学为视角，从关于腐败产生原因的理论思考、《彭德尔顿法》与政府官员选任过程中的腐败治理，以及《职业道德法》与政府官员管理过程中的腐败治理三方面入手，研究、考察了美国通过立法反腐的成败得失。文章认为，强有力的立法对美国联邦政府治理腐败起到了关键作用，如果没有1883年《彭德尔顿法》的及时出台和在实际中的有效实施，19世纪后期美国的官场乱象和政府腐败，就不会得到遏制和治理；如果没有1978年《职业道德法》的及时制定和有效执行，美国以"水门事件"为代表的一系列道德腐败案及其所造成的恶果，也不会得到很好的治理和消除。由此，作者得出结论：强化法制观念，制定出有针对性的反腐防腐立法，并在政治实际中严格执法，是美国人治理政府腐败的成功经验。他认为美国人的经验也表明：适时立法是非常必要的；对腐败进行治理，不仅要打攻坚战，而且还要打持久战；腐败是由人性的弱点和权力的腐蚀性双重因素作用的结果，只要人类不能克服自身的局限性以及管理者手中握有权力，腐败就可能出现。因此，应对和治理腐败，在诉诸法律的同时，还要动员媒体和公众，对腐败形成强大的社会舆论攻势，进而把腐败限制在可控的范围之内。

　　此外，由邢锡范翻译并作评述的美国学者斯蒂芬斯撰写的《城市的耻辱》一书，是此间出版的相关译著中的一本很有特色的作品。本书是"扒粪运动"（Muckraking Movement）[①]的代表人物林肯·斯蒂芬斯于1900年前后发表的一系列揭露美国社会腐败问题文章的合集。作者真实记录了当时包括纽约、芝加哥在内的六大城市的腐败问题，如警察受贿、法官舞弊、官员贪腐、公民精神的堕落等等。当时，揭露美国政界、商界等丑闻的文章大量涌现（包括本书在内），舆论遂

---

　　① "扒粪运动"又称"揭丑运动"始于19世纪下半叶，当时，美国商品经济得到高度发展，资本主义从自由竞争走向了垄断，对内根本无视员工的利益，对外以损害公众利益作为赚钱的重要手段，奉行所谓"只要我能发财，让公众利益见鬼去吧"的经营哲学，引起了社会公众舆论的强烈不满和抨击，出现了2000多篇揭露实业界丑闻的文章，形成了近代美国史上著名的"扒粪运动"。

把这种现象称为"扒粪运动"。这场运动促使西奥多·罗斯福加大了整治腐败的步伐，从而开启了美国历史上的"进步时代"。经过对该阶段美国腐败问题的深入剖析，作者提出了一个此前还尚未有人提出过的结论，即：腐败问题的产生与经济高速发展时期法制和道德建设的滞后密不可分。该书提供的资料可以帮助中国学者了解美国在20世纪初期的一段不堪回首的历史：社会黑暗、官员腐败、公民精神堕落等等，同时，作者从经济与科技进步角度考察腐败问题，也是非常值得我们借鉴的。

综观最近十年中国国内对美国政治腐败问题的研究与介绍，可产生这样一个明显的印象，即研究内容更多的是以19世纪至20世纪初这一时期为主，以研究美国历史上的腐败为主，研究成果较多，涵盖的范围也较广。但对于20世纪特别是对20世纪晚期美国的政治腐败问题关注、研究不够，成果也比较有限。此间，尽管也有不少研究腐败问题的专著，但专著中关于美国政治腐败的专门性论述较少，更多的是在论述整个西方政治腐败问题的篇章中包含一些美国的相关内容，研究力度明显不够，在未来亟待加强。

三　枪支暴力犯罪研究

枪支暴力犯罪问题是美国由来已久的一个社会问题，美国公众实际上早已对此见怪不怪、习以为常。但是，近年来，由于在美国的国家决策方面拥有绝对主导地位的民主、共和两党的政治"恶斗"不断升级，致使联邦政府完全无法实施任何有效的枪支管控措施。首先，枪支暴力犯罪在"量"和"质"上不断升级。以2016年为例，美国枪支暴力档案室网站（http://www.gunviolencearchive.org）提供的资料显示，2016年全年发生的枪击案数量高达58125起，在2015年大幅上升的基础上再增4790起。其次，枪支暴力犯罪的危害程度继续加剧。2016年全年发生的枪击案所造成的死伤人数高达45628人，比2015年增加了近13%。与此同时，2016年全年发生的一次造成4人以上伤亡的"重大枪击案"高达385起，比2015年大幅上升了近18%。① 最后，除了枪击案数量的大幅增长之外，近年来枪击案的性质也发生了一些新变化，例如出现了与国际恐怖主义势力"伊斯兰国"有牵连的"暴恐性"枪击案和专门针对警察的报复性枪击案等等。愈演愈烈的枪支暴力不仅已成为美国社会最严重的犯罪，同时它也引发了或者进一步加剧了美国社会其他一些问题和矛盾冲突，例如种族对立、警民冲突、社会骚乱等等。近年来，枪支暴力问题不仅是美国，而且也逐渐成为国际社会关注的一大焦点问题。过去十年，中国学界对此问题的研究与关注也明显加大，研究成果不断涌现。相关研究主要围绕着以下三个方面展开。

（一）关于《宪法第二修正案》与枪支管控的关系

《宪法第二修正案》中明确规定："管理良好的民兵部队对自由州的安全是必要的，因此，人民持有并携带武器的权利不容侵犯。"②美国人今天所拥有的可以自由携带枪支的权利正是源自于这项宪法规定。但是，对于这项宪法的规定究竟如何理解，以及这项规定是否因时过境迁而应予以废除或修改等，是学者们研究和讨论较多的问题之一。刘彤、丁一平、方静在《持枪自由确有法律依据吗？——评〈宪法第二修正案〉》一文中，对《宪法第二修正案》在美国社会存在的两种截然不同的解读，以及这种相互矛盾的解释对控枪问题的影响进行了分析。作者指出，对于《宪法第二修正案》，"公共权利论"（Collective Right Theory）者认为，该修正案保护的是民兵也就是"集体"的权利。法律中"管理良好的民兵部队对自由州的安全是必要的"这样的文字叙述清楚地表明"民兵部队"才是可以持有枪支的"主体"，而非个人，所以它是一种公共权利。但是，"个人权利论"者则认为，"民兵部队"是由一个个个体组成的，没有个体化的民兵即手中拥有武器的个人，"民兵部队"也就无从谈起。因此，《宪法

---

① http://www.gunviolencearchive.org/past years/past summary ledgers/.

② 原文：A well regulated Militia being necessary to the security of a free State, the right of the people to keep and bear Arms shall not be infringed.

第二修正案》保护的首先是个体的公民权。① 作者指出，以上两种不同解读的产生无疑是因《宪法第二修正案》本身含糊不清抑或模棱两可的文字叙述所致，而美国的建国先贤们之所以要在这样一个重要的宪法权利问题上采取模糊的处理方式，这主要是源于他们的政治信仰。该修正案的主要制定者杰斐逊和亚当斯等人都是欧洲古典共和主义的虔诚信奉者，而该主义的一个重要特征是，在构成国家的两种基本力量即人民与君主之间，他们更相信人民而非君主。因此，宪法制定者们坚信，必须赋予人民以充分的捍卫自身自由以及反抗暴君统治的权利。作者指出，目前美国社会之所以无法实现控枪，从根本上说是因为有这项宪法规定的存在，更进一步说，是因为有对该项规定的不同的解读，而当今美国社会实力最为强大的"利益集团"——"全国步枪协会"就是利用这种争议的存在而竭尽全力去阻止政府控枪的。

赵锦彤、李菲在《美国的持枪权与宪法第二修正案》一文中指出，美国《宪法第二修正案》在起草之时，联邦政府拥有常备军队，对此，各州或多或少地存在不信任感。但是，历史发展到了今天，曾经的"合州国"的性质已经发生了变化，美国早已呈现出合众国的本质。合众国与各州之间的不信任感和紧张感已经不复存在，一体化的合众国的成立，使州与国家之间在法律上形成了大体协调一致的关系。② 另外，今天美国的司法制度与过去相比也发生了巨大的变革，逐步发展成为保障国民的基本权利的体制。用武力反抗政府"暴政"的情况根本不可能发生，因此，"人民"携带武器的意义已经不复存在。另外，虽然在《宪法第二修正案》中，没有明文规定持枪的目的仅限于"自我防卫"，但事实上它隐含了这样的目的。即便不是这样，以"自我防卫"为说辞，支持"持有并携带武器"的权利，这并不是"文明人"建立的法治国家所应该发生的情况，因为在美国，

---

① 刘彤：《持枪自由确有法律依据吗？——评宪法第二修正案》，《赤峰学院学报》（汉文哲学社会科学版）2008 年第 2 期，第 45 页。

② 赵锦彤、李菲：《美国的持枪权与宪法第二修正案》，《湖北警官学院学报》2012 年第 4 期，第 54 页。

无论是联邦还是各州,警察系统已经十分完善,个人持枪的前提也已经不复存在。因此,作者认为,授予公众持枪的《宪法第二修正案》应当予以废除或进行必要的修订,因为它已完全不符合当今美国的国情。

(二)关于联邦政府的控枪努力难以推进的原因

由于有《宪法第二修正案》这一"最高法"的法律约束,禁枪或控枪从某种意义上来说在美国都是"违宪",但鉴于近百年来美国社会枪支泛滥愈演愈烈,枪支犯罪此起彼伏,因此,在以往近80年的历史上,美国联邦政府还是在不触碰宪法原则的前提下,出台了诸多控枪规定,试图控制枪支暴力的蔓延,但是,这些努力的效果却不尽如人意。其原因究竟何在?蒋畅奇在《美国枪支问题的困境》一文中,以目前美国社会在控枪问题上"民意分化"① 为切入点进行了分析。作者指出,根据美国《宪法第二修正案》,人民拥有和携带武器的权利不受侵犯,因此,美国民众拥有持枪权,该权利一度成为共和国自由的守护神。但是,美国枪支逐渐泛滥成灾,枪害问题日益严重,越来越多的美国人开始怀疑私人持枪的正当性,美国民众在对待枪支的态度上逐渐分化。美国多数普通民众是介于"护枪派"和"禁枪派"之间的"限枪派",他们较为一致的意见是,应该加强枪支管理,他们害怕枪支泛滥、痛恨枪害频发,但又不愿意轻易放弃持枪权。美国在枪支问题上陷入了深深的困境和摇摆不定的两难选择,这也在客观上导致了美国政府的控枪措施无法获得必要的社会动力,因此控枪无法实现。

江振春的《断裂的年代与美国文化战争——以枪支管制问题为研究对象》、王宏伟的《美国禁枪的障碍与前景》,从美国人的枪支情结、枪支的象征意义等方面阐述了美国难以实现控枪的社会文化原因。作者指出,美国公民对于枪支情有独钟,美国社会学家赫尔曼·康恩甚至认为"枪支是美国文化的核心"。第一,当年,殖民者从遥远的欧洲大陆来到北美莽原,筚路蓝缕,与大自然顽强地进行抗争。

---

① 蒋畅奇:《美国枪支问题的困境》,《法制与社会》2014年第7期,第294—295页。

为抵御猛兽的袭击，他们需要以枪为伴。第二，殖民者对当地土著居民印第安人的血腥屠杀激起了不断反抗。为此，殖民者需要组织武装起来的民兵，应对印第安人的频繁攻击。1783年，美国开始了长达百年的"西进运动"，枪支扩散到美国各地，配枪的西部牛仔成为那一时期美国精神的符号，"枪文化"已经成为美国文化不可或缺的组成部分，"枪情节"已经融入到美利坚民族的血脉之中。① 第三，对于美国人来说，枪支不仅是一种工具，还是一种权力的象征。美国开国元勋托马斯·杰斐逊曾有一句名言："只有一个国家的统治者被随时提醒，人民保留有反抗的精神，这个国家才能保持自由。让人民拿起武器来吧！"美国人认为，公民持枪可以防止政府权力的滥用，形成有效的制衡，有助于遏制官员腐败现象的滋生、捍卫自由与民主。作者认为，基于这样的历史、文化渊源和政治考量，美国公民当然会全力保护自己的持枪权。

刘丽丽的《美国的枪支文化》、高英东的《枪支暴力加剧动因及发展趋势》认为，美国之所以难以推动控枪，是诸多因素共同作用的结果。这些因素包括：第一，传统与历史因素。"枪支是构成美国早期历史与文化传统的重要元素之一，历经两百多年的演进，枪支如今已与美国人的生活密不可分。"第二，宪法权利因素。"从根本上说，美国公民的持枪权来自于宪法的授予，因此这项权利是不容侵犯的，政府也不例外。"第三，利益集团和党派政治因素。"枪支问题的背后隐藏着重大和复杂的利益集团和党派政治因素。两党'恶斗'使控枪问题早已在国会形成'死结'；同时，经过近140多年的经营和谋略，如今"全国步枪协会"（NRA）对国会和民意几乎已形成了'胁迫'和'左右'的控制之势。控枪根本就无法迈过以上这两道门槛。"第四，联邦、州以及不同地区民众在枪支问题上矛盾因素。"美国实行的是联邦制，各州拥有很大的自由度，各州的法律也彼此独立，形形色色。在枪支管制问题上，从未也根本就不会达成共识，

① 江振春：《断裂的年代与美国文化战争——以枪支管制问题为研究对象》，《学术界》2014年第5期，第19—22页。

而人和枪都是可以流动的，因此只要有一个州允许自由持枪，那么控枪实际上就无法实现。"第五，经济利益因素。"美国的枪支制造商每年生产数以百万计的各类枪支，许多枪的价格十分高昂。该产业的发达不仅给生产者带来了财富，给国家带来了税收，而且还可以解决部分人的就业问题。这些经济利益的诱惑是十分强大的。"第六，法律不完善、不健全因素。"由于在美国朝野各界都存在强大的反对控枪的势力，因此，美国虽有一些控枪法律、法规，但这些文件几乎都存在着巨大的漏铜，因为它必须照顾到'拥枪集团'的利益和诉求，否则它就无法在国会获得通过。"第七，最高法院的立场因素。"能否控枪，最高法院起着决定性作用，它的裁决是最终的，而 2008 年和 2010 年它所作的两次相关判决都是支持持枪自由的。① 这两项判决已明确宣告，除非修宪，否则禁枪就是违宪，就不可触动。"第八，有枪者人数庞大因素。"目前，美国私人拥有的枪支数量已高达 3 亿多支，有三分之一以上的美国家庭都拥有枪支，而且这个数字每天都在增长。让这么多的人和家庭'交枪'，其难度可想而知。"鉴于以上 8 大因素，两位作者都认为，控枪至少在当下的美国社会是绝无可能的。

（三）关于现有控枪法律、法规的成败得失

世界各国针对枪支问题的基本做法主要有两种，即禁枪和控枪。美国是典型的控枪国家。为了严格控制枪支，近百年来美国在联邦层面推进、实施了大量枪支管控立法。刘宇、胡志强、赵小平等在《美国枪支问题背后的原因解析》一文中，对美国联邦政府和国会从 1934 年—2013 年近 80 年中颁布、实施的所有重要的枪支管控立法和措施，逐一进行了翔实梳理。这些重要的法律、法规包括：1934 年的《国家枪械法案》（*National Firearms Act*）、1968 年的《枪支管制法》（*Gun Control Act*）、1986 年的《枪支持有者保护法》（*Gun Owner's Protection Act*）、1994 年的《暴力犯罪控制与执法法案》（*Violent Crime Control*

---

① *National Rifle Ass'n of Amer.*, Inc. v. City of Chicago, 567 F. 3d 856, 857（7th Cir. 2009）.

and Law Enforcement Act of 1994) 和《布雷迪手枪暴力防制法》(Brady Handgun Violence Prevention Act)、1997 年的《禁止家庭暴力罪犯持枪法》(Domestic Violence Offender Gun Ban)、2002 年的《预防儿童接近枪支法》(Child Access Prevention,CAP),以及 2013 年奥巴马颁布的《枪支管控行政令》(Gun Control Executive Order)。① 作者对上述立法措施的主要内容和目标等进行了简述,并且分析了各项法律、法规的利弊得失。作者认为,在当今美国,由于管控枪支的民意基础薄弱以及宪法、政治、利益集团、经济、文化传统等诸多因素的掣肘,造成相关立法在实际推行当中困难重重,事实上并没有实现法律起草者的初衷,无法有效管控枪支。

尽管绝大多数学者在过去十年的研究成果中均对美国现有的控枪法律、法规的实施效果持负面评价,认为正是由于这些法律、法规没有起到任何有效控制枪支的作用,美国社会今天才会发生枪支暴力犯罪愈演愈烈的情况。但是也有一些学者对此持不同观点。冯欣在《1968 年枪支管制法研究》一文中认为,《1968 年枪支管制法》在美国近几十年的控枪进程中发挥了明显的作用。该法于 1968 年 6 月在国会两院获得通过,是对《1934 年全国枪支法》的修订和补充,扩大了前一法律的覆盖范围。其增加的内容主要有 3 点,第一,限制枪支和弹药的州际贸易;第二,不允许将枪支出售给国会明确规定的特定群体(如:未成年人、被判有罪的罪犯、精神病患者及被委托给精神机构的人)。第三,终止所有枪支特别是军用枪支的进口,除非有财政部长颁发的特别证明。该文作者认为,该法案有效遏制了枪支犯罪,这可从 1969—1973 年 5 年的犯罪统计中得到证明。此外,该法案确立了美国枪支管制立法的发展方向,对美国后来的枪支管制立法产生了深远的影响,此后美国通过的多项相关立法,都是在该法案的基础上进一步推进的,如 20 世纪 90 年代的《暴力犯罪控制法》和《布雷迪法》。特别是《布雷迪法》,它是对《1968 年枪支管制法》的延伸,并增加了对购枪者身份的审查制度,从而使枪支管制在对特

---

① 刘宇:《美国枪支问题背后的原因解析》,《青年探索》2015 年第 2 期,第 101 页。

定人的管理上更具操作性。

对于枪支管控和枪支犯罪问题的未来走势，绝大多数研究成果都给出了比较悲观的判断：从目前美国社会的大环境，特别是从对枪支问题的产生有着直接或间接影响的各种客观因素的现状来看，枪支问题在可预见的将来不可能有任何积极的变化，而枪支暴力犯罪也仍会继续处于高发和难以遏制的状态。

四 毒品问题研究

美国毒品问题由来已久。从19世纪就已出现的病原性成瘾现象，到今天"娱乐性"成瘾问题广泛存在，这些都揭示了毒品问题的顽固性、长期性和复杂性的特点。自20世纪初以来，美国联邦政府层面的毒品控制已经走过了百余年的历史。尽管美国国力强大、法律健全、控制措施完善，但是，它却在一个世纪之后的今天依然望"毒"兴叹。这个无奈的现实反映了解决毒品问题的巨大难度。

作为美国社会犯罪抑或社会问题中的一个长期性的话题，过去十年，中国学界对它的观察与研究也一直在持续跟进，研究的问题主要集中在以下三个方面。

（一）美国联邦政府毒品控制政策的变化

在长达百年之久的毒品控制史上，美国逐渐形成了以法律、医疗和外交为基本内容的毒品控制政策框架。而这个政策框架又始终以"禁毒"为核心理念和目标。目前，这个理念和目标已经成为全球毒品控制体系的核心价值所在，并且在世界范围内得到了广泛认同和推广。百年来，特别是尼克松时期以来，美国联邦政府在应对毒品问题上逐渐形成了三种政策模式：司法惩治模式、减少危害模式和平衡战略模式。根据不同时期毒品问题的发展变化，美国联邦政府会更有针对性地重点选择其中一种模式。因此，纵观最近几十年来美国联邦政府的毒品控制政策，不难发现，不断地调整变化是其最显著的特点。

翟帆在《二十世纪美国毒品政策的演变》一书中，从美国毒品问题和毒品政策的历史脉络出发，依据其发展规律和特点，对20世纪美国毒品政策的变化进行了比较系统的考察。本书的一个最明显的

"创新"或独特之处是，作者对 20 世纪美国政府的禁毒政策历史进行了分期，即以不同政策的特点为视角或界定标准，对 1914 年—1996年 80 多年间美国联邦政府的禁毒政策进行了系统全面的梳理和分析。例如，他将 1914 年—1929 年界定为"从自由放任到立法管制"时期；1930 年—1962 年界定为"立法管制的巩固和加强"时期；1963年—1974 年界定为"从治疗模式的挑战到向毒品开战"时期；1974年—1980 年界定为"政策的断层与政策的传承"时期；1981 年—1992 年界定为"共和党再次向毒品开战"时期；等等。在以上"分期"和"界定"的框架内，作者重点对约翰逊政府的毒品政策、尼克松政府的"向毒品开战"政策、福特政府对禁毒机构的改组、卡特政府的"内部解决"方案政策、里根与老布什政府的"御毒品于国门之外"政策，以及克林顿政府的从自由转向保守的禁毒政策等，进行了逐一分析和比较。作者认为，美国各时期、各届政府的毒品政策的产生和发展有其历史的必然性，是与当时的政治、经济、文化、社会以及国际关系等因素相互作用的结果，这使得美国毒品问题成为一个复杂的社会问题乃至政治问题和国际问题。这也正是一百多年来，尽管美国联邦政府的政策在不断调整、变化，但却始终无法对毒品泛滥和毒品犯罪进行有效的控制。

　　张勇安的《科学与政治之间：美国医学会与毒品管制的源起（1847—1973）》一书，则从另一个独特的视角——即美国医学会与政府毒品政策的关系——入手，对百年来美国政府毒品政策的发展变化进行了探析。[①] 这在以往的研究成果中还未曾有过。美国医学会在美国联邦政府禁毒政策演进过程中长期扮演着重要角色。鸦片、吗啡、可卡因、海洛因、大麻和精神药物由无限制的自由获取到最终仅限于医学用途，在这个过程中，该学会通过造势、参与、合作、抵制等多种方式，向美国国会、美国政府提出建议，施加压力，积极地参与甚至

---

　　① 美国医学界是美国政治生活中最具影响力的职业化社团之一，而美国医学会又被视为是这个社团中可以"代表医学界声音"的组织，被誉为最好的职业化组织和最为有效的游说团体。自创建一百多年来，为推动医生的职业认同、确立职业权威，以及维护内部团结等作出了巨大努力，取得了巨大成功。

在一定程度上促成了或左右了相关法律的制定和出台。与此同时，它也逐步确立了自己在美国麻醉品药物领域的医学"霸权"地位。

该书研究了美国医学会与美国麻醉品管理肇始的关系、美国医学会与麻醉品管制联邦化的关系、《哈里森法》的推行与医学会的关系，以及医学会、联邦麻醉品局对美国毒品管制政策拓展的推动等等，描述了美国医学会与美国政府在毒品控制政策制定中的合作与博弈。并且对美国医学界如何推动美国的"药品洁净化改革运动"的兴起和促成《纯净食品和药品法》的颁布等重大历史事件进行了叙述与分析。该书的最后一章对近年来美国禁毒政策的新转向，以及美国医学会在未来美国毒品控制政策中的角色和作用等进行了分析。

通过以上梳理和分析，该书作者认为，在毒品控制政策的制定和推行上，当今美国实际上已经从以往的"国家行政权力为主的'单一主体'"治理模式，转变为"结合其他社会组织的'多元主体'治理"模式。在这种多元合作的治理中，任何参与治理的主体都有自己的利益所在，形形色色"利益集团"（比如美国医学会）在参与毒品政策制定与决策的过程中，其"利己性"与公众利益的冲突常常是十分巨大的，这就意味着所有最终的方案都只能是妥协的结果。① 因此，这种从"单一主体"转变为"多元主体"的变化同样也是有利有弊的。

该书采用了大量原始材料和诸多国外的二手材料，这些材料很多都是以往的研究或其他学者的研究中比较鲜用的。

张丽平、王崇刚在《美国毒品政策的调整与特点》一文中，对20世纪70年代以来美国联邦政府禁毒政策的内容进行了详细介绍，并分析了各界政府在毒品问题上的施政重点及其成败得失。作者指出，尼克松政府上台后提出"向毒品宣战"，大大增强了禁毒力度，但福特和卡特执政期间则明显弱化了政府的禁毒政策。里根政府时期重视禁毒问题，提出"对毒品竖起战斗旗帜"，老布什上台后更是动

---

① 张勇安：《变动社会中政策选择：美国大麻政策研究》，上海东方出版中心2009年版，第32页。

用军队参与扫毒。但克林顿上台后，却又立即对其前任的政策作出调整，降低了毒品控制在政府议事日程中的重要性。到了小布什时代，联邦政府的禁毒战再次升级，并且把扫毒与反恐相结合，等等。总之，在过去几十年里，美国联邦政府的禁毒政策始终处于一种变幻不定、毫无连贯性的状态。作者指出，联邦政府在制定毒品政策时，重点考量的似乎并不是上一届政府的政策是否符合毒品问题的实际，而是重点考虑如何能彰显本届政府的不同执政理念与特色，从而博得选民的好感。① 这样的考量下推出的政策自然是不切实际的。

（二）毒品合法化问题

毒品合法化之争在美国由来已久。进入 21 世纪，毒性更强、价格更高、对人体危害更大的毒品新品种不断问世，加上美国联邦政府的禁毒行动付出了巨大的经济和社会代价，公众越来越怀疑美国联邦政府提出的"没有毒品"目标的可行性，主张使毒品合法化、"应学会与毒品相处"的声音便不断加强。在毒品合法化的争论中，持支持合法化立场而且影响力又很大的声音来自于纽约毒品政策研究中心主任纳德曼（Ethan Nadelmann）。几年前，他在对学界和政界都颇具影响力的美国《外交》（*Foreign Affairs*）季刊上发表文章，公开支持将毒品合法化。纳德曼痛批："禁毒导致了危害更大的后果——暴力和犯罪"；"禁毒越严，毒品的品种就越多，毒性就越大"以及"禁毒导致了财富的巨大浪费和政府的腐败行为"② 等等。有鉴于此，纳德曼认为，只有使毒品使用合法化，才能真正解决毒品以及由毒品所带来的一系列社会问题。纳德曼的这番言论在美国引起了不小的震动，同时也使毒品合法化之争再度升温并且波及到世界许多国家。过去十年中，中国一些学者也对此问题进行了一定研究。

张怀远、李锋在《美国毒品问题现状与评析》一文中，归纳和分析了美国持赞成毒品合法化立场者的主要观点和动因。其一，他们与

---

① 张丽平、王崇刚：《美国毒品政策的调整与特点》，《历史教学》2012 年第 2 期，第 43 页。

② Ethan Nadelmann, *Crime and Drugs*, https：//www. foreignaffairs. com/topics/crime-drugs.

纳德曼的观点一致，认为当下美国社会的暴力犯罪一直居高不下，这与政府持续禁毒有密切关联。原因很清楚，在目前的联邦法律的规定下，买卖毒品属交易非法，因此获取毒品的唯一渠道是黑市交易，这就导致了毒品价格的上升。昂贵的价格使吸毒者不得不靠抢劫、卖淫甚至谋财害命等各种犯罪活动来支撑吸毒行为。而贩毒的巨额利润反过来又吸引更多的人从事毒品买卖。同时，当在毒品交易过程中发生利益冲突时，由于不可能通过正常的法律程序加以解决，便只有诉诸暴力。目前，在美国监狱中服刑的罪犯中，有近三分之一的人是因涉及与毒品有关的犯罪而被投入监狱的。第二，他们认为，禁毒越严，毒品的品种就越多，毒性就越大。因为，当制毒和贩毒成为一种风险极大的行为时，制毒者必然会千方百计地生产出剂量更小、毒性更强的毒品品种，而贩毒者也必然会去选择那些体积小、纯度高、赚钱多的毒品贩卖。毒品合法化将能阻止出现新的毒性更强、危害更大的毒品品种。第三，他们认为，禁毒导致了财富的巨大浪费和政府的腐败现象。美国每年有数以百亿美元流入境外贩毒集团手中，而政府每年还要拿出巨额专款来实施禁毒计划。此外，由于毒品的生产和贩卖基本上被犯罪集团所控制，形成了一种庞大的"黑色经济"，美国毒品经济的产值目前已达 4000 亿美元/年左右。同时，制毒、贩毒的各个环节无不靠金钱开路，这必然会导致政府官员腐败行为的滋生。毒品合法化后，这些问题将迎刃而解。

芦佳在《美国毒品合法化问题初探》一文中，就美国毒品合法化思潮的缘起与推进提出了两点比较独特、新颖的判断。第一，作者指出，毒品合法化主张恰是由历史上曾经坚决主张禁毒的美国医学界首先提出的。第二次世界大战后，由于担忧归国士兵的较高吸毒率会造成大量社会和法律问题，于是医学界首先提出，可以在医学监督之下，让吸毒者通过合法手段获取毒品以维持毒瘾。[①] 另外，20 世纪 60 年代，大量的医学类文献、评论、研究报告等，向人们推广和普

---

① 芦佳：《美国毒品合法化问题初探》，《经济研究导刊》2010 年第 30 期，第 230—232 页。

及了这样的"知识",即成瘾是一个需要给予关心和治疗的健康问题,而并非是对社会的威胁。这些宣传使人们观念发生了转变,而观念的转变又逐渐外化为一种修正现行毒品控制政策的社会运动。这场运动在当时得到了美国公共卫生协会等许多医学团体的支持。公众对毒品的看法发生了重大改变,吸毒也从之前的底层阶级逐步发展到中产阶级。第二,作者认为,如果没有那些医学、经济、法律等方面专家的支持和鼓噪,就不会有今天的毒品合法化思潮。早在1985年8月,毒品合法化的积极倡导者和主要代表人物福特汉姆大学(Fordham University)法学和公共政策教授埃内斯特·范登哈格(Ernest Van Den Haag)就在《华尔街日报》上发表了一篇题为《让我们使无法控制的毒品合法化》的文章,全面阐述了其支持毒品合法化的理由。诺贝尔经济学奖得主弗里德曼(Milton Freedman)和贝克尔(Gary Becker)也是毒品合法化主张的积极鼓吹者。弗里德曼曾说"毒品对社会所造成的损害在很大程度上是由把毒品视为非法而引起的。"① 此外,美国著名社会学家、马里兰大学犯罪学和犯罪司法系教授古德(Eric Gould)甚至为积极支持毒品合法化思潮而撰写、出版了专著:《政治与理性之间:毒品合法化之争》(*Between Politics and Reason: The Drug Legalization Debate*),引起了很大的反响。笔者认为,这些著名学者、专家的言论,是毒品合法化得以形成气候的主要推手。

梁建生的《吸毒应合法化吗?——关于毒品问题的国际大论战》、芦佳的《美国毒品合法化问题初探》都认为,当今美国毒品合法化浪潮涌动还与美国经济长期低迷有一定关联。梁建生的文章指出,目前的毒品合法化思潮与20世纪六七十年代"嬉皮士运动"试图通过毒品合法化来实现追求人权、自由的目的已有很大的不同。人权、自由事实上只是一种"政治正确"的说辞而已,而思潮的重点已经悄

---

① Mark W. Miller, Annemarie F. Reardon, Erika J. Wolf, "Alcohol and Drug Abuse Among U. S. Veterans: Comparing Associations With Intimate Partner Substance Abuse and Veteran Psychopathology", *Journal of Traumatic Stress*, 2013, Vol. 26 (1), pp. 77 – 80.

然转移到了"禁毒无效论"上。[①] 其中的逻辑是：既然客观事实是政府的禁毒越严厉，毒品的毒性反而越大、价格越高，用于禁毒的经费也逐年增加，而吸毒人数却没有因禁毒政策严厉、禁毒投入巨大而减少。因此，禁毒不仅无效，而且还耗费巨资。这种论调推出的时间恰是当下美国许多州和地区因经济低迷而陷入财政困难，这样的时间和状况，就使得毒品合法化有了更大的说服力。

过去十年在中国学者的研究成果中，多数观点均认为，虽然毒品合法化主张得到了一些美国知识分子，特别是一些医学、法学、经济及社会学界的专家学者的认同和支持，但事实上，美国公众中的赞成者仍处于少数。在相当长的时间内，美国很难形成使毒品合法化的广泛的社会基础。

（三）大麻合法化问题

在美国，有"硬性毒品"和"软性毒品"之分。医学科学的研究表明，"硬性毒品"如海洛因、可卡因、冰毒等服用后会出现显著的幻象、快感等，服用一段时间后会产生较明显的生理与心理双重依赖，具有很强的成瘾性。而"软性毒品"如大麻、摇头丸、KEN 粉等，其药物反应和成瘾性等均相对较低。近年来，被视为"软性毒品"的大麻，在美国掀起了巨大的"合法化"浪潮，成为毒品合法化运动中的"急先锋"。

张业亮的《大麻合法化何以在美国蔓延》、文林的《美国毒品问题分析》、高英东的《大麻合法化对美国及国际社会的影响》等论文，对这一现象进行了研究，主要探讨了以下两大问题。其一，此轮合法化有 3 点重点变化：一是民意基础大大增强。皮尤研究中心和盖洛普咨询公司于 2013 年 6 月和 12 月分别进行的民调均显示，有 55% 左右的人支持合法化，支持率比 20 年前增加了近 4 成。[②] 二是取得了

---

① 梁建生：《吸毒应合法化吗？——关于毒品问题的国际大论战》，《国际展望》2000 年第 1 期，第 25 页。

② Kathleen Ferraiolo, "Morality Framing in U. S. Drug Control Policy: An Example From Marijuana Decriminalization", *World Medical & Health Policy*. December 2014, Volume 6 (Issue 4), p. 352.

立法成果。20 世纪六七十年代的合法化运动未在任何一个州得到立法支持，而此轮合法化已在全美 24 个州取得立法成果，成为州法律。三是推进的速度之快前所未有。自 1996 年加利福尼亚州在全美率先颁布医用（有医生建议证明即可）大麻合法化法律后短短十几年的时间里，全美已有近50% 的州跟进，并且还有 6 个州颁布法律，允许"娱乐性"地使用大麻，彻底放开了大麻管制。其二，此轮合法化背后有 4 大重要推力：一是自由主义思潮推力。"9·11"、伊拉克战争、金融危机以来，美国的自由主义思潮抬头，大麻合法化、废除死刑、同性婚姻合法化等共同构成了该思潮的核心政治与社会诉求。废除死刑、同性婚姻合法化已取得重大立法成果，为大麻合法化的推进提供了环境和动力。二是医学科学的推力。2007 年，世界权威医学杂志《柳叶刀》（The Lancet）[①] 刊发研究论文，宣称研究结果证实，大麻对人体的伤害尤其是对成瘾性形成的作用非常有限，比香烟、酒精低得多，是足够安全的药物。这无疑从医学科学的角度对"大麻有害健康"的说法宣判了"死刑"。这对民众和舆论产生了决定性的影响。三是经济、财政因素推力。美国经济的长期低迷使许多州陷入了财政危机、失业率增加等困境，开源节流成为当务之急，而大麻的潜在产值巨大，并可带动相关产业、增加就业；而且解禁大麻还可省掉"禁麻"的执法耗费。一些率先开放大麻的州已经尝到了甜头。

张林安的《美国毒品管制战略的调整及启示》、高巍的《美国禁毒政策初探》、林晓萍的《全球毒品控制体系的演变与美国因素》论文，对大麻合法化已经和即将给美国及国际社会带来的伤害进行了分析，认为主要有三大伤害。其一，瓦解美国的禁毒国策。美国现行的《哈里森毒品法》《大麻税法》《麻醉品管制法》等均规定，大麻是毒品之一，而"禁毒"是美国长期以来一直奉行的一项重要的"国策"。历届政府，特别是自尼克松政府以来，联邦层面一直坚持奉行

---

①　英国爱思唯尔（Elsevier）出版公司出版发行的世界权威医学期刊，主要刊载原创性医学研究文章和评论，是全球影响因子最高的 SCI 刊物之一，其在医学界的影响超过了 *Nature* 和 *Science*。

禁毒政策,力求实现"没有毒品"(A Drug-free America)的目标。但大麻合法化则与此背道而驰,并使"全部毒品"合法化成为可能。因此,它的蔓延必将逐渐吞噬百年来美国社会在禁毒问题上所取得的道德共识和法律成果。其二,动摇国际合作禁毒。目前,支撑全球禁毒努力的主要法律依据是1961年的联合国《麻醉品单一公约》,美国本是该公约的主要发起者和推动者,且全球已有120多个国家和地区参加了这一公约。眼下,美国联邦政府对国内一些州颁布大麻合法化立法采取"不干预""不作为"的立场,这实际上已经破坏了这一国际公约,国际合作禁毒将很难继续推进下去。其三,使拉美地区陷入新的毒品灾难。美洲国家组织35个成员国目前每年用于禁毒的支出高达20多亿美元,对此,各国政府早已难堪重负。美国的大麻合法化必将波及这些国家,给它们带来新的禁毒执法财政压力,迫使这些国家只能考虑改变现行的禁毒策略,放宽对毒品的限制,毒品狂潮会卷土重来。而拉美地区是全球毒品生产的主产区和主要的毒品贸易集散地,这一地区禁毒防线的崩溃对全球禁毒事业的冲击将是致命性的。

五 "白领犯罪"研究

对过去十年中该领域研究成果进行检索和浏览后不难发现,在此期间,中国学者对该领域投入的研究和关注相对较少,研究成果中有分量的或产生了一定社会反响的较高质量的成果也极为有限,是犯罪问题与犯罪治理各主要研究方向中成果较少和质量不尽如人意的一个方面。[1] 检索到的主要研究成果大体涉及了以下三个方面,但这三个方面的相关成果分布也很不平衡。

(一)对"白领犯罪"概念的探讨

相对于美国犯罪学中的其他概念而言,"白领犯罪"概念是一个

---

① 本统计数字主要依据对当当网、亚马逊网、中国知网、中国社科期刊(网络版)、人大复印报刊资料全文数据、维普中文社科期刊数据库、万方数据库等网站或数据库的检索而得出。

传人中国较晚、相对较新并且其界定至今仍存在一些争议的一个概念。

　　段宝成、徐静磊等翻译、评述的《白领犯罪》一书介绍说，美国犯罪学家埃德温·萨瑟兰（Edwin Sutherland）① 是犯罪学领域中率先提出"白领犯罪"概念的。萨瑟兰给出的定义是："白领犯罪是受人尊敬及社会高阶层之人，在其职业活动中所从事的犯罪行为。"② "白领犯罪"概念的提出具有革命性意义，它不仅修正了传统的犯罪概念和传统的犯罪观所认为的：犯罪只是社会底层中存在的现象，白领——即社会中上层当中——不存在犯罪问题，而且开辟了一块新的犯罪学研究领域，拓展了犯罪学的研究范围。《白领犯罪》一书是在对美国 70 家大型公司以及 15 家公共事业法人的违法犯罪情况调查统计的基础上写成的，该书对美国的"白领犯罪"现象进行了系统的研究和揭示。

　　"白领犯罪"概念大约于 20 世纪八九十年代开始在中国出现。由于今天美国社会、经济形势与萨瑟兰所处的时代已大为不同，并且由于该名词是一个跨学科的概念，涉及犯罪学和社会学等多个领域，不同学科的学者对此研究的出发点不同，观点也不同，因此，"白领犯罪"的内涵究竟为何，在中国一直是专家学者们不断讨论、争辩的问题。

　　李松奎的《白领犯罪及其内部防控机制研究》、金强的《白领犯罪及防治策略研究》等论文对于这个概念在美国国内以及美中两国学界定义上的异同进行了介绍和比较。文中指出，"白领犯罪"并不是一个准确的刑法意义上的名词，而是一个涉及到社会学和犯罪学领域

---

　　① 在美国，萨瑟兰被誉为"犯罪学之父"，他曾先后执教于明尼苏达大学、芝加哥大学、印第安纳大学等，并曾担任美国社会学学会主席、印第安纳大学刑罚与犯罪学研究所所长等。他一生出版了多部犯罪学专著，其中《犯罪学》和《白领犯罪》是其中最重要的两部著作。

　　② 1939 年 12 月 27 日，萨瑟兰在美国社会学学会第 34 届年会上以学会主席身份发表了关于"白领犯罪"的演讲，明确提出了"白领犯罪"的概念。该演讲稿于 1940 年在《美国的社会学报》上发表。1949 年，萨瑟兰出版了专著《白领犯罪》，自此，"白领犯罪"成为犯罪学和刑法学的专门术语。

的一个边缘学科概念。在美国,有些学者把"白领犯罪"和"经济犯罪"视为不同的概念,有些学者把凡是涉及计算机的犯罪也称为"白领犯罪",也有学者把国家工作人员涉及的贪污贿赂犯罪也称之为"白领犯罪",等等。目前,在美国影响力较大的"白领犯罪"定义是由赫伯特·伊德尔赫茨(Herbert Ederherz)提出的,他认为"白领犯罪"是指"一种或一系列通过非体力性的手段,采用隐蔽的方法或诡计,避免付出或损失金钱财物,非法获得金钱财物,或者取得商业上或个人的利益的行为"。该定义在 1997 年美国国会批准的《改进司法体系管理法》(*The Justice System Adminstration Improvement Act*)中被完全采纳,成为一种"官方定义"。① 国外还有学者认为:"白领犯罪"这个词语应该理解为指代的是限定宽松的具有许多相似点和关联的一系列犯罪行为、不轨行为,以及各种违法行为人和道德观念,等等。在中国,从社会学、刑法学和犯罪学三个领域来看,学者们对"白领犯罪"这个词语有各自的观点。社会学界有学者定义为,"受社会尊重的人在其职业活动中为牟取不法利益而违反刑法的行为"。而刑法学者认为,"所谓白领犯罪,应具有两个显著特点,即犯罪人在政治上、经济上居于领导地位;犯罪人利用其地位和权力,在执行职务过程中或利用职务之便实施犯罪"。②

总之,无论是在美国还是在中国,犯罪学界目前对"白领犯罪"还没有一个统一的认识,但大体的界定框架是有的,即"经济说"和"滥用权力说"两种。

王慧博在《白领犯罪与社会控制》一书的《犯罪及白领犯罪概念探讨》一节中也认为,萨瑟兰的《白领犯罪》研究的几乎都是公司的犯罪,而不是个人的犯罪。但萨瑟兰在书的注释中又写道,"白领犯罪"是"有相当的社会地位的人在履行职务过程中的犯罪"。显然,萨瑟兰本人对这个概念的内涵也都没有给出一个确定一致的界

---

① 金强:《白领犯罪及防治策略研究》,《上海公安高等专科学校学报》2009 年第 4 期,第 77—78 页。

② 李松奎:《白领犯罪及其内部防控机制研究》,北大法律网法学在线,http://article. chinalawinfo. com/ArticleHtml/Article_ 53524. shtml。

定。作者认为，在美国，随着对"白领犯罪"研究的深入，学术界一般将职业的、白领的、公司的犯罪均称为"白领犯罪"，进而又以"滥用权力"一词来概括"白领犯罪"，即认为："白领犯罪"是指犯罪者在拥有一定权力的位置上，并利用这一权力实施犯罪。[①]

李森在《白领犯罪的法律概念与法学理论》一文中，对"白领犯罪"和"法人犯罪"进行了辨析。作者指出，"法人犯罪"，也称单位犯罪，是指法人即机关、团体、企业事业单位以及其他合法组织违反法律规定或者不履行其法律义务，故意或者过失实施的危害社会、依法应受到刑罚处罚的行为。萨瑟兰在提出"白领犯罪"这个概念之初，并没有把"白领犯罪"和"法人犯罪"区别开来，相反萨瑟兰模糊地把"白领犯罪"和"法人犯罪"视为一体，把"法人犯罪"作为"白领犯罪"的主要形式。事实上，"白领犯罪"和"法人犯罪"确有一些相同的地方，但是二者还是有着明显的区别："白领犯罪"的主体是企业内的高级管理人员和能够掌握控制企业财产的人员，"法人犯罪"的主体是单位即机关、团体、企业事业单位等；"白领犯罪"的主观方面只能是故意，而"法人犯罪"的主观方面既可由故意构成也可由过失构成；"白领犯罪"在客观方面表现为利用职务上能够控制企业财产的能力，去控制、占有企业的财产，而"法人犯罪"在客观方面表现为违反法律规定或不履行其法律义务，实施危害社会的行为。

（二）"白领犯罪"的现状与特点

进入 21 世纪以来，美国的"白领犯罪"呈明显上升趋势，并且表现出以下特点。第一，"白领犯罪"所造成经济损失的额度大幅度上升，远远高于其他形式的犯罪。李小宁等的《白领犯罪的行为经济学研究》、朱霁康的《国际白领犯罪与国际化的内部调查》论文指出，根据美国"执法和行使审判职能总统委员会"（Presidential Commission on Enforcement and Exercise of Judicial Functions）2010 年对每年因三种主要类型的"白领犯罪"——贪污、偷税漏税、诈骗所造成

---

① 王慧博：《白领犯罪与社会控制》，复旦大学出版社 2015 年版，第 35 页。

的损失，与其他三种主要类型的犯罪——盗窃车辆、抢劫、偷窃等进行了比较，结果发现"白领犯罪"造成的损失 3 倍到 8 倍于其他犯罪造成的损失。[①] 第二，"白领犯罪"大案、要案急剧上升。过去十年中发生的造成经济损失与社会影响十分严重的"白领犯罪"重大案件大幅上升了近 70%。[②] 以 2008 年为例，仅一些主要的"白领犯罪"案件就造成了巨大的经济损失，其中：破产欺诈案约 1 亿美元，经济舞弊案约 3 亿美元，销售欺诈和不正当竞争案约 200 亿美元，信用卡及支票欺诈约 10 亿美元，证券欺诈及内幕交易案 40 亿美元，贪污和挪用公款案约 70 亿美元，保险欺诈案约 20 亿美元，偷税漏税案约 60 亿美元，等等。[③] 第三，从表面上看，"白领犯罪"案件在美国更多地集中发生在经济与金融领域，发生在政治或其他领域的案件相对较少。当然，由于美国的社会政治和经济权力往往控制在这类白领阶层——包括一些"权贵"——手中，而且又由于牵扯到上层阶级方方面面的多重、复杂的利益关系，因此，"白领犯罪"的隐蔽性极大，尤其是发生在政治领域中的此类犯罪，往往难以被公众发现，即便被公众发现或被媒体曝光，这些案件也往往是不了了之。以近年来发生的著名的克林顿基金会（The Clinton Foundation）[④] 受贿案为例。2015 年—2016 年，美国媒体陆续披露了该基金会的多起受贿案件。例如 2015 年 5 月，该基金会被指曾接受国际足联（FIFA）一笔多达 10 万美元的直接捐款，但用途不明。2016 年 6 月，64 名共和党议员向美国联邦调查局（FBI）递交举报信，指控该基金会以"付费服务"

---

① 李小宁等：《白领犯罪的行为经济学研究》，《山东经济》2009 年第 6 期，第 87—88 页。

② 朱霁康：《国际白领犯罪与国际化的内部调查》，《交大法学》2016 年第 2 期，第 67 页。

③ 同上书，第 68 页。

④ 克林顿基金会是美国第 42 任总统比尔·克林顿在其总统第二任期结束时创建的。主要从事健康安全，公民服务，种族、民族和宗教和解，以及领导能力的培养和发展等方面的工作。成立近 20 年来，已逐步发展为一个全球性的非政府组织，有 800 多名工作人员和志愿者分布在全球许多地区。其办事处主要设在纽约、波士顿、马萨诸塞州和阿肯色州的小石城等。

（Pay-to-Play）的方式违法敛财，并具体提到 Laureate 教育公司、Ura-
nium One 矿业公司与克林顿基金会之间存在不正当的利益关联，以及
该基金会违反了作为"免税组织"的相关规定，等等。此外，2016
年 11 月 4 日，克林顿基金会承认，就在希拉里·克林顿还在担任美
国国务卿期间，该基金会收受了卡塔尔政府捐赠的 100 万美元，而未
向美国国务院通报。以上案件无疑都是十分严重的"白领犯罪"行
为，并且已被公之于众。然而，虽然美国国税局等相关机构曾表示已
经或即将对这些"违法敛财行为"进行调查，但是近两年的时间过
去了，结果都是杳无音信，不了了之。美国国会犯罪委员会主席、众
议员约翰·科尼斯在一次国会辩论中指出，"白领犯罪"是美国当前
社会上最严重的、无孔不入的、最难侦破的案件。①

（三）"白领犯罪"对美国社会带来的影响

朱伟一的《安然事件再反思》，靳婷、宋超的《从麦道夫金融欺
诈案看经济型白领犯罪的预防与惩治》，都对"白领犯罪"给美国经
济、社会所带来的影响进行了比较系统的论述。文章从分析安然事件
和麦道夫金融欺诈案等一些典型的"白领犯罪"案例入手，研究、
论述了美国现存的法律制度、企业监管制度等存在的漏洞和弊端，认
为安然事件、麦道夫金融欺诈案等"白领犯罪"带给美国的不仅仅
是巨大的经济损失，更重要的是由此而引发的民众对于商业以及整个
社会的不信任感。李淑娟的《浅谈白领犯罪及其处罚》、高汉的《美
国信用评级机构的责任演变与监管发展———从安然事件到次贷危
机》论文都指出，安然事件彻底颠覆了人们视"白领犯罪"为"没
有受害者的犯罪"的观念，公众舆论要求从法律、道德、政治等各方
面有效遏制这一社会痼疾的呼声日益加强。这对未来美国"白领犯
罪"的防治，尤其是立法提出了新的要求。

---

① Testimony of Sandra Guerra Thompson House Judiciary Committee Subcommittee on Crime,
Terrorism, Homeland Security, and Investigations Hearing "To examine the state of forensic science
in the United States" March 28, 2017, https: //judiciary. house. gov/wp-content/uploads/2017/
03/Thompson-Testimony. pdf.

六　青少年犯罪研究

美国的青少年犯罪成为一个严重的社会问题是始于 20 世纪六七十年代。美国联邦调查局（FBI）的《统一犯罪报告》（*Uniform Crime Reporting*）的统计资料表明，在美国每年发生的谋杀、暴力强奸、抢劫和严重伤害等犯罪中，青少年作案所占的比例当时已经达到了近 40%。[①] 1967 年，美国总统犯罪委员会（U. S. President's Commission on Crimes）在其发布的一份题为《犯罪对自由社会的挑战》（*The Challenge of Crime in A Free Society*）的报告中指出："美国减少犯罪的最大希望在于减少青少年犯罪，使青少年远离犯罪的任务迫在眉睫，因为他们是国家的未来，他们的行为将影响到社会的发展。"然而，时至今日，美国的青少年犯罪问题不仅没有得到有效遏制，相反，有些方面的严重程度还在不断恶化。[②] 这一客观因素使得学界在近年来对它的研究始终热度不减。过去十年，中国学者对此问题的研究与关注也十分明显，研究的问题广泛涉及犯罪成因、犯罪变化、犯罪刑罚、犯罪矫正、犯罪治理方式调整以及少年司法的制度改革等各个方面。其中犯罪成因和犯罪治理方式调整两方面的研究成果内容更具新视角和新思考，现予以重点评介。

（一）犯罪的成因研究

造成美国青少年犯罪的原因无疑是多重的和复杂的。在过去十年中，中国学界的相关研究更多地聚焦于美国社会的暴力环境、贫富鸿沟和政府施政等因素上。

第一，暴力环境因素。许多学者都认为，美国社会的暴力环境是造成青少年犯罪，特别是暴力犯罪的最主要原因。汪天德在《美国青少年问题发展的新趋势》一文中，在罗列和分析了造成美国青少年犯

[①] David Eitle , "Public School Segregation and Juvenile Violent Crime Arrests in Metropolitan Areas", *Sociological Quarterly*, 2010, Vol. 51. pp. 33 – 34.

[②] U. S. President's Commission on Law Enforcement and the Administration of Justice, *The Challenge of Crime in A Free Society*, Washington, D. C., U. S. Government Printing Office, 1967, pp. 55 – 88.

罪率长期居高不下的多重因素后，着重强调了以下两个相互关联的因素。其一，充斥于大众传媒的暴力形象。文章说："当暴力行为是孩子们经常所看到的内容时，他们获得的一个重要信息就是：每个人都在那样做，而且那就是正常行为的方式。"其二，枪支的泛滥为青少年实现暴力行为提供了手段。今天美国社会有 2.5 亿支枪散落在民间，有50%以上的家庭都拥有一支或几支枪。因此，发生青少年甚至少年儿童持枪作案就在所难免。① 刘畅、胡坤在《美国的校园暴力与干预方案评析》一文也大体持同样的观点。文章说：美国联邦调查局于 1995 年的一个调查发现，大约8%的中学生在过去 30 天中曾持有过枪支。由于电视暴力或其他暴力环境的影响，当青少年在学校或家庭中遇到某种挫折或不快时，如果没有及时找到适当的宣泄方式，他们就很容易联想到在电视、网络上看到的类似情形，因而很容易产生某种报复的幻想和冲动，不幸的是，他们极易得到枪支。

（二）贫富鸿沟加大因素

生活贫穷所引发的"道德贫穷"是许多美国青少年尤其是非洲裔、拉美裔青少年走向犯罪的重要原因。陈恕祥在《美国贫困问题研究》一书中指出，目前在美国许多城市，尤其是大城市的贫民窟中出现了一种"道德贫穷"（Moral Poverty）的现象，即生活的贫穷孕育了人们的堕落感和乏力感。前者使他们对文明社会的诚实、尊重、自律、守法、仁爱等道德准则日益漠视；而后者则使他们不断滋生对现实和他人的怒火。"道德贫穷"使美国贫困阶层的青年，尤其是身处种族歧视与物质贫困双重压力挤压之下的非洲、拉美裔青少年极易选择和陷于犯罪。② 在美国城市中，非洲裔美国男子仅占犯罪的1%多一点，然而他们却卷入了 30%的凶杀案。周松青的《中美校园暴力法律规制比较研究》一文认为，贫富差距的增大和经济处境的恶化，使下等阶层更倾向于对福利的依赖，但事实上，他们并没有得到足够

① 汪天德：《美国青少年问题发展的新趋势》，《江苏社会科学》2013 年第 10 期，第22—23 页。

② 陈恕祥：《美国贫困问题研究》，中国大百科出版社 2010 年版，第 219 页。

的福利支持以帮助他们摆脱贫困。为了逃避可悲的现实，犯罪便成为一种选择。

（三）政府治理政策失误因素

根据青少年犯罪形势的变化适时调整应对策略这是任何政府都必然选择的方式。但是，王平方、周谦的《青少年犯罪治理——美国的经验教训》，郑伟明的《美国少年司法制度改革的过去与未来》论文都认为，20世纪以来，美国政府青少年犯罪控制政策调整的幅度过大，政策多次出现"断裂"，政策的连续性过低。文章指出，20世纪70年代以前，美国各级政府对青少年犯罪的惩罚十分温和，"国家亲权"（Parens Patriae）①思想盛行，此时，保护未成年人的福祉、权益和健康成长的"康复"性理念成为当时对犯罪青少年审判的指导原则。青少年罪犯更多的是被送到社区"矫正"，而不是被送到监狱"服刑"。然而，从20世纪80年代开始，随着青少年犯罪率的增加，政府政策又走向了另一个极端。即青少年犯罪与成年人犯罪等同对待，大批犯罪青少年被判入狱。据统计，20世纪70年代，美国有大约5%的拘留所超员，在被拘押者中，青少年罪犯仅占8%，但到20世纪80年代末，全美有近30%的拘留所超员，被拘押者中青少年罪犯所占的比例已高达50%以上，10年内增长了近6倍。②但青少年犯罪却有增无减。作者认为，联邦政府的"过山车"式的政策变化，不仅使犯罪控制一线的刑事司法人员无所适从，也对社会和青少年传达了混乱的信息。这些都极不利于对犯罪的控制和治理。

（二）犯罪治理方式调整研究

过去几十年来，如何有效治理青少年犯罪、遏制青少年犯罪率的

---

① "国家亲权"又称为"政府监护"，它是指当未成年人的父母没有依法履行其作为父母对子女的应尽义务时，国家理所当然地介入其中，代替不称职或无计可施的父母，以未成年人监护人的身份来行使亲权，这样国家也就拥有了与父母一样的权利来制约和维护孩子的行为。"国家亲权"思想起源于西方国家，主要体现在未成年犯罪诉讼程序上，它强调遵循"未成年人最大利益原则"来处理少年罪错行为。"国家亲权"思想对于克服刑事古典学派的弊端，推动少年司法制度的进步发挥了重要的作用。

② Ira M. Schwarhz and William H. Barton, *Reforming Juvenile Detention-No More Hidden Closets*, Columbia: Ohio State University, 1994, pp. 16 – 18.

上升，一直是美国政府和刑事司法界面临的重要课题，而为此所作的新的尝试和调整也始终没有停止过。

李志红的《美国犯罪未成年人矫正控制与思考》，刘强的《美国社区矫正与犯罪刑罚控制的演变史研究》论文，都对这些调整和尝试的内容与效果等进行了介绍和评述。作者指出，在美国，对青少年的犯罪治理主要是通过服刑监禁和社区矫正这两种方式进行的。现代意义上的社区矫正于 20 世纪 60 年代初开始在美国出现，作为司法执法的一种重要的辅助形式被不断推广。当时，美国青少年司法制度的一个普遍性的原则是："一切围绕服刑青少年的利益最大化行事。"① 因此，社区矫正逐渐变为当时美国社会治理青少年犯罪的主要方式。然而，自 20 世纪 70 年代末之后，面对居高不下的青少年犯罪率，公众对这种方式提出了强烈质疑，"强硬"应对青少年犯罪的观点逐步占据上风，政府和相当一部分少年法庭的法官开始认为："对未成年人罪错的处理有必要采取更加严厉的措施。"② 这之后，政府出台的一系列法律普遍加强和加重了对青少年犯罪的司法执法力度。例如，1993 年加利福尼亚州通过的《强制和预防街头恐怖活动法案》中甚至规定，不仅可以逮捕犯罪青少年本人，而且还可以逮捕其父母。然而，过分依赖惩罚和威慑的司法理念并没能抑制青少年犯罪的增加，并且监狱系统的超负荷已经到了危险的边缘。于是，重新评估和认识社区矫正作用的呼声开始增加，与此前的理念和司法倾向不同的政策措施开始陆续出台。

齐永辉的《青少年犯罪的社会治理》、李志红的《对美国犯罪未成年人矫正的控制与思考》指出，目前，美国司法和执法界讨论的问题已不是要不要重新重视社区矫正的作用，而是"如何创造更多的在社区中制裁的方法以替代监禁，以及如何完善和有效监督这些方法的

---

① 刘强：《美国社区矫正与犯罪刑罚控制的演变史研究》，《华东政法大学学报》2008 年第 4 期，第 36 页。
② 李志红：《美国犯罪未成年人矫正控制与思考》，《山西青年管理干部学院学报》2007 年第 1 期，第 32 页。

实施"。① 文章指出，许多地区推出的新的社区矫正方法同以往的方法有了明显的不同。例如，新方法更为注重兼顾对社区的保护；更为强调要求被矫正人树立应有的社会责任感；更为注重与那些使被矫正人重返社会的多重目标相结合，等等。王娟认为，美国未成年人犯罪问题实际上是美国社会诸多矛盾或存在的各种问题的一种集中的反映，由于这些社会矛盾或问题在短时期内无法解决或消除，因此，可以预料，无论采取何种控制或治理方式，美国的未成年人犯罪问题很难有乐观的前景。

姚建龙的《超越刑事司法：美国少年司法史纲》是国内首部系统考证美国少年司法起源与变迁的著作。少年司法制度的发展状况是公认的衡量一个国家司法文明程度和现代化程度的重要尺度之一。近些年来，国内少年司法界出现了一种言必称美国少年司法，但对美国少年司法又常有误解和断章取义的情况。有鉴于此，作者综合运用社会学、犯罪学、刑法学、刑事政策学等多学科知识，将美国少年司法的发育史放在社会历史变迁的宏观背景下进行研究，在对美国少年司法百余年历史的分析中，提炼出了"福利、惩罚、少年控制"的主线②，展现了美国少年司法制度的全貌。作者的一个重要的结论是：任何制度都是在特定社会背景下产生和发展起来的，同时也要以特定的理念和思想作为建构的基础。

第三节　研究现状评析及前景展望

毫无疑问，最近十年，中国对美国犯罪问题和犯罪治理的研究取得了很大的成就，无论在数量的增加、质量的提升，还是在方法的改善、手段的丰富等各方面都上了一个新的台阶。但由于篇幅的限制，本综述所作的梳理和叙述无法涵盖所有的研究方向和所有的著作与文

---

① 齐永辉：《青少年犯罪的社会治理》，《兰州大学学报》(哲学社会科学版) 2008 年第 4 期，第 45 页。

② 姚建龙：《超越刑事司法：美国少年司法史纲》，法律出版社 2009 年版，第 95 页。

章。同时，鉴于时间和笔者本人的视野与能力所限，综述中忍痛割爱也好、挂一漏万也好、有失偏颇也好，都实难避免。在此，敬请广大读者尤其是同行专家见谅！

最近十年，本研究领域取得的发展与成就主要体现在以下四个方面：

（一）参与本领域研究的地区和单位进一步扩展和丰富

十年前，参与美国犯罪问题研究的地区还主要是北京、上海、南京、天津、广州等一些社会科学机构，特别是国际学科比较发达和成熟的地区的相关单位，以及全国的一些著名研究机构和高校。但十年后的今天，参与这项研究的已遍及几乎全国所有的主要城市和所有有国际问题研究科目的研究机构和高等院校，甚至一些地方性刑事司法部门也参与了此项研究。今天，从事该领域研究的不仅有中国社会科学院美国研究所、北京大学、清华大学、中国政法大学、南开大学、南京大学，以及中华美国学会、中国法学会、中国犯罪学研究会等国内著名的学术机构或大学，而且还有贵州警官职业学院、甘肃警察职业学院，甚至铁道警官学院等众多地方性或专科性法律院校。另外，最高人民法院刑事审判庭、北京第二中级人民法院少年庭、上海宝山区人民检察院，以及北京致诚律师事务所等一些司法或执法部门，甚至民营律师事务所等，也都有专家或司法、执法人员参与、从事本领域问题的研究。① 这种地域和单位分布的广泛化和参与人员的多样化为本领域研究的发展奠定了雄厚的基础、提供了巨大的活力。尤其是那些一线法律工作者的参与，他们来自于一线，研究成果也更多地服务于一线，这无形中提高了本领域研究成果的实用性和社会影响力。

（二）研究队伍的状况持续改善

这主要体现在以下三个方面：其一，研究人员的年龄结构大大优化。统计结果显示，截至2016年，本研究领域研究人员的平均年龄约为41.3岁。其中50岁以上的约占26.1%，35—45岁的占58.2%，

---

① 本结论依据笔者在图书或期刊中"作者简介"一项中所获取的相关信息而得出。

其他占 15.7%。① 由此可见，中青年研究人员所占的比例已接近 60%，比十年前增加了三成以上。老中青三结合并以中青年为主要力量的人员结构已经完全确立。这样的队伍无疑思想更为活跃，创新、进取意识更强，效率更高。其二，研究人员的素质与能力大大提高。据不完全统计，过去十年，出版的专著或发表的论文，作者具有博士或以上学位的约占 67.1%，具有硕士学位的约占 29.7%，两项之和高达 96.8%，比十年前增长了四成以上。② 这批人普遍接受过严格的学术训练，有着丰富知识储备，其中还不乏留学回国人员。很多人不仅外语能力强，谙熟美国的法律思想、法律体系、刑事司法制度等等，而且也有不少人受过多学科方向的教育，同时具有法学及其他一门或以上学科教育背景（例如社会学、政治学、历史学、经济学等）的人，也不在少数。研究人员教育背景的大幅度改善为确保其获得较强的研究能力以展开高质量的研究和产出高质量成果等提供了充分的可能。其三，中青年学者挑起了该领域研究的大梁。过去十年，老一辈学者仍然在发挥重要的作用，贡献了多部在该领域中引起较大关注和反响的研究专著。例如，周琪的《美国的政治腐败与反腐败——对美国反腐败机制的研究》、翟帆的《二十世纪美国毒品政策的演变》、孙昂的《美国枪支文化》等等。但不难发现，在过去十年中，中青年研究人员贡献的研究专著和论文不仅在数量上已大大超过老一辈③，而且其选题、研究深度、研究成果的社会反响等等，均已毫不逊色。例如刘士心的《美国刑法中的犯罪论原理》、张勇安的《科学与政治之间：美国医学会与毒品管制的源起（1847—1973）》、姚建龙的《超越刑事司法：美国少年司法史纲》、张文娟的《中美少年司法制度探索比较研究》、张鸿巍的《美国检查制度研究》等等。毋庸讳言，中青年研究人员已经成为这一研究领域的中坚力量。可以说，他

---

① 本结论依据笔者在图书或期刊中"作者简介"一项中所获取的相关信息而得出。

② 同上。

③ 笔者在当当网、亚马逊网、中国知网、中国社科期刊（网络版）、人大复印报刊资料全文数据、维普中文社科期刊数据库、万方数据库等网站或数据库中检索、统计后发现，在过去十年中，中青年学者贡献的研究成果占全部成果的约 77.6%。

们已经挑起了该领域研究的大梁。

（三）研究成果的数量大幅增加

据不完全统计，最近十年来，中国学者撰写的关于美国犯罪与犯罪治理的学术专著比十年前增加了约94.1%；发表的学术论文增加了约154%；译著及译著加评述类图书增长了约73.6%。研究成果数量全面增长（详细情况见本章第一节、第二节的相关叙述）。

（四）后备人才充足，可持续发展前景乐观

仅对中国知网、百度学术等网站的相关栏目作简单检索后即可发现，美国犯罪与犯罪治理研究方向的博、硕论文近年来大大增加。在有些课题的研究成果中，博、硕论文所占的比例高达三分之一，甚至更多。这些研究成果的作者有些已经成为本研究领域的正式成员，相信有些还会在未来陆续加入到这个行列中来。我们可以乐观地预期，该研究领域后继有人，可持续发展的前景乐观。

在对成就和进步进行梳理的过程中，我们也发现了目前依然存在的一些问题和不足。其中以下几点尤为突出。其一，选题重复现象仍然比较严重。在一些热点问题，比如枪支暴力、反腐败、青少年犯罪等方向，都发现有大量雷同的文章发表。而且不少成果的观察视角，对问题分析的切入点，乃至研究结论等都大体一致。这类成果很难说有任何学术或社会价值。其二，宏观式研究仍大量存在。与美国相关领域的研究成果相比，在我们的成果中，选题宏观、对内容的研究宏观的情况仍比较普遍。相反，对微观问题进行深入挖掘的研究成果仍比较缺乏。其三，研究成果的分布不够均衡。务实性问题的研究成果较多，比如社区犯罪控制、青少年犯罪问题等。但在其他一些重要问题，尤其是一些新型犯罪问题，比如网络犯罪等，则投入的研究力量明显不足，不仅没有一部专著问世，研究论文尤其是高质量的研究论文也为数寥寥。其四，运用的研究方法、手段、知识等仍有待丰富和提高。最近二三十年来，美国国内犯罪学在研究方法、手段和运用的知识上一直在不断更新和丰富。生物学、生理学、精神病学、遗传基因学等方法和知识已经被普遍使用，脑电波学、犯罪心理画像等手段和方法也已逐渐开始被运用。定性分析与定量分析相结合的方式也早已成为一种惯例。过去十年，我们在这些方面差距并没有明显的缩小。其五，本学科领域的横向交流、联系十分缺乏。过去十年，甚至没有举行过一次全国性的专门学术研讨会，即便是在综合性的学术研讨会中（例如中华美国学会年度研讨会、中国犯罪学研究会年度研讨会等）也没有美国犯罪学者之间彼此交流的安排。这无疑是个亟待加强的方面。

以上问题的存在，说明本领域的研究距离成熟与完善还有很长的路要走。

第二章　枪支暴力犯罪的
管控与失控

　　枪支暴力犯罪是当今美国社会最严重的犯罪，也是公共安全所面临的最大的威胁。然而，由于公民持枪受美国宪法的保护，由于握有宪法解释权和司法审查权的联邦最高法院反对控枪，又由于当今美国的"政治极化"造成民主、共和两党在国会的"恶斗"等等原因，美国联邦政府始终无法出台或真正实施有效的枪支管控法律，致使枪支暴力犯罪问题愈演愈烈。

第一节　枪支暴力犯罪的现状与发展动向

　　枪支问题是美国社会由来已久的一个公共议题。近年来，枪支暴力犯罪，特别是针对青少年学生的校园枪支暴力犯罪屡屡发生，并造成了重大伤亡。其中尤以 2012 年 12 月发生在康涅狄格州桑迪胡克小学的枪击案为最甚，此案共造成 27 名无辜者丧生，其中绝大多数是10 岁左右的少年儿童，酿成美国历史上最骇人听闻的校园枪击案。案件极大触动了美国人的神经，让许多人难以承受。事件发生后，上至美国总统、议员、州长，下至公众舆论都发出了要求严格管控枪支、阻止悲剧再次发生的强烈呼声。在为死难者举行的悼念仪式上，奥巴马总统承诺，他将充分运用总统的职权，阻止类似的悲剧再次发生。他说："我们已经忍无可忍，枪击案必须被终结。为此，我们必

须做出改变。"① 但与此同时，美国各界支持持枪自由的势力也不甘
示弱。在全美会员人数最多、号召力最强的持枪自由组织"全国步枪
协会"（National Rifle Association，NRA）频频发声，指责造成惨案的
原因正是政府没有完全放开持枪自由。"全国步枪协会"的执行副总
裁韦恩·拉皮埃尔（Wayne LaPierre）在新闻发布会上声称："美国社
会的枪不是太多，而是太少"，"如果大家手里都有枪，那么罪犯也
就不会轻易得手，所以唯一能够阻止持枪的坏家伙犯案的办法就是给
好人都配上枪。"② 2013 年 10 月，盖洛普咨询公司进行了一次民意调
查，结果显示，竟有高达 74% 的美国人依然赞成维持现存的枪支法
律不变，反对控枪；同时，另有 5% 以上的美国人甚至表示希望进一
步放松对枪支的管控。③ 由此可见，即便持枪自由造成了一次又一次
像桑迪胡克小学这样的校园枪击惨案，但仍有一半左右的美国人对严
格管控枪支依然持坚定的反对立场。在这样的社会氛围下，近年来发
生在全美各地的枪支暴力事件，包括大型枪击案此起彼伏。④ 2016 年
6 月 12 日，佛罗里达州奥兰多市夜总会发生一场堪称"屠杀"式的
枪击案，凶手奥马尔·马丁携带突击步枪、手枪和爆炸物于午夜时分
潜入数百名同性恋者正举行聚会的"脉搏"（Pulse）夜总会，朝着密
集的人群扫射，当场造成 49 人死亡、53 人受伤，酿成了全美单起枪
击案造成伤亡人数最多的历史纪录。皮尤研究中心（Pew Research
Center）⑤ 2014 年 10 月所作的一项统计显示，2013 年 1 月至 2014 年
6 月短短一年半的时间里，美国各地共发生了 74 起校园枪击案，案

---

① Grey, M., "Shooting at Connecticut School has Americans Re-Examining Gun Laws",
Voices Of America：*In The News*，Dec. 21，2012.

② Dekke, R., "Americans Debating Gun Control", *Voice of America*：*This is America*，
Mar. 10，2013.

③ Lydia Saad，"U. S. Remains Divided Over Passing Stricter Gun Laws"，http：//www.
gallup. com/poll/165563/remains-divided-passing-stricter-gun-laws. aspxg_ source = poll + on + gun +
control + in + 2013&g_ medium = search&g_ campaign = tiles.

④ 美国联邦调查局对大型枪击案的定义是死亡人数在 4 人或以上。

⑤ 皮尤研究中心是美国的一个独立民调机构，总部设在首都华盛顿特区。该中心对那
些影响美国乃至世界的问题、态度与潮流等提供信息资料。该中心受皮尤慈善信托基金资
助，是一个无倾向性的机构。

发频率达到了几乎平均每周一起的高峰，其严重程度前所未有。① 前总统奥巴马斥责说："如今，枪支暴力事件的发生在美国已经成为一种'常态'。"② 美国研究枪支暴力问题的专业网站——枪支暴力档案室网站（http：//www.gunviolencearchive.org）提供的统计资料显示，近年来，尤其是 2014 年—2016 年这 3 年间，枪击案发生的数量以及造成的人员伤亡呈逐年持续增长之势。2014 年全年，全美共发生各类枪击案 51801 起，比 2013 年增加 880 起；2015 年全年，共发生 53101 起，比 2014 年增加 1300 起；2016 年全年，共发生 58125 起，比 2015 年增加 5024 起。数字显示，枪击案的增长数量在逐年、迅猛上升。与此同时，枪支暴力犯罪所造成的危害程度也在持续加剧。2014 年全年因枪击案死亡的人为 12594 人，比 2013 年增加 757 人；2015 年全年因枪击事件死亡的人上升至 13596 人，比 2014 年增加 1002 人；2016 年全年因枪击案死亡的人猛增至 17425 人，比 2015 年大幅增加了 3829 人，增长幅度高达近 30%。③

除了案发频率和死伤人数大幅增加之外，近年来发生的枪击案还呈现出以下一些新的特点和动向。

第一，针对少年儿童的校园枪击案增多，受害者年龄进一步低龄化。以 2015 年为例，美国《赫芬顿邮报》（*The Huffington Post*）2015 年 10 月发布的统计数字显示，仅当年前 10 个月发生在美国各地校园中的枪击案就有 45 起，达到了几乎平均每周一起的频率，并且，其中一半以上发生在小学和中学，造成 300 多名 17 岁以下的少年儿童在校园内伤亡，受害学生的年龄不断走低，学生及家长的不安全感大大增加。④

---

① 高原：《从雷诺兹中学枪击案看美国校园枪支暴力现状》，http：//www.qspfw.edu.cn/gjrdxw/2462.jhtml. 2014 年 6 月 12 日。

② David Jackson，"Obam a urges gun control after Oregon shooting"，*USA Today*，https：//www.usatoday.com/search/Obam%20a%20urges%20gun%20control/.

③ http：//www.gunviolencearchive.org/past years/past summary ledgers/.

④ Wolfgang Stroebe，"Firearm Availability and Violent Death：The Need for a Culture Change in Attitudes toward Guns"，*Analyses of Social Issues and Public Policy*，December 2015，pp. 81 – 83.

第二，大型枪击案的数量攀升，危害程度不断加剧。美国枪支暴力档案室网站（http：//www. gunviolencearchive. org）发布的统计数字显示，2015 年全年发生的一次造成 4 人以上伤亡的"重大枪击案"（Mass Shooting Case）330 起，比 2014 年增加了近 18%。[①] 而 2016 年全年发生的此类枪击案则上升至 385 起，比 2015 年又增长了近 17%。其中，2015 年发生的一次造成 10 人以上重大伤亡的恶性枪击案 9 起，比 2014 年暴增了 350%。2015 年 12 月 2 日发生在加利福尼亚州圣贝纳迪诺（San Bernardino）一个康复中心的枪击案一次就造成了 35 人死伤[②]，而 2016 年 6 月 12 日发生在佛罗里达州奥兰多市"脉搏"夜总会的枪击案更是当场造成 102 人死伤，创造了全美单起枪击案造成伤亡人数最多的历史纪录。

第三，出现了"仇恨犯罪"（Hate Crime）性质的枪击案。2015 年 2 月 12 日和 6 月 17 日，在北卡罗来纳州的查普希尔和南卡罗来纳州的查尔斯顿先后发生了两起明显带有"仇恨犯罪"特点的枪击案。两案均由白人所为，前一起案件专门针对美国的穆斯林群体，3 名穆斯林学生被杀。凶手克雷格·希克斯（Craig Hicks）在作案前曾多次在脸谱网（FaceBook）上发布带有反宗教，特别是反穆斯林内容的帖子，并宣称自己是个"持枪杀人的无神论者"（Gun Toting Atheist），他还号召"志同道合者"行动起来，等等。案发后，美国警方以涉嫌"仇恨犯罪"和一级谋杀罪将凶手逮捕。后一起案件专门针对非洲裔美国人。21 岁的白人男子戴伦·鲁夫（Dylann Roof）在位于查尔斯顿市的一座非洲裔卫理圣公会教堂，向正在举行祈祷会的人群连开 40 余枪，造成 9 人当场死亡，1 人受伤，酿成当地历史上近几十年来从未有过的大型枪杀事件。目击者说，当时，枪手一边向人群扫射，一边高声喊道：我在这里"就是来射杀黑人的"，"你们夺走了我们的家园，你们必须得滚出去"。等等。案发后，警方从社交网站上戴伦·鲁夫的个人空间里发现，鲁夫深受白人至上主义文化影响，

① http：//www. gunviolencearchive. org/Reports/ Mass Shootings in2015/.

② Ibid.

空间里充斥着对黑人不满和仇恨的文字。美国联邦调查局已将此案划归为"仇恨犯罪"进行调查。

第四，出现了与国际恐怖主义组织"伊斯兰国"（ISIS）有牵连的枪击事件。2015年12月2日，两名枪手在加利福尼亚州南部圣贝纳迪诺市的一所残障人康复中心内向参加活动的人群扫射，造成16人死亡，19人受伤。凶手驾车逃离现场后与围捕的警察发生枪战，最终被击毙。警方在两名凶手的车内和住处发现了6000多发子弹，十几颗炸弹和炸弹制造装置。圣贝纳迪诺市警察局长杰罗德·伯根（Jarrod Burguan）在新闻发布会上表示，如此规模的武器表明，他们打算发动更多的袭击，这已涉嫌恐怖主义。[①] 美国联邦调查局随后的调查发现，枪手是一对夫妻，男子是巴基斯坦裔美国人，女子是在沙特阿拉伯长大的巴基斯坦人，两人都是激进的穆斯林分子。案发前几个月，该男子曾在中东地区与恐怖组织接触过，而就在案发前一天，该女子曾在脸谱网上发帖，宣誓效忠"伊斯兰国"头目巴格达迪。两名枪手还在作案前破坏了电脑硬盘和手机，以销毁证据。联邦调查局官员戴维·鲍迪奇（David Bowdich）在新闻发布会上说，美国联邦调查局已掌握一些"决定性证据"，使他们决定对此案按"恐怖主义行为"的调查方式进行调查。奥巴马总统在2015年12月6日对全国发表的电视讲话中，也正式把这次枪击定性为"恐怖袭击"。他说："这是一起旨在杀害无辜平民的恐怖主义行为。"[②]

第五，出现了专门针对警察的报复性枪击案。以2016年为例，仅当年一年，就有100多名警察在执行公务中被枪手射杀身亡，比2015年大幅增加了40%以上。其中2016年7月7日—17日，在达拉斯市和巴吞鲁日市接连发生两起狙击手专门射杀执勤警察的案件，短

---

① "Two Suspects in California Shooting Dead", *Voice of America*, December 3, 2015, http://www.51voa.com/VOA_Special_English/two-suspects-in-shooting-in-california-dead-66696.html.

② Justin Tucker, "Obama's address to the nation on San Bernardino attack", *USA Today*, https://www.usatoday.com/search/Obama's%20address%20to%20the%20nation%20on%20San%20Bernardino%20attack/.

短10天内造成22名警察死伤。警方调查后确认，两起案件的凶手都是非洲裔美国人，并且都是美国退伍军人。

第二节　枪支暴力犯罪问题趋于失控的国内外动因

美国的枪支暴力犯罪之所以难以遏制，枪支管控之所以举步维艰，这与其独特的历史、文化、传统、乃至日常生活等方方面面有着千丝万缕的关联。

一　传统与历史因素

美国是一个由移民组成的国家。17世纪初，当第一批来自欧洲的移民乘坐"五月花号"到达美洲大陆之时，这里没有国家，更没有法律与秩序，是一个弱肉强食、丛林法则大行其道的蛮荒之地。人们为了抵御印第安人和其他竞争对手的侵犯以及狩猎等维持自身生存的需要，不得不掌握并且依赖枪械，枪是人们生活中必不可少的基本工具之一。"北美十三州"逐渐形成后，当时各州都需要依靠民兵进行州的自我防卫，所以一些州政府甚至会对没有武器的居民进行处罚。在无数反映当时社会生活状况的历史资料和文艺作品中，枪支的影子几乎无处不在，枪支是构成美国早期历史文化传统的重要元素之一。

美国独立战争爆发后，当时的"北美十三州"并没有正规的军队。1775年5月，第二届大陆会议决定组织军队抗击英国统治者，随后由华盛顿挂帅组建了"大陆军"，但事实上这支"大陆军"中有很大一部分是由普通百姓临时拼凑而成的民兵部队，而就是这样一支部队，在华盛顿的英明指挥和来自法国、西班牙、荷兰等外部势力的支援下，最终击败了英军，赢得了独立战争的胜利。独立战争胜利的经验使得"北美十三州"的政治家和民众得到了这样一个深刻的启示，即民众拥有枪支是一项性命攸关的权利，它是捍卫自由、民主和公民权，反抗压迫与暴政的重要手段；如果要在新成立国家中避免出现统治者的独裁、专制或暴政，民众手中拥有枪支是必不可少的条件。美国建国时期的著名思想家和政治活动家托马斯·潘恩（Thomas Paine）在其研究美国独立战争和美国政治法律思想的名著《美国危机》（*The American Crisis*）一书中告诫人们，必须把政府及其代理人设想为"窃贼"或"强盗"，国民应时刻保持警惕，"防止其失控"；"当社会、政府及法院不能给公民以公平的时候，你可以用自己手中的枪来实现"。[①] 这种主张和思想认识反映了当时美国社会普通民众对政府所持的一种基本态度。

在社会精英层面，那些亲身参与了独立战争的建国先贤们，在面对公民应当享有的"权利"和应由政府掌握的"权力"这两大问题时，也具有一种"近乎偏执的敏感"。[②] 英国政府对殖民地人民"权利"诉求的否定迫使殖民地人民不惜以战争来加以抗争，而战争中所付出的代价又使这批开国元勋倍感公民"权利"的珍贵。正是出于这样的经历和情结，托马斯·杰斐逊等建国先贤们便一致赞成在新国家的根本大法中赋予公民可以自由持有枪支的权利，以使他们永远保有可以用武力对暴君造反的权利。

事实证明，这项为防范政府独裁或暴政而制定的预防性措施在后来美国的政治生活中确实发挥了十分重要的作用。在美利坚合众国诞生后的两百多年里，从未发生过统治者专制独裁或对公民实施暴政的情况，而这种情况在世界其他一些国家甚至直到今天还时有发生。不仅如此，依法拥有并自由使用枪支也使得美国普通民众在保护私有财产和自身安全等方面获得了重要的保障。在日常生活中，普通百姓，特别是那些老弱病残等弱势者，依靠自己手中的枪支阻止或击毙拦路、入室进行抢劫、行凶的歹徒的事件在美国时有发生。2003 年，亚利桑那州一对夫妇被闯进家中进行抢劫的歹徒制服，其年仅 10 岁的儿子拿出家中的手枪击中歹徒，使全家人免遭劫难。当美国的校园治安状况不好，青少年团伙犯罪案件增多时，不少美国家长便选择佩

①　[美] 托马斯·潘恩著：《美国危机》，柯岚译，上海三联出版社 2007 年版，第 87—90 页。
②　王希：《原则与妥协：美国宪法的精神与实践（增订版）》，北京大学出版社 2014 年版，第 5—6 页。

带枪支接送孩子上下学，甚至送枪给住校的孩子用于防身。

然而，以上事例仅仅是持枪自由在美国人日常生活中所起的积极作用。持枪自由也给公众和社会带来了一系列负面后果，特别是其已成为社会犯罪尤其是暴力犯罪的重要根源。美国社会综合调查（The General Social Survey，GSS）机构在 2009 年所作的统计显示，目前，美国有 9000 多万人持有枪支，私人拥有的枪支总数已达 2 亿支以上，全美约有 51% 的家庭拥有枪支。美国疾病控制与预防中心提供的一份最新统计数据显示，在 2010 年至 2013 年的 3 年里，全美共有 31000 人死于各类枪祸，平均每年 1 万多人，每天约 29 人。① 在美国，使用枪支抢劫导致死亡的比例几乎是使用其他武器抢劫的 3 倍。美国《外交政策》（Foreign Policy）杂志于 2011 年 1 月 9 日刊文指出，按人口比例推算，美国每年死于枪击的人数超过其他 20 个发达国家的总和。在美国历史上，不仅普通民众，就连不少著名政治家也不能幸免于难。美国历史上最著名的民权运动领袖马丁·路德·金、时任联邦参议员的总统候选人罗伯特·肯尼迪等都是遭遇枪击而身亡。美国建国以来的 42 位总统中，有 8 位在履职期间遭遇枪击，其中约翰·肯尼迪总统遇刺案和里根总统遇刺案至今仍让人记忆犹新。在当今美国，枪支暴力是每一个美国人——上至总统下至少年儿童，都难以避免的问题，是随时都有可能发生在自己身上的最现实的致命性威胁。

二　宪法权利因素

从根本上说，美国公民可以自由持有并使用枪支的权利来自于宪法的授予。1789 年，美国第一届国会召开之际，由托马斯·杰斐逊等人领衔起草的美国《宪法第二修正案》正式提交国会讨论，并在两年后的 1791 年与另外 9 条修正案一起获得联邦国会的批准，共同构成了美国宪法《权利法案》的前 10 条。《宪法第二修正案》明确

————————

① Dekke, R., "Americans Debating Gun Control", *Voice of America：This is America*, Mar. 10, 2013.

规定："管理良好的民兵部队对自由州的安全是必要的，因此，人民持有并携带武器的权利不容侵犯。"① 这项修正案的次序仅排在涉及言论、出版、信仰和请愿自由的《宪法第一修正案》之后，位居第二，由此可见，立法者以及美国公众对自由持有枪支权利的重视程度。

然而，长期以来，美国社会尤其是学术界对于规定了这项公民权的《宪法第二修正案》的内容却一直存在着各种不同的解读和争议，其中最有代表性的两种观点是"公共权利论"（Collective Right Theory）和"个人权利论"（Individual Right Theory），"两论"的观点存在巨大差异。"公共权利论"者认为，《宪法第二修正案》保护的是民兵也就是"集体"的权利，正如其明确指出的："管理良好的民兵部队对自由州的安全是必要的"。这样的文字叙述清楚地表明，其保护的是"民兵"组织，进而是"州"的公共权利，而非个人权利。"个人权利论"者则认为，《宪法第二修正案》保护的是公民的个人权利，因为"民兵部队"是由一个个个体组成的，没有个体化的民兵即手中拥有武器的个人，"民兵部队"也就无从谈起。因此，《宪法第二修正案》保护的首先是个体的公民权，而"持有和携带武器的权利"属于公民的"自然权利"，当然要受到保护。② "个人权利论"者还指出，早在《宪法第二修正案》制定和正式生效十几年之前的 1774 年，在华盛顿领导下颁布的《菲尔法克斯决议》（Fairfax County Resolution）中，就已经明确表达了美国人民对这一"自然权利"的肯定。该决议郑重声明："尽管我们是英国政府的子民，但是我们会使用上帝所赋予我们的任何手段去阻止它对我们的奴役。"③ 显而易见，这其中的"任何手段"当然就包括持有、携带和使用武

---

① 原文：A well regulated Militia being necessary to the security of a free State, the right of the people to keep and bear Arms shall not be infringed.

② Mapp, A., *The Faiths of our Fathers: What America's Founders Really Believed*, N. Y.: Rowman & Littlefield, 2003: p. 155.

③ Cottrol, R., *Gun Control and the Constitution Sources and Explorations on the Second Amendment*, Washington. D. C: American University Press, 2003: p. 9.

器的权利。

"公共权利论"和"个人权利论"这两种不同解读的产生，无疑是因《宪法第二修正案》本身含糊不清抑或模棱两可的文字叙述所致，那么美国的建国先贤们为什么要在这样一个重要的宪法权利问题上采取如此模糊的处理方式呢？

首先，这与他们的政治信仰有密切关系。研究资料表明，《宪法第二修正案》的主要制定者托马斯·杰斐逊和约翰·亚当斯等人都是欧洲古典共和主义的虔诚信奉者。欧洲古典共和主义思想的一个重要特征是，在构成国家的两种基本力量即人民与君主之间，他们更相信人民而非君主。欧洲古典共和主义思想的主要代表人物尼可罗·马基亚维利（Niccolò Machiavelli）在他的代表作《君主论》中指出："即使没有法律的约束，人民也比君主更少犯错"，"一个不受法律约束的君主会比人民更忘恩负义、变化无常和轻率鲁莽"。他强调："人民的个人自由不是天赐而来，也不能依赖于统治者的善良意志"，"除了君主之外，其他人的自由随时随地都有被剥夺的可能"。[①] 在欧洲古典共和主义思想的影响下，美国的建国先贤们坚信，必须赋予人民以充分的捍卫自身自由以及反抗暴君统治的权利。杰斐逊在制宪会议的辩论中多次强调："共和国对待造反不应过于严厉，以免人民的自由精神受到压制。"他认为公民持有和携带枪支不仅仅是为保护个人的自由，它更多地体现着一种对国家的责任和义务，它是公民应该具备的一种美德，昭示着他们随时准备为捍卫民权与自由去投入战斗。[②] 如果说在究竟是为了保护"民兵组织"的"公共权利"，还是为了保护"人民"的"个人权利"这一点上，《宪法第二修正案》中的表述并不足够清晰的话，那么杰斐逊的上述言论已经为此作了最好的注脚。至于《宪法第二修正案》为何采取含糊其辞的表述方式，那无疑是宪法这种根本性大法文件本身的特质所致。

---

① ［意］尼可罗·马基雅维利：《君主论·李维史论》，潘汉典、薛军译，长春吉林出版集团 2011 年版，第 305—307 页。

② Cottrol, R., *Gun Control and the Constitution Sources and Explorations on the Second A-mendment*, Washington. D. C：American University Press, 1993：pp. 9 – 11.

　　其次,《宪法第二修正案》中将"民兵"的存在与"自由州的安全"两者相提并论,这其中也有着重要的隐含意义。经历过独立战争和美国建国历程的杰斐逊、华盛顿等开国元勋们懂得,不仅独立战争本身就是主要由"北美十三州"的民兵与大陆军共同参与完成的,而且在美国建国之后,民兵在制衡常备军、防范可能出现的暴政以及抵御外敌入侵当中也都发挥了重要的作用,它们是美利坚合众国的重要支柱之一。"自由州的安全"缺少不了"民兵",而"民兵"当然不能被剥夺枪支。依此逻辑,是否应当给予美国公民以拥有枪支的权利已是不言自明。

　　综上所述,独立战争的经验和古典共和主义思想的影响,使得美国的开国元勋和来自于原殖民地的人民将拥有枪支的权利视为新的国家即美利坚合众国公民的一项基本权利,视它为个人自由的重要组成部分而不能被任何人特别是控制着国家政权的政府所剥夺,并且还将这项基本权利在治国总纲即国家宪法上予以郑重申明,以使之恒久不变。事实上,在美国建国后的许多重要的历史时期,例如西进运动时期、美国内战时期等等,公民有权持枪这项宪法权利都发挥了重要的作用。特别是美国内战时期,林肯政府大力鼓励枪支等武器的生产并用枪械武装北方民众,这在一定程度上确保了北方的胜利,维持了国家的统一。经过历史的打磨与积淀,拥有和使用枪支在美国不仅已是一项深入人心、难以动摇的宪法权利,而且也已成为美国生活方式的一个重要的组成部分。

三　利益集团和党派政治因素

　　如果说,美国公民可以自由持有枪支的权利缘起于美国早期特殊的环境、传统与历史经历的话,那么,当代美国政治,尤其是它的利益集团政治和政党政治则大大促进了这一权利的发展。美国公共政策的制定通常是各种社会政治力量相互碰撞后产生的,枪支问题也不例外。半个多世纪以来,特别是最近二三十年来,抑制枪支泛滥的呼声在美国不绝于耳,但是,政府却始终无法拿出一套完善而又行之有效的措施,其原因之一在于,美国的枪支问题不是一个简单的社会问题，在它的背后隐藏着重大和复杂的利益集团因素和党派政治因素。

（一）以"全国步枪协会"为代表的利益集团对枪支问题的影响

在美国，有多家拥枪利益集团（Gun Rights Advocacy Groups）长期在美国国会进行反对枪支管控的游说活动，并在社会上专门从事维护持枪权的宣传和造势活动。这些组织当中影响力最大、拥有成员人数最多的有三个：即"全国步枪协会"（National Rifle Association，NRA）、"第二修正案基金会"（Second Amendment Foundation）和"美国枪支拥有者组织"（Gun Owners of America，GOA）。目前，这三大组织在全美各地共有会员近600万个，而非会员但联系密切的人则有近2000万人；每年可动用、用以进行反控枪宣传、游说等活动的经费总额高达3亿美元左右。由于有雄厚的资金做后盾，它们的活动搞得有声有色，对联邦政府的相关决策和美国国会的有关议案，甚至对最高法院的相关裁决等一直产生着巨大的影响。

相比之下，与这些拥枪利益集团相抗衡的、支持控枪的组织主要有两个：成立于1974年的"手枪管制有限公司"（Pistol Controls Limited Company，PCLC）和成立于1983年的"布雷迪反枪支暴力行动组织"（Brady Campaign to Prevent Gun Violence，BCPGV），其成员规模、能量和影响力等都十分微小。以"手枪管制有限公司"为例，它通常只能通过网络、一些地方性报纸或动员志愿者散发传单等方式来宣传自己的主张，提醒人们关注校园枪击案，关注社区安全，呼吁人们远离枪支等等。其对议会和政府决策部门的影响力微乎其微。这两个组织每年的活动经费只有500万美元左右，与其对手之比为60∶1。[①]

在拥枪利益集团当中，"全国步枪协会"（NRA）又称"长枪协会"是实力最强、势力最大、政治影响力最广的一个组织。虽然"全国步枪协会"是一个非党派、非营利性组织，但是它不仅积极参

---

① John Scott，"Social Processes in Lobbyist Agenda Development：A Longitudinal Network A-nalysis of Interest Groups and Legislation"，*Policy Studies Journal*，November 2013，pp. 627 – 631.

与政治活动，并且在美国政治中具有举足轻重的影响，是美国反对枪支管制的主要力量。

"全国步枪协会"拥有严密的组织体系和有效的游说策略，根据"全国步枪协会"官方网站提供的数字，它的正式工作人员虽然只有几百人，但它却拥有近400万个会员分布在全美各地，其中很多都是实力强大的枪支生产商、经销商和重量级的政客。不仅如此，由于它有雄厚的资金做后盾，其在全美还拥有超过500万人的"草根"游说力量。[①]"全国步枪协会"的官员曾多次大言不惭地声称，它的会员可以在3天内向国会发出50万封信件，足以对国会议员的投票产生决定性的影响。美国《财富》杂志（Fortune）1999年进行的一项调查显示，"全国步枪协会"是目前美国最有影响力的院外游说组织。[②]在历次美国国会选举中，"全国步枪协会"的选票只投给拥护《宪法第二修正案》的候选人。"全国步枪协会"要求自己的会员给每一位众议员或参议员候选人评分，评分的主要标准就是看其是否支持持枪自由，然后，"全国步枪协会"将会员的评分汇总，出版带有明显倾向性的《投票指南》。其对选举的影响可想而知。利用这种方法，"全国步枪协会"在多次国会选举中选出了自己的"意中人"，这当中包括前众议院议长汤姆·福利（Tom Foley）、前众议院商业委员会主席约翰·丁格尔（John Dingell）等，这些人都是足以影响美国最高决策的重量级人物。在2000年的美国总统大选中，积极维护持枪权的各利益集团总共花费了2000多万美元支持主张保护持枪权的小布什竞选总统，并使他最终战胜了持相反态度的民主党人戈尔，成功入主白宫。美国枪械网（http：//www.guns.com）2015年披露的资料显示，在最近一次即2014年的国会中期选举中，"全国步枪协会"共斥资2000多万美元，为50多名众议员和10余名参议员参选提供了资金帮助和其他助选工作，这些人中的近70%最终都赢得了选举。

---

① NRA, *Institute for Legislative Action News Release*, http：//www.nraila.org/News/Read/News Releases.aspx/.2003 – 03 – 27/2015 – 03 – 06.

② Annual Survey of Most Powerful Lobbying Organizations, *Fortune*, Nov.15, 1999.

2016 年总统大选期间，"全国步枪协会"动作频频，不遗余力，以期最大限度地影响大选。美国枪械网披露说，2015 年以来，"全国步枪协会"已经为参加此次总统大选的多位参选人提供了资金或其他助选帮助，而选情的走势也正在"全国步枪协会"的期望之中。截至2016 年 3 月，特别是初选的关键战役"超级星期二"结束之后，在 4位"领跑者"中，共和党的特朗普和克鲁兹都是"全国步枪协会"的坚定"同盟者"，即"拥枪派"；民主党中桑德斯立场模糊，只有希拉里一人是明确的"控枪派"。而最初被"控枪派"寄予厚望的最坚决和最旗帜鲜明地支持控枪的前纽约市长迈克尔·布隆伯格（Michael Bloomberg）在最后阶段宣布放弃参选，其原因之一是他的控枪立场遭到"全国步枪协会"的猛烈攻击，因此他清楚"自己没有获胜的希望"。[①] 布隆伯格的退选无疑是控枪派在本届美国总统大选中的重大损失之一，而这一损失无疑与"全国步枪协会"的行动密不可分。尽管大选绝非是"全国步枪协会"一家可以操控，但"全国步枪协会"的政治影响力无人可以小觑。

除了成功的政治游说之外，多年来，"全国步枪协会"的宣传鼓动攻势也取得了明显成效。为应对近年来因枪支暴力频发而导致的联邦政府试图强推控枪立法和社会上要求控枪的声音时有高涨的局面，近年来，"全国步枪协会"大大加强了自己的宣传鼓动攻势。美国枪械网披露的信息显示，仅 2015 年一年，"全国步枪协会"就在全美各地举办了 300 余场各种形式的拥枪造势或媒体见面活动，其活动频率比 5 年前增加了近 30%；"全国步枪协会"每年都在自己主办的《美国步枪人》（American Rifleman）、《美国第一自由》（America's 1st Freedom）和《美国猎人》（American Hunter）等杂志上刊载大量宣传持枪"好处"和"必要性"的大大小小的文章，其数量每年都在 60篇左右，并且每年都会视形势的需要调整内容的重点或加大刊载的数量。

---

① Maggie Haberman and Alexander Burns，*Michael Bloomberg Will Not Enter Presidential Race*，https：//cn. nytimes. com/usa/20160308/c08bloomberg/en-us/.

　　"全国步枪协会"紧紧抓住持枪自由是公民的宪法权利这一关键点，形成了一整套从理论、逻辑等看上去都十分合理的宣传鼓动内容。例如，它大肆鼓吹持枪不仅是自卫、射击比赛、打猎等必备的工具，而且也是"体现男子汉气概，体现个人自由、自立、匡扶正义等多种价值的最好方式"。① 这套说辞很容易在青少年中引起共鸣。针对美国民众，尤其是广大未成年学生家长的安全关切，"全国步枪协会"执行副总裁韦恩·拉皮埃尔（Wayne Lapierre）近年来多次在新闻媒体上露面或在电视上推出宣传广告，宣传"枪不杀人，人才杀人"；宣称"阻止枪支暴力的有效方法是解决人的心理健康问题，而不是管控枪支"。鼓吹"唯一能够不让持枪的坏家伙伤害好人的办法，就是给好人都配上枪"等等。而且每当美国社会发生重大枪击案时，人们几乎都可以在媒体上看到或听到拉皮埃尔的声音，其言论极富蛊惑力。

　　最近20多年来，每当国会就新的枪支管制法案进行辩论或最高法院进行相关裁决的关键时刻，"全国步枪协会"就会在其杂志、电台和电视台上连篇累牍地发表文章或带有明显倾向性的调查信息，左右民意和公众舆论，阻挠控枪立法的通过。事实上，自1968年美国国会通过《1968年枪支管制条例》这项较严厉的枪支管制法从而引起"全国步枪协会"的强烈反弹之后，直到1988年，美国没有再颁布过一项全国性枪支管制法案。20世纪90年代，克林顿执政期间，"全国步枪协会"扼杀了克林顿的多项枪支管控法案。1994年，国会虽然勉强通过了《布雷迪法》（Brady Act），但通过后的法案已经被"全国步枪协会"削弱得面目全非，与其最初的版本无法相提并论。② 2013年4月，尽管造成20多名10岁左右的少年儿童死亡的桑迪胡克

---

① 罗洋：《全国步枪协会：美国枪支管制的主要障碍》，《湘潮（下半月）（理论）》2007年第12期，第32页。

② 《布雷迪法》又称《布雷迪手枪暴力防制法》，由前白宫新闻秘书布雷迪和其妻莎拉·布雷迪共同发起。其最核心的一点是，规定购枪人在登记购枪之后、得到枪支之前，必须进行等待，由枪支销售者对购枪人的相关背景进行调查。法案还要求建立一个全国性系统，以提供即时的犯罪背景情况。该法的有效期为10年，2004年9月已自动失效。

小学恶性枪击案才刚刚过去仅 4 个月，尽管人们的悲愤情绪还远未消退，但是此时美国国会参议院仍以 54∶46 的投票结果否决了奥巴马政府大力推动的一项控枪议案，并且投票中竟有 5 名民主党议员倒向"全国步枪协会"，公开与奥巴马"唱反调"，反对控枪。事后，奥巴马无法按捺其心中的气愤，他在记者会上公开指责"全国步枪协会"向国会议员施压，指出："很多议员都畏惧'全国步枪协会'，枪械游说集团眼下已经绑架了美国国会。"①

近年来，尽管美国社会的枪支暴力事件急剧增加，但是，盖洛普咨询公司（The Gallup）等多家机构或媒体于 2015 年进行的多次民意调查却显示，有近 60% 的美国人支持"全国步枪协会"的观点和主张，认为"全国步枪协会"的主张"会让美国民众更为安全"。② 皮尤研究中心于 2016 年 1 月发布的一项研究报告指出，目前有 68% 的民主党人认为"全国步枪协会"对枪支问题的影响力已经远远超过了美国法律；而持同样看法的普通美国民众的比例也达到了 40 以上。③ 由此可见，"全国步枪协会"如今已经在很大程度上控制了美国控枪问题的走向。

"全国步枪协会"不但左右选举和立法，还试图影响法官的任命。由于最高法院关于《宪法第二修正案》的解释对限枪立法的成败有着重要影响，因此，当 2009 年奥巴马总统提名索尼娅·索托马约尔接任退休的苏特大法官时，"全国步枪协会"便翻出了索托马约尔以往在枪支管制问题上的判决和相关言行记录，认为她是反对持枪的，甚至公开要求参议院否决对她的提名。

由于有雄厚的资金做后盾，"全国步枪协会"还在不断尝试进一步巩固和扩大其在全美范围内的政治影响。21 世纪初，"全国步枪协

---

① Gregory Korte，"Obama announces gun actions in emotional plea for congressional action"，*USA Today*，https：//www.usatoday.com/picture-gallery/news/nation/2016/01/05/president-obama-announces-executive-actions-on-gun-control/78305564/.

② Ashley Thompson，"Revisiting the Gun Debate in America"，*Voice of America*，October. 31，2015. http：//www.51voa.com/VOA_Special_English/the-gun-debate-america-66097.html.

③ Hannah Fingerhut，"5 facts about guns in the United States"，*Pew Research Center*，January 5，2016.

会"又建立了"全美步枪协会基金会"（Foundation of the American Rifle Association），不仅在华盛顿，而且试图在全美范围内专门为那些支持该协会立场、保护个人持枪权的候选人筹集资金，以便他们进入美国地方或联邦国会甚至竞选其他政治职位。目前，在美国的任何一次重要选举中，没有哪一个候选人敢轻视"全国步枪协会"的影响。

（二）政党政治对枪支问题的影响

在美国国内政治中，枪支问题是一个党派色彩十分明显和严重的议题，民主、共和两党在此问题上所持的立场大相径庭。在历史上，尤其是最近几十年，民主党一直公开主张对枪支实施必要的管控，但共和党则持完全相反的立场。2012 年 8 月，共和党在其全国代表大会上通过的名为《我们相信美国》（*We Believe That The United States*）的新党纲中再度重申："我们反对限制枪支的议案，因为它限制了美国《宪法第二修正案》的权利。"① 在个人持枪方面，皮尤研究中心于 2011 年 3 月发布的一份研究报告显示：1973 年，大约有 45% 的民主党人持有枪支，55% 的共和党人持有枪支；到 2010 年，民主党人持有枪支的比例下降了大约一半，降为 22%，而共和党人的持枪比例则仍然保持在 50% 以上。② 即便在民族、居住环境和收入状况等背景状况相同的情况下，共和党人的持枪比例也接近民主党人的两倍。

两党对持枪问题的不同立场使这一问题的争论趋于两极化，而两党在此问题上的相互牵制也大大限制了联邦政府在枪支管制问题上的行为能力。从历史上看，凡白宫和国会两院都由民主党控制时，美国的枪支管制运动就会取得一些进展；当白宫和国会分别由民主、共和两党分别执掌时，枪支管制问题则陷入僵局；而当白宫和国会均由共和党人把持时，枪支管制运动就出现倒退。1994 年，美国国会以微弱多数通过了克林顿领导的民主党政府支持的关于禁止 19 种攻击性

---

① 戚易斌：《美共和党全国代表大会通过党纲强调传统价值观》，http://www. chinanews. com/gj/2012/08 – 29/4142524. shtml，2012 年 8 月 29 日。

② Kahane, L. , "Understanding The Interstate Export Of Crime Guns: A Gravity Model Approach", *Contemporary Economic Policy*, Vol. 31, 2013: pp. 618 – 621.

枪支的制造、销售和进口的议案，该议案在辩论中曾遭到共和党人的强烈反对，为了使议案得以通过，克林顿政府不得不作出妥协，同意此案的有效期为 10 年，到期后由国会重新审议是否延续。2004 年，在该法案即将到期之际，民主党试图延长该法案，但由于共和党控制的国会拒绝进行讨论，最终使该法案在 2004 年 9 月到期后自动失效。

此外，在枪支管制问题上，共和党和持枪自由派还得到了美国最高法院的司法支持。2008 年 6 月 26 日，美国最高法院在"哥伦比亚特区诉海勒案"（District of Columbia v. Heller，554 U. S. ）的判决中，根据《宪法第二修正案》中的规定，以 5∶4 的投票结果推翻了在首都华盛顿实行了 32 年的禁止拥有手枪的法令，裁定"人民有权因自卫及狩猎原因拥有手枪"。并称："禁止枪支是违反宪法的。"① 这是美国联邦最高法院有史以来第一次对这一颇具争议的问题作出宣判。联邦最高法院是美国国家最高审判机构，它握有宪法解释权和司法审查权（Judicial Review），可以通过对具体案例的裁决宣布联邦或州的法律是否违宪，并以此来影响和左右各州的立法及法院的司法操作，因此，最高法院的裁决无疑将会对枪支管制问题的走向产生重大影响。

四　联邦、州、不同地区民众在枪支问题上的矛盾因素

美国实行的是联邦制，各州拥有很大的自由度，州法律也彼此独立。在枪支管制问题上，虽然也有例外，但大体上看，东北部各州较严，中西部各州较松。1968 年，《联邦枪支控制法》颁布后至今，只有加利福尼亚州、艾奥瓦州、马里兰州、明尼苏达州、新泽西州、纽约州、威斯康星州 7 个州在其州宪法或州权利法案中删除了"持有枪支权利"的条款以管控、限制枪支，其他各州则依然保留着该条款。② 在这些州的法律中，联邦法律里关于控制枪支的相关规定不过是一纸空文，对它们毫无约束力。不仅如此，即使一些州的立法对枪

---

① 宋潇伟：《哥伦比亚特区诉海勒案》，http：//zh. wikipedia. org/w/index/，2014 年 12 月 15 日。

② Bijlefeld, M. , *The Gun Control Debate*. N. J：Princeton University Press, 1998：pp. 228－229.

支问题做出了一些规定，但实际情况是，其条款大都含糊其辞或存在明显漏洞。例如，1989 年，加利福尼亚州在其立法中加入了限制出售两种攻击性武器的条款，但是，其列举的枪支类型和型号却早已不存在了。在南方一些犯罪率本来已经很高的州，其法律中却仍然规定，凡年满 21 岁、在射击中心接受过培训的人，均可获准购买枪支。在各州的立法彼此不一甚至严重冲突的情况下，那些实施了对某种枪械或购枪行为予以限制或禁止的州，事实上其法律的效力是非常有限的，人们只要去到任意一个枪支管理松懈的州，就很容易买到他们所需要的枪支，并且不违法。很显然，联邦与州以及不同的州之间，立法上的矛盾与冲突严重制约或削弱了联邦或各州枪支管制政策的有效性。

在枪支管制问题上，美国普通民众的立场也呈现出明显的分化态势。第一，从人员构成上来说，妇女、城市居民、非美国本土出生的美国人对枪支管制持支持立场的人居多；而男性、乡村居民、美国本土出生者则对枪支管制多持反对或消极立场。第二，从地区上说，美国北部和东部地区，特别是这些地区的一些大城市和工业化程度较高的地区以及一些新移民较集中的地方，支持对枪支进行管控的人明显居多；而南部以及西南部各州都是传统上支持持枪自由的地方，特别是在这些地区的山区或乡村地带，人们酷爱打猎，也依赖枪支用以防身，所以反对枪支管制的呼声较高。第三，从政治倾向上看，持自由主义政治态度的美国人相对更倾向于支持枪支管制；而政治立场或思想倾向保守者则对枪支管制持反对或消极立场。

五　经济利益因素

枪支问题的背后还涉及庞大的经济利益。美国的枪支制造商每年生产数以百万计的手枪、步枪和霰弹枪等，而一把自动步枪或手枪的价格并不便宜，根据其品牌、质量、功能等的不同，其价格大约在几千美元到几万美元之间。"9·11"事件以及金融危机爆发以来，由于人们的不安全感上升，也由于失业等挫折感加深，人们的悲观情绪不断加重，导致了对枪支需求的大幅上升，私人枪支的销量近年来一直在不断增加，枪支制造业格外繁荣，已成为美国经济萧条中不多的"亮点"之一。"美国射击运动基金会"（American Shooting Sports Foundation）媒体负责人比尔·布拉萨德（Bill Broussard）于 2012 年 12 月在一次新闻发布会上透露，仅 2012 年一年，美国的枪支制造业和销售业就为美国经济贡献了约 318.4 亿美元；其当年所缴纳的税金总额也达到了约 20.7 亿美元。这是相当可观的一笔行业贡献。除此之外，2012 年，枪支制造业和销售业还为美国人提供了 209750 个就业岗位。[①] 毫无疑问，枪支制造业已成为当今美国的重要产业之一，无人可以小视它的存在和影响。2008 年，奥巴马首次竞选总统，曾对枪支暴力问题表现出很大程度的关注，并表示支持对枪支进行必要的管制，这曾经给许多要求加强枪支管制的选民带来希望，但由于枪支问题牵扯到太多利益关系，尤其是影响到近百万美国人的就业机会，出于刺激经济和减少失业等经济上的考虑，奥巴马上台后不得不调整乃至放弃了其在竞选期间的承诺。2012 年 12 月，康涅狄格州桑迪胡克小学枪击案发生前的近 4 年内，也就是在奥巴马第一任期的绝大部分时间里，他没有在枪支管制问题上采取任何有实际意义的措施。然而，在此期间，美国发生的重大枪击案就有四起，分别是：2009 年 11 月 5 日得克萨斯州胡德堡陆军基地枪击案，造成 13 人死亡、30 人受伤；2011 年 1 月 8 日亚利桑那州图森市枪击案，造成 6 人死亡、13 人受伤；2012 年 7 月 20 日科罗拉多州首府丹佛市附近电影院枪击案，造成 12 人死亡、50 人受伤；以及造成 27 人死亡的桑迪胡克小学枪击案。不仅如此，在 2012 年奥巴马竞选连任的绝大部分时间里，他也一直避谈枪支管制问题，直到竞选接近尾声时的 2012 年 10 月 16 日的电视辩论中，他才就攻击性武器等枪支管控中的某些具体问题表明了观点。2012 年底，迫于桑迪胡克小学枪击案的巨大压力，奥巴马政府制定并实施了一项由 23 项条款组成的《总统行政令》，对舆论的呼声首次作出了积极的回应，但他同时也在白宫的记

---

① 韩旭阳：《美国枪支生意堪称摇钱树年产值约 318.4 亿美元》，http://www.Chinanews.com/gj/2012/12 - 23/4430330.shtml，2012 年 12 月 23 日。

者会上悲观地表示："对于法案的所有内容能否在国会获得通过，我不得而知。"这表露了其本人在枪支管控问题上并无胜算的无奈心理。

六　法律不完善因素

面对枪支泛滥和枪支暴力犯罪给美国社会造成的损害，半个多世纪特别是最近二三十年来，美国联邦政府先后制定和颁布了十多项立法，试图对枪支的获取和使用加以管制。但是，由于管控枪支的民意基础薄弱以及政治、经济、法律等各方的掣肘因素众多，造成相关立法漏洞重重，无法起到有效管控枪支的作用。

（一）1934 年《国家枪械法案》（*National Firearms Act*）

这是 1791 年美国联邦《宪法第二修正案》颁布后，历经 143 年后联邦政府颁布的第一项具体的枪支管制法。其出台背景是：当时美国的散弹枪和自动步枪泛滥，各地的持枪抢劫分子活动猖獗。同时，汤姆森轻机枪（Thompson Submachine Gun）等非法枪支被滥用，对执法人员和公众的人身安全构成严重威胁。该法案是美国历史上第一个较系统和较成形的对私人枪支进行一定管制的法律，它规范了枪支的销售，规定了课税原则，对一些枪支类型如机关枪等设立了注册备案制等，给当时全美各地的执法部门提供了必要的执法依据，也为后来的《枪支管制法》提供了重要参考。但该法在诸多方面存在重大漏洞，尤其是它对手枪和枪管在 18 英寸以上的步枪和散弹枪等均未加以任何限制。

（二）1968 年《枪支管制法》（*Gun Control Act*）

1968 年马丁·路德·金和罗伯特·肯尼迪先后遭遇枪击身亡，同时，当时大量的第二次世界大战剩余武器涌进美国，邮购和贩卖枪支泛滥，使美国的枪支制造商和销售商的利益受到损害并引起了这些人的不满，由此促成了该法的产生。该法规定，枪支制造商必须申请生产执照，如果生产杀伤力很强的武器，每年须缴纳 1000 美元的注册金并接受联邦政府的检查；在进口民用枪支时，不得进口杀伤力较强的冲锋枪、机关枪等军用武器，所有的枪械买卖必须通过有执照的销售商来进行。这从此结束了邮购枪支的历史。但事实上，在美国，只有 60—70% 的枪支销售交易是通过联邦政府授权的枪支经销商完成的，其余的 30—40% 的买卖则是在"次级市场"完成的。[1]《枪支管制法》还规定，买枪人需表明身份，并签署一份声明，确认自己不在法律明令禁止持枪的几类人中。但是，这种"确认"只凭购枪人的一面之词，没有任何调查作保障。另外，多种手枪、包括大口径自动手枪仍不在法律的管制范围之内。事实上，此法的主要作用是保护了美国国内枪械生产商的利益，避免了外商的竞争，但它对解决美国国内的枪支泛滥问题并无多少实际意义。

（三）1986 年《枪支持有者保护法》（*Gun Owner's Protection Act*）

该法规定，自其颁布之日起，禁止生产或进口新的具有穿甲能力的杀伤力较强的武器（而对于此前生产或上市的各类武器没有任何规定，没有对体积小、重量轻、携带方便、犯罪分子普遍使用的短枪做任何新规定）；持照经销商需对购枪者进行背景调查（但没有任何防止黑社会走私或购买枪支的规定）；起诉违反枪支法罪犯无需繁多证据，以便于对违法者绳之以法。但与此同时，该法也对 1968 年法案中的一些限制性条款进行了改动，如它允许持照经销商及一些无照私人售枪者在枪支展览会上销售枪支以供"私人收藏"，并减少了持照经销商所需保留的交易记录的数量等等。这无疑又造成了许多隐患。尤其是允许无照私人售枪者在枪支展览会上销售枪支，这是该法的一个明显而又巨大的漏洞和错误。据统计，美国目前有 24 个州的州法律效仿这一联邦规定，允许无照私人卖家在枪支展览会上销售枪支，仅 1998 年一年，因这种方式而流入到民间的非法枪支就高达 2 万支以上。这些松动和漏洞对控制社会的持枪犯罪产生了不小的负面作用。

（四）1994 年《暴力犯罪控制与执法法案》（*Violent Crime Control and Law Enforcement Act of 1994*）和《布雷迪手枪暴力防制法》（*Brady Handgun Violence Prevention Act*）

这两项法律于 1994 年 9 月起开始生效。《暴力犯罪控制与执法法

---

[1] Payne, W., "The Role of the Media in the Disparate Response to Gun Violence in America", *Journal of Black Studies*, Vol. 45 (8) . 2014: p. 759.

案》中规定，禁止军用枪支规格的附属品如折叠枪托、枪柄、闪光抑制器、可装备超过 10 发子弹以上弹匣的半自动武器的制造与进口，但该法对 1994 年以前制造或进口的该类附属品或枪支却并未规定应予清除。《布雷迪手枪暴力防制法》是由前白宫新闻秘书布雷迪和其妻莎拉·布雷迪共同创建的"手枪控制公司"（Handgun Control Inc）发起的，因此又被称为《布雷迪法》（*Brady Act*）。布雷迪在里根总统 1981 年遇刺案中被误击受伤，导致终身瘫痪。之后，他与妻子一道，全心致力于美国的枪支管制运动，并成立了美国最大的枪械管制支持组织。《布雷迪法》可以说是美国历史上最为周密和严厉的枪支管制法令。但不幸的是，该法案在辩论过程中遭到了共和党人的强烈抵制，支持该法的民主党及布雷迪本人不得不接受妥协，最终获得通过的法案文本与布雷迪最初的版本相去甚远，尤其是法案本身被强加上了各种限制，其中最重要的一点是，它的有效期被定为 10 年，即到 2004 年 9 月后便自动失效。《布雷迪手枪暴力防制法》中最核心的一点是，它规定，购枪人在登记购枪之后及得到枪支之前，必须进行等待，由枪支销售者对购枪人的相关背景进行调查，法案还要求建立一个全国性系统，以提供即时的犯罪背景情况。《布雷迪法》虽然在防止枪支落入危险者手中这一方面起到了一定的作用，但同时，该法只对持照挂牌的经销商有效，然而事实上，绝大多数罪犯的枪支都是来自黑市，而非来自有照经销商。该法的漏洞之大，显而易见。

（五）1997 年《禁止家庭暴力罪犯持枪法》（*Domestic Violence Offender Gun Ban*）

该法禁止任何曾犯有家庭暴力罪的人拥有枪支，同时也禁止犯有该类罪行的人贩卖或运输枪支弹药；并规定该法适用于每个人，包括警察和军人。该法的主要初衷是保护在暴力行为中处于相对弱势的女性，但舆论普遍认为，从表面上看，其规定既清晰又严厉，但事实上，它的保护作用是十分有限的，因为在现实生活中，带有家庭暴力倾向并且事实上实施了家庭暴力的男性为数不少，但真正被法院判决犯有家庭暴力罪的人却为数寥寥。而且，将警察和军人也囊括其中则更是异想天开之举，在现实执法中几乎是不可能的。

（六）《预防儿童接近枪支法》（*Child Access Prevention*，*CAP*）

目前，美国许多州都颁布了类似的法律，要求家长安全地存放枪支，使儿童接触枪支的可能性减少到最低。该法规定，如枪支所有人未对其枪支适当存放而造成儿童取得其枪支，枪支所有者应承担法律责任。然而，在美国的大部分州里，违反该法的人将只被视为轻罪。因此，此法的作用十分有限，少年儿童得到并利用父母及其他家人的枪支实施犯罪或自我伤害的事例屡见不鲜。美国疾病控制与预防中心的统计资料表明，从 2000 年到 2005 年，美国平均每天约有 3 个儿童死于自己造成的枪支意外。

七 保守自由主义思潮抬头因素

保守自由主义思潮抬头是近年来美国社会枪支暴力犯罪持续升温的重要政治推力。近年来，美国社会的保守自由主义思潮明显抬头并且迅速蔓延。保守自由主义（Conservative Liberalism）与古典自由主义（Classical Liberalism）一脉相承。[①] 它的核心思想和主张是，恪守宪政制度保护个人权利的原则，并将个人权利、个人利益和个人自由视为最高的价值目标，反对国家对个人自由的一切干预。[②] 纵观美国社会发展历史中不同社会思潮此消彼长的变化历程，可以清楚地看到，当社会处于动荡期或转型期；当经济发展陷入低迷；当不同阶层的利益冲突加大时，人们就会对自己的权利、利益、自由等倍加敏感和珍视，当这些需求或欲望有可能受到来自他人尤其是政府的干预或侵蚀时，美国人尤其是年轻一代的政治倾向就会转向保守自由主义。20 世纪 60 年代，保守自由主义思潮在美国社会的盛行就是典型的例证，而当下这一思潮的再度抬头不过是历史的又一次重演。所不同的是，20 世纪 60 年代这一思潮盛行的具体表现是反战、学潮、嬉皮士

---

① 古典自由主义又称为放任自由主义，它赋予自由主义至高无上的地位，是一种支持个人先于国家存在的政治哲学。它主张个体享有不受任何外在干预尤其是政府干预的自由与权力，强调自由来源于生命，是人生的最高目的，也是一切权利的基础。

② 张志鹏：《自由主义思潮发展历程及对青年学生的影响》，《南方论刊》2014 年第 3 期，第 64—66 页。

运动等等，而此次回潮的具体体现或者该思潮推动者所追求的政治目标与社会诉求则是：大麻合法化、同性婚姻合法化、废除死刑，以及捍卫持枪权。近年来，在前三项目标上，自由派已经取得了巨大的成果。在大麻合法化方面，2016 年，全美 50 个州中已有 24 个州实现了大麻的医用合法化；6 个州和哥伦比亚特区已实现了"娱乐用大麻合法化"（Legalized Marijuana for Recreational Use）。在同性婚姻合法化方面，最高法院继 2013 年裁定废除国会于 1996 年颁布的《婚姻保护法》（DOMA），宣布"禁止同性婚姻的联邦法律违宪"之后，又于 2015 年 6 月作出历史性裁决，宣布"同性婚姻在美国全境合法"。在废除死刑方面，2005 年 3 月，最高法院以《宪法第八修正案》规定禁止酷刑为依据，宣告"对未成年犯实施死刑的联邦法律违宪"。这一判决为自由派实现在美国完全废除死刑打开了一个重要的突破口。截至目前，美国已有 19 个州全面废除了死刑。

　　这些重大变化在美国社会营造了浓厚的保守自由主义的氛围，这在客观上给枪支问题争论中的一方——即持枪派——增加了博弈的能量。事实上，近些年，既是枪支暴力的高发年、控枪争论的激烈年，同时也是持枪派在博弈中屡战屡胜之年。不仅联邦最高法院于 2010 年再次作出裁决，宣告持枪权属公民的宪法权不容剥夺，从而在最高司法层面再次给持枪派背书；而且在 2013 年，由共和党控制的联邦国会也再次成功否决了奥巴马政府极力推动的控枪法案，从而使行政当局的控枪立法行动被彻底"冻结"。2015 年 12 月，加利福尼亚州圣贝纳迪诺大型枪击案发生后，奥巴马再次公开呼吁国会予以合作，完善控枪立法，这是他一年内第 15 次发出正式的控枪呼吁。但是，众议院议长、共和党人保罗·瑞恩（Paul Ryan）则在国会立即回应说，共和党主导下的国会将不会支持任何控枪法案。这无疑给民众传达了这样一种信息——你可以放心大胆地去使用你手中的枪，政府将不会去干预你的自由。在这样的社会和政治生态环境下，枪支暴力的持续升温无疑是一种必然的结果。

八　警察过度执法、滥用枪支暴力因素

近年来，美国警察过度执法（Disproportionally Used Excessive Force）尤其是在执法中对黑人等少数族裔群体滥用枪支暴力的情况十分严重，这不仅是近年来美国枪支暴力犯罪问题中的一个不容忽视的方面，而且事实上它也是造成全社会枪支暴力犯罪不断升温的重要诱因之一。枪支暴力档案室网站（http：//www.gunviolencearchive.org）公布的统计资料显示，2015 年，由警察实施的枪击事件高达 4378 起，平均每天约 12 起，比 2014 年增加了约 27%。① 当然，这些枪击事件当中的绝大多数是警察的合理执法或者依法自卫，然而，枪支暴力档案室网站披露的信息表明，其中也有近四分之一的事件可以归类为警察涉嫌不当执法或过度执法，而且，在其中一些案件中，过度使用枪支暴力的情况十分严重，情节十分恶劣。

2015 年 4 月 4 日，南卡罗来纳州北查尔斯顿市，一名白人警察对手无寸铁的 50 岁黑人沃尔特·斯科特（Walter Scott）连开 8 枪，将其当场打死。事件的缘由是斯科特驾驶的车辆尾灯损坏，警察让其停车接受检查时他借机逃跑，于是警察开枪将其击毙。2015 年 11 月 15 日，明尼苏达州明尼阿波利斯市，一白人警察将已被带上手铐的 24 岁黑人青年贾马尔·克拉克（Jamar Clark）开枪击毙。原因是这名黑人青年在被带上手铐后仍不老实服软。2015 年 12 月 2 日，加利福尼亚州旧金山市，5 名警察发射 20 多发子弹将 26 岁的黑人青年马里奥·伍兹（Mario Woods）击毙。原因是伍兹当时涉嫌持刀刺伤了一个行人，当警察赶来时伍兹试图逃离，5 名警察将其围堵到一面墙下并同时开火将其击毙。2015 年 12 月 26 日，芝加哥市一名白人警察在处置一起家庭纠纷案时，向 19 岁的黑人青年昆托尼奥·莱格里尔（Quintonio LeGrier）连开 7 枪，将其当场击毙。原因是当警察赶到现场处理纠纷时，莱格里尔手里拿着一根棒球杆并且没有立即放下。此外，2015 年 11 月 24 日，芝加哥警方公布了白人警察杰森·戴克

---

① http：//www.gunviolencearchive.org/Reports/Mass Shootings in 2015/.

（Jason Dyke）于 2014 年 10 月 20 日连开 16 枪，打光了手枪中上膛的全部子弹，杀死 17 岁的黑人青年拉昆·麦克唐纳（Laquan McDonald）的现场视频。视频显示，在该警察连续 15 秒的射击行为中，有 13 秒的射击都发生在麦克唐纳倒地不动后。验尸报告显示，其中有多发子弹都是从死者背后射击的。

警察的这些过度执法、滥用枪支暴力的行为导致了华盛顿、纽约、波士顿、芝加哥、旧金山、洛杉矶、明尼阿波利斯等全美范围内的多个大城市爆发示威游行或骚乱。其原因，除了这些案件中警察草菅人命的残忍行为令人无法容忍外，更重要的是人们对造成这些事件发生的深层次的原因，例如种族偏见与歧视、执法不公与官官相护等感到不满。

第一，这些事件的施暴者绝大多数都白人警察，而受害者几乎都是黑人，警察在执法过程中对黑人的种族偏见和歧视显而易见。《华盛顿邮报》刊登的一项截至 2015 年 12 月 24 日的统计资料显示，虽然黑人在美国总人口中所占的比例仅为 6%，但在 2015 年，虽手无寸铁但被警察击毙的人中，黑人的比例高达 40%；而携带了武器被警察击毙的人中，黑人的比例更是高达 60%。2015 年全年共有 36 名手无寸铁的黑人被警察击毙，大约平均每 10 天就有一起。① 民权领袖杰西·杰克逊（Jesse Jackson）在接受美国有线电视新闻网（CNN）采访时说："如果不是因种族因素作祟的话，警察就没有理由对一名手里只拿着棒球杆的孩子连开 7 枪。"面对公众的不满，美国司法部长洛蕾·林奇（Luo Lei Lynch）在 2015 年 12 月 7 日对媒体宣布，司法部将对芝加哥等地警方在执法过程中存在的系统性种族歧视问题展开调查。

第二，警察在执法过程中存在明显的违反最高法院规定以及在案发后作伪证等违法情况。1985 年，美国联邦最高法院作出一项裁决，其中规定："警察不得向逃跑的犯罪嫌疑人开枪射击。"并规定："当

---

① 徐永刚：《〈华盛顿邮报〉：美国警察 2015 年枪杀 984 平民》，人民网，http://news.sohu.com/20160107/n433768778.shtml/，2016 年 1 月 7 日。

某人对警察或其他人构成严重威胁时，警察才可以使用致命性武器。"① 然而，在近年来发生的多起警察过度执法案件中，警察都存在明显违反最高法院这一法律规定的行为。仅以 2015 年的几起典型案件为例，2015 年 4 月 4 日发生在北查尔斯顿市的斯科特案、2015 年 12 月 2 日发生在旧金山的伍兹案以及 2015 年 12 月 6 日发生在芝加哥的莱格里尔案，三起案件中的受害人都是在试图躲避警察或者逃离现场的情况下被警察开枪而且是连开数枪杀死的。另外，在斯科特案、伍兹案和 2015 年 11 月曝光的麦克唐纳案中，都存在警察在司法调查时作伪证的情况。尤其是在麦克唐纳一案中，涉案的 6 名警察都对司法部门提供了虚假陈述，称麦克唐纳在被枪杀前"奔向警察"，但现场视频拍摄到的情况却是，当时麦克唐纳是朝着警察相反的方向走去，试图逃跑。这说明，案发时，这些警察清楚自己的行为是不当的或违法的。

第三，警察当局和司法部门存在明显的执法不公和包庇涉嫌犯罪警察的情况。近年来发生的多起警察过度执法、滥用枪支暴力的案件，尽管都有清晰、充分的证据——例如事发现场视频资料的记录、目击证人的证言以及受害人的尸检报告等——足以对涉案警察提起法律诉讼，乃至做出有罪判决。但实际情况却是，绝大多数案件的最终结果是警察被免予起诉或被宣判无罪。② 以 2015 年 12 月 2 日发生在旧金山的伍兹案为例，尽管有多位现场目击者拍摄的视频，证明伍兹当时是在试图逃离时被 5 名警察围堵在一面墙下并开枪击毙的，但是司法部门却做出了对 5 名警察均免予起诉的决定。再以麦克唐纳案为例，该案发生于 2014 年 10 月，但警方却在 2015 年 11 月底，也就是在拖延了 13 个月之后才将记录事发现场情况的视频资料提交给司法

---

① "Shootings Lead to Questions About Police Tactics", *Voice of America*, December. 5, 2015, http://www.51voa.com/VOA_ Special_ English/shootings-leads-questions-police-tactics-66728. html/.

② 《华盛顿邮报》刊登的一项截至 2015 年 12 月 24 日的统计资料显示，2015 年共有 965 名美国平民死在警察的枪口之下，其中 371 人并未携带任何枪支。但涉案警察中只有 18 人受到相关指控而被起诉，绝大多数杀人警察均未受到任何指控。

部门。这种做法明显是在掩盖真相，有意包庇涉案警察的违法行为。

执法不公削弱了民众对法律的敬畏和自觉守法的意愿，而且损害了人们对执法部门乃至政府的信任。皮尤研究中心于 2015 年 11 月进行的一项调查显示，目前，只有 19% 的美国人表示他们"信任政府"，比十年前大幅下降了近 70%，达到了五十年来的最低点。①

放任警察的过度执法和滥用枪支暴力向社会传播了暴力的能量，加重了社会的暴力氛围。《华尔街日报》、美国全国广播公司和皮尤研究中心在 2015 年进行的一项联合民意调查证实，种族关系紧张、警察滥用暴力、政治极化加剧等是近年来美国普通民众愤怒和暴力情绪指数不断上升的主要原因。② 暴力化的社会氛围必然激发人们的暴力倾向和暴力冲动。美国锡拉丘兹大学布莱尔电视及流行文化研究中心 (Syracuse University's Bleier Center for Television and Popular Culture) 主任罗伯特·汤普森 (Robert Thompson) 所做的研究证实，枪支暴力的增加与近年来美国社会暴力化倾向的加剧有着直接的联系。③

第三节　奥巴马控枪政治遗产及其未来命运

可以说，在近半个多世纪以来的美国历届总统当中，奥巴马是唯一一位在枪支管控方面付出的努力最多、采取的措施最为积极、真正试图在枪支管控方面有所作为的总统。在其 8 年的总统任期内，面对美国社会枪支暴力问题的持续恶化，作为民主党人的奥巴马不仅秉持了民主党在枪支问题上的传统立场，并且表现出了较强的控枪政治意愿与行动，尤其是在他进入总统第二任期后，因不再有大选的政治压

---

① "Americans Distrust Their Government, Poll Says", *Voice of America*, Nov. 27, 2015, http://www.51voa.com/VOA_ Special_ English/americans-distrust-their-government-poll-says-66601. html/.

② "Why Are Americans so Angry", *Voice of America*, December 12, 2015, http://www.51voa.com/VOA_ Special_ English/whay-are-americans-so-angry-66877. html/.

③ Jeffrey W. Swanson, Nancy A. Sampson, "Guns, Impulsive Angry Behavior, and Mental Disorders: Results from the National Comorbidity Survey Replication", *Behavioral Sciences & the Law*, June2016, pp. 204 – 205.

力，他便试图在推动控枪立法上有所作为。但是，由于民主、共和两党在枪支管制问题上的立场相去甚远，而2014年中期选举之后共和党已经控制了国会两院，因此，近年来，奥巴马政府在控枪问题上采取的所有举措，特别是在推动相关立法方面均未达到他预期的成果。但尽管如此，他任内制定和实施的两次总统《枪支管控行政令》（*Gun Control Executive Order*）还是在控枪问题上发挥了积极推动作用。

一　2013年总统《枪支管控行政令》

2012年12月14日，康涅狄格州桑迪胡克小学校园发生枪击惨案，一举造成27名无辜者丧生，其中有20人是10岁左右的少年儿童，酿成美国历史上骇人听闻的校园枪击案。惨案发生一个月之后的2013年1月16日，奥巴马在白宫签署了其任内的首个总统《枪支管控行政令》。该行政令由23项条款组成，大大加强了以下五个方面的管控力度。第一，强化了对购枪者和持枪者的背景审查措施。例如完善相应机制，以利各州共享背景审查信息，严惩在接受购枪背景检查时撒谎的人，等等，旨在从前端入手遏制枪支暴力。第二，加强了对枪支安全存放的规定，以避免枪支被无持枪资格的人误用或盗用。司法部应及时把枪支丢失和被盗的信息及分析报告提供给各下级执法部门使用等。第三，对更及时有效地处置枪支犯罪事件提出了具体、务实、严格的规定，并决定取消联邦法律中禁止医疗服务部门向执法当局报告枪支暴力事件的条款。第四，对研究及医疗健康部门提供帮助，调整相关医疗法律，让医生有权询问病人家中拥有枪支的情况等，并启动全国心理健康对话，明确心理健康的相关指标等，以有效避免枪支暴力。第五，在备受关注的校园安全方面，要求各学校必须制定枪支暴力事件应急预案，并承诺联邦政府将支持学校聘请安全人员，预防校园枪支犯罪，保护无辜者等。在签署该行政令的仪式上，奥巴马表示，他将动用总统职务的所有权力，确保各控枪措施得以实施。

这项总统行政令被美国舆论称为有史以来美国联邦政府"最严厉的枪支管控法案"。但是，由于总统行政令不是正式的联邦立法，因此其约束力非常有限。① 不仅如此，由于民主、共和两党在枪支管制立法问题上存在着巨大分歧，控制着国会众议院的共和党人当然不会接受民主党人的总统奥巴马在枪支管制方面的任何举措。不出所料，2013 年 4 月 17 日，美国国会参议院以 54∶46 的投票结果，否决了奥巴马政府大力推动的一项与控枪行政令"配套"的重要控枪议案，奥巴马的控枪举措遭到重创。事后，在接受美国全国广播公司（NBC）记者采访时，他无可奈何地表示，他此时"羞于做美国人"，"我最大的失望在于，美国社会不愿意采取一些最基本的措施来限制枪支，让这些危险的武器流落在一些会造成难以想象的伤害的人手上"。②

二 2016 年总统《枪支管控行政令》

由于联邦政府无法对枪支泛滥实施必要的管控，在接下来的几年中，枪支暴力犯罪事件此起彼伏，民众要求管控枪支的呼声日益增强，对此，奥巴马在 2015 年一年内就先后 15 次就控枪问题发表公开讲话，历陈控枪的必要，呼吁国会予以合作。然而，国会的立场没有任何松动的迹象，进入总统任期最后一年的奥巴马也已无计可施。2015 年 12 月 2 日，加利福尼亚州圣贝纳迪诺市发生造成 35 人死伤的重大枪击案，并涉嫌与国际恐怖主义有牵连，这是枪支暴力问题上出现的一个新的、令人恐惧的苗头，奥巴马政府的压力陡增。2016 年 1 月 4 日，他紧急召集司法部部长林奇、联邦调查局局长科米等在白宫会晤，讨论并最终决定推出一套新的控枪举措。2016 年 1 月 5 日，奥巴马在白宫举行新闻发布会，宣布他将以总统行政令（Executive Orders）的方式推出一揽子新的控枪措施。这是奥巴马任内在控枪问题

---

① 美国最高法院于 1950 年在"杨斯敦薄板和管道公司诉索耶尔案"中作出裁决，规定联邦政府无权以行政命令的方式试图制定法律，而只能以此方式推进由国会或宪法通过的法律。此外，国会可以以通过与总统行政命令相抵触的立法或通过拒绝批准拨款的方式推翻总统的行政命令。

② 查云帆：《奥巴马承认推控枪法案失败》，中新网，http：//www.chinanews.com/gj/2014/06 - 11/6267023.shtml，2014 年 6 月 11 日。

上采取的最后一次同时也是最重要的一项控枪举措。

（一）行政令的主要内容和特点

这项新行政令的内容主要包括以下五个方面：其一，所有枪支销售商都须向官方注册备案，并获得官方颁布的许可执照；其二，各州须向联邦调查局提供由于精神疾病或家庭暴力而无资格购买枪支者的信息；其三，联邦调查局将增加 230 名调查员，处理购枪者背景调查；其四，要求国会拨款 5 亿美元，用于改善精神疾病患者的保健；其五，美国国防部、司法部和国土安全部将探索"聪明枪械技术"，以改进枪械安全。

为了避免重蹈 3 年前失败的覆辙，此次推出的行政令在内容上做了重大调整。其中最明显的变化是：其一，条款项目数量大大精简，从上一次的二十余项大幅缩减为五项。其二，内容更为集中、实在，取消了那些徒有虚名、难以落实的项目，重点选择了美国民众认可度高，并且有可能被多数国会议员接受而又在实际操作中有较强可行性的措施，比如扩大购枪人背景调查、防止有精神疾病的人购枪等。其三，加大了联邦政府的责任，五项条款中有三项的具体落实都完全属于联邦政府的职责，例如增加调查人员和经费，研发新的安全技术等。本行政令中最核心也是最具新意的一点是，要求所有枪支销售商都须向官方注册备案，并获得官方颁发的许可证，无证经营者将可能面临最高 5 年的监禁和高达 25 万美元的罚款等严厉处罚。此举弥补了以往网络和枪展销售渠道不受监管的巨大漏洞。

为了防止共和党人和拥枪派从合宪性这一致命法律问题上攻击和否定该行政令，一方面，奥巴马在行政令正式出台前便在多个场合反复申明，他"无意对美国宪法所规定的公民个人拥有武器的权利提出质疑"，行政令只是为了"在遏制枪支暴力上寻找理性的解决方法"，等等。另一方面，奥巴马还在文件的名称上做了巧妙的文字处理，在文件正式对外发布的讲话中，他没有称该文件为"行政令"（Executive Orders），而是改称其为"行政行为"（Executive Actions）。

（二）各方对该行政令的反应与评价

对于这项新的总统行政令，社会各界的反应不一，但总体而言，反对的声音强于支持的声音。

第一，共和党和拥枪派强烈反对，指责行政令违背宪法，损害民权。参议院多数党领袖米奇·麦康奈尔（Mitch Mcconnell）说，奥巴马此举"旨在削弱美国公民的权利，而不是打击恐怖主义"。众议院议长保罗·瑞恩（Paul Ryan）批评说："从他上任的第一天起，总统就从未尊重过公民安全而守法地拥有武器的权利，而这一权利是我们的国家自成立之日起就一贯尊重的。"参加 2016 年总统大选并在初选中遥遥领先的共和党人唐纳德·特朗普（Donald Trump）在接受美国有线电视新闻网（CNN）采访时讥讽奥巴马要"夺走你手里的枪"。他表示，如果自己当选总统，将会立即废除这些控枪措施。① 两个最大的拥枪派组织"全国步枪协会"和"美国枪支拥有者组织"也都强烈反对。"全国步枪协会"的发言人表示，将在仔细研究这项新控枪令后，决定是否要对奥巴马提起司法诉讼。"美国枪支拥有者组织"执行主任拉里·普拉特（Larry Platt）批评说，行政令是权力傲慢的表现，宪法并没有给总统立法的权力，而这些行政命令的实质就是在立法。

第二，在民主党方面，除了奥巴马班底的成员自然与奥巴马站在同一立场外，民主党中的其他有影响力的人物并没有发出多少明确和强有力的支持声音。参加 2016 年总统大选并在初选中一路领先的希拉里·克林顿（Hillary Clinton）在新罕布什尔州竞选时表示，她欢迎奥巴马的举措；并说如果当选为下届总统，她将"尽量根据法律使用行政权威"。另一位领先的民主党参选人伯纳德·桑德斯（Bernard Sanders）则表示说："我希望有两党支持，但实际情况是共和党对任何枪支安全措施都没有兴趣。"不难看出，希拉里的表态并不十分坚决和清晰，而桑德斯的表态则完全是含糊其辞，既没有明确批评共和党，更没有明确表示支持奥巴马。

第三，美国民众对控枪令反应平淡。其主要原因是，行政令毕

---

① David Jackson, "Republican presidential candidates welcome gun debate", https：//www. usatodaycom/search/Republican%20presidential%20candidates%20welcome%20gun%20debate/.

竟不是国会批准的正式法律，因此在实际落实和执行当中会大打折
扣，甚至根本无法推进。例如联邦调查局计划增加人力以开展购枪
背景调查，但国会可以拒绝为此拨款使之无法落实。另外，多数美
国人对权利的关注往往大于对现实利益的关注。在枪支问题上，联
邦及绝大多数州的宪法均已明确规定公民有自由持枪的权利，而行
政令确有削弱这项权利之嫌。而且，以往的经验告诉人们，行政令
只是给守法的人立规矩，对于那些不守法的人，它并没有多少约束
力。所以公众对该行政令既无太多的期待，也无太大的热情。美国
全国广播公司（National Broadcasting Company，NBC）于 2016 年 1
月 18 日进行的一项民调显示，明确表示赞成控枪令的人为 45.3%，
明确表示反对控枪令的人为 43.7%，不持任何立场的人为 11%。支
持与反对力量之间的差距极其微弱。而美国有线电视新闻网在稍早
前进行的一项调查显示，有 48% 的美国人支持更严格的控枪法律，
51% 的人表示反对。反对者超过了支持者。[1]

第四节　枪支暴力犯罪问题未来走势评析

从目前美国社会的大环境，特别是从与枪支暴力犯罪的产生有着
直接或间接联系的各种主客观因素的现状和变化来看，枪支暴力犯罪
问题未来仍会处于高发和无法遏制的状态。

一　持枪权的宪法地位不改变，枪支暴力犯罪就无法遏制

美国枪支文化的历史源远流长，影响广泛。在当今美国，私人拥
有枪支的数量已达 3 亿多支，几乎平均每人一支；有三分之一以上的
美国家庭都拥有枪支，而且这个数字每天都在增长。显然，枪支已成
为众多美国人日常生活的一个组成部分，成为美国生活方式的一个重

---

① Kerri M. Raissian，"Hold Your Fire：Did the1996 Federal Gun Control Act Expansion Re-
duce Domestic Homicides？"，*Journal of Policy Analysis and Management*，Winter 2016，pp. 69 -
73.

要元素。在这种情况下，若要让美国人在枪支管制问题上作出让步乃
至放弃枪支，这将意味着要在一定程度上改变他们的生活内容或生活
方式，这对于美国人来说已经是干预了他们的私人生活，侵犯了他们
的个人自由。不仅如此，更为重要的是，枪支问题涉及宪法权利，因
为"持有和携带枪械自由"是《宪法第二修正案》中明确规定的一
项公民权。美国人相信，如果动摇或者取消这项公民权，则必将会侵
蚀《权利法案》（Bill of Rights）的神圣性与完整性，从而对宪法中规
定的其他公民权利构成威胁。在美国的政治文化中，维护宪法的权威
性、稳定性是至高无上的原则，对此，民众是不会妥协的。在美国社
会，过去几十年，虽然要求加强枪支管制的呼声一直不绝于耳，但截
至目前，美国还从未出现过任何一项就《宪法第二修正案》提出的
修正案。之所以会有这样的情况，一方面，是由于修宪程序在美国极
其严格和复杂，以至于美国建国 200 多年来总共才通过了 27 条宪法
修正案。另一方面，也是更为重要的一点是，它表明多数美国人是认
同《宪法第二修正案》所确立的原则的，也就是认同持枪是公民的
自由与权利之一，由此也就彻底关闭了禁枪的大门。在这种情况下，
任何人、任何势力就都无法在控制枪支泛滥这个最基本的问题上真正
有所作为。而不能控枪，防止枪支暴力犯罪的发生也就无从谈起。
2015 年，由于美国社会关于控枪问题的讨论升温以及奥巴马政府计
划强推控枪行政令等，民众因担心未来购枪会受到某种限制，因而在
全国范围内出现了"恐慌性购枪热"①，枪支的销量成倍增长。枪支
的扩散与泛滥不加以控制就必然会增加枪支暴力犯罪发生的几率。
2015 年以来美国的枪击案数量急剧增加，很难说这与此间枪支销量
的激增没有因果关系。

　　此外，在枪支管控问题上扮演着决定性作用的另一个角色是美
国联邦最高法院。在三权分立的美国政治制度中，最高法院掌握着

---

① 联邦调查局全国犯罪背景速查系统（NICS）提供的数据显示，2015 年该系统共处
理了 2300 多万份背景调查资料（即购枪申请），是 2000 年的 3 倍；仅 2015 年 12 月一个月
就处理了 153.4 万份，创下了历史最高记录。

宪法解释大权，它的解释与判决是最终的、也是决定性的。在枪支管控问题上，最高法院有史以来仅作出过两次裁决，即 2008 年 6 月的"哥伦比亚特区诉海勒案"（District of Columbia v. Heller）和 2010 年 6 月的"麦克唐纳诉芝加哥案"（McDonald v. Chicago）。在这两次判决中，最高法院均作出了有利于持枪自由的裁决，即再度确认了《宪法第二修正案》中保护个人拥有枪支的权利，并再次重申这项权利是天赋的，联邦与州政府均不得以立法的形式予以剥夺。[①] 最高法院的这两项判决已明确宣告，除非修宪，否则禁枪就是违宪。

二　社会"暴力化"倾向加剧会进一步促进枪支暴力的升温

事实上，近年来不只是枪支暴力犯罪，美国社会其他形式的暴力犯罪事件也出现了大幅上升的情况。联邦调查局《统一犯罪报告》（Uniform Crime Reporting，URC）披露的数据显示，2015 年，全美共发生暴力犯罪案 143.6 万起，比 5 年前增加了近 22%。其中仅严重暴力伤害案就高达 81.1 万起，比 5 年前增加了近 26%。2015 年，死于因各种纷争而引起的暴力冲突的人有 4410 人，比 5 年前猛增了近 30%。[②] 不仅如此，如今，暴力冲突已经蔓延到了美国政坛。2015 年 6 月，印第安纳州北部一个小镇的议会举行警察局长推选，因对最终的选举结果意见不一，对立双方的议员竟在镇议会上大打出手。2015 年 12 月，联邦国会众议员安德鲁·卡尔森（Andrew Carson）在自己的办公室收到了死亡威胁信，原因是他的穆斯林美国人身份。2016 年总统大选过程中，多次发生不同候选人的支持者之间爆发冲突的事件。其中，特朗普的竞选活动更是屡遭冲击、阻挠等，而他的支持者则还以拳脚，竞选活动的火药味十足。让人更为震惊的是，特朗普却在媒体面前公开支持这种暴力行为，他不无得意地说："我的支持者

① *National Rifle Ass'n of Amer.*, Inc. v. City of Chicago, 567 F. 3d 856, 857（7th Cir. 2009）.

② Jeffrey W. Swanson, Nancy A. Sampson, "Guns, Impulsive Angry Behavior, and Mental Disorders: Results from the National Comorbidity Survey Replication", *Behavioral Sciences & the Law*, June 2016, pp. 206 – 207.

开始用拳头回击，这真是一件美妙的事情!"锡拉丘兹大学文化研究中心主任汤普森指出，美国的社会环境正在被暴力所毒化;在一个几乎人手一支枪的国家，这样的社会氛围将会带来何种结果不言而喻。[1]

目前，在美国 50 个州中，有 43 个州——即 86% 的州——都还保留着保护持枪权的法律规定，也就是说，在绝大多数的州，控枪是没有法律依据的。2012 年的康涅狄格州桑迪胡克小学枪案发生后，该州州长丹·马洛伊无奈地说，枪支管控是一项跨州性的事务，只要枪支能继续通过 95 号州际公路流通，佛罗里达州或弗吉尼亚州销售的枪支就可能在康涅狄格州造成毁灭性后果。可见，如果没有全美各州彼此协调的一致行动，控枪措施是不会产生人们期待的效果的。

近年来，由于枪击案的频发，尤其是造成少年儿童重大伤亡的多起校园枪击案的发生，使得美国社会要求对枪支实行严格管控的呼声加大，但事实上，无论是联邦政府还是地方政府，无论是新闻舆论还是普通民众，各方对于制定、颁布和实施真正富有成效的枪支管控措施既缺乏热情，更不抱乐观态度。正如奥巴马总统 2013 年 4 月在国会投票否决了他的控枪议案后对新闻媒体所指出的:"大部分美国人都缺乏推动控枪的热情"，"美国社会不愿意采取一些最基本的措施来限制枪支"。不仅如此，早已习惯了"以枪为伴"的美国人实际上已经对时有发生的枪支暴力事件见怪不怪、习以为常。美国《纽约时报》(*The New York Times*) 在 2012 年 12 月进行的一项调查显示，虽然多数美国人赞同对私人购枪者进行犯罪背景调查以及禁止患有精神疾病的人购买枪支等，但有 67% 的受访者表示，枪击案只是"孤立的事件"，"不应当把它视为更广泛社会问题的证据"。[2] 也就是说，多数美国人并不认为枪支暴力犯罪是严重的社会问题。美国《法律杂志》(*Law Maganize*) 专栏记者罗瑞·谢尔曼曾经撰文指出:"支持禁枪是大众对犯罪行为感到空前绝望时的反应。不过，他们的心境无疑

---

[1] Jeffrey W. Swanson, Nancy A. Sampson, "Guns, Impulsive Angry Behavior, and Mental Disorders: Results from the National Comorbidity Survey Replication", *Behavioral Sciences & the Law*, June 2016, pp. 211 - 212.

[2] Ross, D., "The loss of innocents", *The New York Times*, Dec. 16, 2012 (3).

是'我将保护我自己'和'别让犯罪进入我的生活',仅此而已。"①
由此可见,在目前美国的社会与政治环境下,枪支暴力犯罪问题将是
一个无法找到有效解决方案的难题。

三　多数民意不赞成控枪的现实使遏制枪支暴力犯罪无法实现

在枪支问题上,美国人的内心情感是复杂和纠结的。对于遏制枪
支暴力犯罪多数人是赞同的,因为保护生命、预防犯罪的道理简单明
了;但对于控枪抑或限制、甚至剥夺他们的持枪权,美国人本能的反
应就是"不"。且不说宪法权利和保卫民主、自由那些政治和法律层
面的大道理,生活经历和经验本身就足以让他们做出这样的选择。对
于当今的很多美国人来说,他们是在枪支文化的熏陶下长大的。不仅
电影、电视、小说等流行文化中到处充斥着枪支元素,枪手常常被作
为英雄加以塑造;而且狩猎也是当今众多美国人喜欢从事的运动项目
之一。皮尤研究中心 2016 发布的研究报告显示,为狩猎而购枪的人
如今已占到了购枪者总数的 30% 以上。② 除了文化的影响之外,出于
自我保护的考虑,许多美国人不仅自己买枪、练枪,甚至也常带自己
年幼的孩子去枪支训练营学习打枪。2015 年 8 月,在亚利桑那州的
一个枪支训练营,发生了一名 9 岁的小女孩不慎误杀了自己的枪支教
练的悲剧,被美国媒体广泛报道,但媒体中却并没有出现任何批评家
长带孩子去学枪的声音。这也从一个侧面反映了美国人对枪支的态
度。无论是作为一种文化还是作为一种必要工具,枪支如今已经成为
众多美国人生活中的一项不可或缺的内容,对枪支进行限制自然会遭
到反对。以下多项民意调查的结果反映了目前美国人对枪支和枪支暴
力犯罪的基本态度。

《今日美国》(*USA Today*)于 2016 年 1 月所作的民调显示,70%
以上的受访者支持加强对购枪者的背景调查;79% 的人赞成禁止那些

---

① Sherman, R. , "The Public Opinions for the Gun Control Policy", *Law Maganize*, Apr. 18, 1994: p. 23.

② Hannah Fingerhut, "5 facts about guns in the United States", *Pew Research Center*, January 5, 2016.

有精神问题的人购枪；70%的人支持建立联邦枪支售卖数据库。① 这表明，多数美国人支持实施相关措施，避免枪支落入"问题公民"手中，以减少枪支暴力。与此同时，盖洛普咨询公司于 2015 年 10 月进行的民调显示，有 58%的人反对禁止枪支；有 56%的人认为，如果更多的美国人随身佩戴枪支，那么整个社会会变得更加安全。美国有线新闻网在 2015 年 12 月发布的一项调查也显示，51%的美国人反对更严格的控枪法律。② 这表明，多数美国人并不赞成控制枪支。正如奥巴马总统在 2013 年 4 月国会投票否决了他提出的控枪议案后对新闻媒体所说："美国社会不愿意采取一些最基本的措施来限制枪支"，"大部分美国人都缺乏推动控枪的热情"。③ 枪支扩散不加以控制，枪支暴力的发生也就不可避免。

四　大选过后的政治氛围不利于控枪

2015 年，枪支暴力事件频发和奥巴马政府强推新的控枪举措等，在美国社会引起极大关注，也使控枪问题成为 2016 年总统大选的一个热门议题。绝大多数参选人，特别是几位重量级参选人在竞选过程中均已在控枪问题上表达了自己的态度和立场。从总体上看，共和党人在此问题上的回应更为主动和强势，态度和立场也更为清晰和坚决，即：主张持枪自由，反对控枪。相比之下，主张控枪、限枪的民主党方面的表现则略显逊色。

在整个大选过程中，共和党参选人在枪支问题上频频发声，直言不讳地宣传自己支持持枪自由、反对控枪的主张，并抨击奥巴马的控枪政策。其中尤以特朗普、卢比奥和杰布·布什的言论最为激烈。特朗普在接受美国有线新闻网《每周一》节目采访时说："你很快就会

---

① "Streamline gun background checks?" *USA Today*, http：//www. usatoday. com/videos/news/nation/2016/01/05/78308450/.

② Jennifer L. Erickson, "Saint or Sinner? Human Rights and U. S. Support for the Arms Trade Treaty", *Political Science Quarterly*, Fall 2015, pp. 453 – 454.

③ 《奥巴马承认推动控枪法案失败，称自己羞于做美国人》，观察者网，http：//www. guancha. cn/america/2014_ 06_ 11_ 236807. shtml/，2014 年 6 月 11 日。

失去获得枪支的权利了。"并表示，如果当选，他将推翻奥巴马的所有的控制枪支行政令。① 卢比奥也多次在竞选集会上公开指责奥巴马，说他的控枪举措只能限制守法公民的行为，而对于那些向守法公民发动袭击的罪犯和恐怖分子则毫无作用。杰布·布什在接受福克斯新闻（Fox News）采访时指责奥巴马不顾日益增加的恐怖主义威胁，而总是从守法公民那里夺走权利。他说如果当选，他将在上任的第一天就撤销《枪支管控行政令》。

反观民主党方面，尽管希拉里一直坚持了她的控枪立场，多次表示应当采取更多的行动来减少枪支暴力。但与此同时，2016 年 1 月在新罕布什尔州竞选时，她一方面表示"欢迎奥巴马的总统行政令"，另一方面又说，如果当选，她将"尽最大可能依照法律使用行政权威"。并说在控枪问题上，她有自己的规划。② 这显露了她要与奥巴马的控枪政策保持一定距离的考量。民主党的另一位重量级参选人桑德斯则一直是闪烁其词。2016 年 1 月，当美国有线新闻网记者问及他对《枪支管控行政令》的看法时，他回答说，我希望有两党支持，但真相是共和党对任何控枪措施都没有兴趣。这番话既没有明确批评共和党，也没有明确支持奥巴马。

总之，共和党在大选中所发出的反对控枪的声音明显盖过了民主党的声音，大选之年营造了浓厚的反控枪政治与社会氛围，这种氛围必然会在相当长的一段时间内影响美国民众的态度和选择，况且极力反对控枪的特朗普最终入主白宫，这无疑将会给控枪带来更大的阻力。

五 枪支暴力犯罪面临"国际恐怖主义"和"仇恨犯罪"等新的驱动因素

美国联邦调查局掌握的证据表明，2015 年 12 月发生在加利福尼亚州圣贝纳迪诺市的恶性枪击案与国际恐怖主义势力有牵连。此案发

---

① Gregory Krieg, "Newtown director denounces Trump gun comments", *CNN*, January 26, 2016.

② Nicole Gaudiano, "Clinton camp disputes Sanders' gun claim", *USA Today*, www. usato-day. com/search/Clinton% 20camp% 20disputes% 20Sanders'% 20gun% 20claim/.

生后仅一个月，费城又发生了一起极端分子伏击警察、袭击警车的案件。案犯对警车中的警察连开 13 枪。被捕后他宣称自己效忠伊斯兰国，是为伊斯兰国复仇。[①] 美国舆论认为，美国对伊斯兰国的打击以及国内对穆斯林族群的歧视和仇视，是导致穆斯林极端分子及其同情者实施这些袭击的原因；而两案发生的时间间隔之短，表明与国际恐怖主义渗透有关的"暴恐"式枪击案有快速上升的苗头。此外，另一种最近几十年来很少发生的枪支暴力犯罪形式"仇恨犯罪"式枪击案也有抬头的倾向。2015 年 2 月和 6 月，在北卡罗来纳州和南卡罗来纳州先后发生了两起这种性质的枪击案。两案均由白人所为，一案专门针对美国的穆斯林群体，有 3 名穆斯林学生被杀，凶手承认自己是反宗教、特别是反穆斯林的狂热分子。另一案则专门针对黑人，9名黑人被杀。警方在案发后查明，凶手是个白人至上主义者。根据掌握的相关证据，警方决定按"仇恨犯罪行为"的调查方式对两案进行调查。

"暴恐"与"仇恨犯罪"性质的枪击案不仅案件本身造成的伤害大，而且极易引起大范围的社会恐慌或挑起不同种族、人群之间的相互仇视和报复，社会危害巨大。从 2015 年已经发生的几起这种性质的枪击案背后的动因来看，未来再次发生的可能性无法排除。

美国的枪支问题是一个错综复杂的社会问题，它涉及美国的立国根本和宪法权威，涉及党派政治与利益与集团政治，涉及人们的传统习俗与文化生活，涉及民意的向背与舆论的立场，涉及公众的安危与社会的安全，甚至还涉及普通民众的工作与就业等等，是一个盘根错节、牵一发动全身的巨大难题。在当今美国的民意基础以及政治和社会大环境之下，要实现对枪支的有效管控，根除枪支暴力犯罪对公众的伤害和社会安全的威胁，毫无疑问，这是一项无法实现的目标。不仅如此，近年来，由于种族关系紧张加剧、警察执法不公现象增多、

---

① Dan Friedell, "Shooter of Police Officer Pledged Allegiance to Islamic State", *Voice of A-merica*, January 9, 2016, http：//www.51voa. com/VOA_ Special_ English/shooter-pledged-al-legiance-islamic-state-67280. html/.

社会暴力氛围加重，以及国际恐怖主义势力渗透等诸多新的因素的出现，枪支问题进一步陷入了内外交织的更加复杂和险恶的局面。在这种情况下，美国社会无论是管控枪支还是遏制枪支暴力，其前景均不容乐观。

第三章 毒品犯罪禁而不止的症结及新的动向

联合国毒品与犯罪问题办事处（United Nations Office on Drugs and Crime）提供的资料显示，截止到2015年，全世界的吸毒人口已达4.6亿人，是50年前的48倍。进入21世纪以来，全世界的毒品交易额平均每年高达4000多亿美元，约是50年前的110多倍。① 半个多世纪以来，特别是最近三四十年来，在毒品向全世界迅猛蔓延的历史进程中，美国一直充当着领头羊的角色，与此同时，它也是毒品泛滥的最大的受害者。

第一节 毒品滥用问题现状、特点与趋势

联合国毒品与犯罪问题办事处提供的统计数字表明，美国是目前全世界吸毒人数最多的国家，其吸毒者约占全球吸毒人口总数的14%。2015年，美国国内的毒品贸易额已超过1000亿美元，占全球毒品贸易总额的三分之一以上。美国《外交》季刊（*Foreign Affairs*）提供的统计数字显示，1980年，美国每天有大约50000人因违反毒品法而被捕入狱。但是，自21世纪初以来，这个数字上升了8倍，达到了前所未有的400000人。在美国，与毒品有关的犯罪约占全美每年犯罪总数的近五分之一。

---

① United Nations Office on Drugs and Crime, *World Drug Report* 2016, http：//www. unodc. org/doc/wdr2016/WORLD＿ DRUG＿ REPORT＿ 2016＿ web. pdf.

　　近年来，美国的毒品犯罪呈现出以下新的特点：第一，青少年吸毒现象回升。青少年一直是美国毒品犯罪的高危群体，他们在吸毒群体中一直占有很高的比例。"9·11"之后，美国国内的反恐形势严峻，美国社会对校园毒品犯罪的重视程度有所下降，警方打击校园贩毒活动的力度有所减弱，这使得校园贩毒活动逐渐活跃起来。同时，由于政府"向毒品宣战"（War On Drug）运动的失败，使得美国的一些中青年家长对毒品犯罪的态度有所转变，他们当中的一部分人对自己子女接近或尝试毒品持一种比以往更为宽容的态度。① 此外，近年来，美国青年一代的社会经济状况不断恶化，失业率增加，这也在一定程度上推动了青年吸毒现象的回升。② 美国"成瘾医学协会"（The American Society of Addiction Medicine）于 2015 年对 15 岁至 22 岁的青少年群体进行的一项调查发现，他们当中有约 13.2% 的人经常吸毒；56% 的人说获得毒品是一件十分容易的事；17% 的人说在过去 30 天中曾经有人向他们兜售过毒品。③ 这项研究发现，在青少年中经常吸毒的人数比 5 年前增加了近 1.4 个百分点。第二，吸毒低龄化趋势进一步发展。美国禁毒署（U. S. Drug Enforcement Administration，DEA）于 2015 年 6 月进行的一项调查表明，2005 年，美国中学毕业生中有约 31% 的人至少吸过一次大麻，但到 2015 年，这个数字上升到了44.6%。④ 第三，新型毒品出现。如"摇头丸"等制作简单、成本低廉的产品迅速蔓延，吸食人数迅速增长，成为新的重大毒品威胁。与此同时，吸食海洛因、可卡因类"硬毒品"人的比例有所增加。吸食这种毒品后，康复治疗难度大，戒瘾脱毒困难，很可能会成为终身

---

　　① 张林安：《美国毒品管制战略的调整及启示》，《中国药物滥用防治》2014 年第 3 期，第 32 页。

　　② 文林：《美国毒品问题分析》，《广西公安管理干部学院学报》2013 年第 4 期，第 24 页。

　　③ Anna Matteo, *Opioid Epidemic Sickens Young Children in U. S.*, http://www.51voa. com/VOA_ Special_ English/health-and-lifestyle-opioid-epidemic-sickens-children-in-america-72679. html.

　　④ Deborah A. & Duncan McVicar, "High School: The Relationship between Early Marijuana Use and Educational Outcomes", *Economic Record*, Jan. 26, 2015, pp. 34–35.

吸毒者。第四，毒品合法化呼声加强。毒品合法化之争在美国由来已久，进入 21 世纪以来，由于禁毒行动付出的巨大的经济代价和社会代价，由于那些毒性更强、价格更高、对人体危害更大的毒品新品种的不断问世并广泛流传，由于"没有毒品"（A Drug-free America）的目标距离现实的美国社会越来越远，因此，公众对禁毒的可行性产生了比以往更为强烈的动摇和怀疑。① 目前，在美国，主张使毒品合法化以及"应学会与毒品相处"（Learn To Get Along With Drugs）的声音便不断加强，一些州、市先后出现了"大麻合法化"（Legalization of Marijuana）的法律议案，并在许多州或市获得了通过，这对全美禁毒工作的前景带来了十分不利的影响。与此同时，中南美、"金三角""金新月"等毒品原产地的毒品产量居高不下，国际贩毒集团的活动仍然十分猖獗，并出现了与国际恐怖组织或恐怖活动相结合的倾向，新、旧毒品以各种形式流入美国，加大了刺激美国国内毒品市场需求的力度，美国禁毒斗争所面临的国内外形势变得更加复杂和严峻。21 世纪初以来由盖洛普咨询公司（Gallup）和《今日美国》（USA Today）等权威机构进行的多次民意调查均显示，有 50% 以上的美国人表示，毒品犯罪是他们"最为担忧的"犯罪。与此同时，有 60% 以上的人对有效遏制毒品持"怀疑"态度。②

第二节　毒品问题成因分析

人和毒品，一个是主体，一个是客体，它们是构成吸毒行为的两个不可缺少的因素。如果没有毒品对人体的作用，自然就不会产生吸毒行为。而作为主体的人之所以对毒品的诱惑产生两种不同的反应——拒绝诱惑或接受诱惑——则是由人的主观因素和客观因素所决定的。主观因素是指吸毒者接触毒品后发生生理变化，因而与毒品形

---

① 高巍、刘刚：《美国禁毒政策初探》，《云南警官学院学报》2015 年第 3 期，第 33 页。

② Kathleen Ferraiolo, "Morality Framing in U. S. Drug Control Policy An Example From Marijuana Decriminalization", *World Medical & Health Policy*, 2014, Volume 6（4）: pp. 365 – 367.

成某种互动关系。客观因素则是指导致人们接近或选择毒品的人文与社会环境。由于两者的相互作用，使吸毒者在人群中表现出一种特异的"流行病学特征"。它的传播与泛滥程度的大小不仅与特定的社会阶层或群体紧密相关，而且与社会环境，特别是与思想和文化思潮的影响密切相连。这一点在美国的毒品犯罪发展史上表现得十分明显，同时也是解释美国何以一直败给毒品的重要的视角。

一　药品文化与毒品传播

吸毒在英语中叫做"Drug Abuse"或"Drug Addict"等，意为"滥用药品""吃药成瘾""药物依赖"。吃药成瘾或药物依赖之所以会成为当今美国的一个严重的社会问题，这与美国的"药品文化"密切相关。美国是一个崇尚和迷信药物的社会，以药养身、以药健身的传统或习惯在美国由来已久，它不仅是寻常百姓热衷的养生之道，更是有钱人追求的生活时尚。美国全国广播公司（NBC）于2014年10月公布的一项调查显示，1998年—2013年这5年间，美国的电视及报刊杂志和互联网等媒体上出现频率最高的广告是医药类、保健类广告，约占总广告数的30%以上。与此同时，美国公众最感兴趣、留意最多的广告也是医药类、保健类广告，占收视率或阅读、点击率的近40%。[①] 由此可见。药物在美国人的日常生活中占有十分重要的位置。尽管美国的有关法律规定，必须持有医生的处方才可以到药店花钱买药，但实际上，在美国，几乎所有的大型超市里都设有药品专架，顾客无须向任何人作任何咨询尽可以随意选择自己想用的各种强身、健体、治疗等常用药物（当然不包括毒品）。因此有人说，美国是一个药品充斥的国家。《今日美国》（USA Today）在2013年10月进行的一项调查表明，美国有60%—80%的成年人因工作劳累等原因，经常出现背部疲劳、酸痛的感觉，其中有55%以上的人习惯于

---

① Michelle M. Washko , Mary L. Fennell, "The Epicenter of Effectiveness and Efficiency in Health Care Delivery: The Evolving U. S. Health Workforce", *Health Serv Res*, 2017, Vol. 52, p. 77.

通过服用药物包括大麻来消除疼痛①，而大麻在美国许多州并没有被列为违禁药物，在一些州、市、甚至社区常能看到持有官方许可证的大麻"俱乐部"在开业运营。

然而，无论从医学还是从社会学的角度看，毒品不能与其他药物相提并论，尤其是它所具有的耐药性和它带给使用者的药物依赖即人们通常所说的"毒瘾"，是常人所难以自控和抵御的。以大麻为例，服用大麻后会在一定时间内使人感到欣快、安逸、舒适等，具有放松中枢神经，增强食欲等作用，但它同时也会使人产生妄想、精神极度不安和活动迟缓等症状。虽然与其他毒品相比，大麻的戒断症相对较轻，高频率地使用大麻也不会造成直接死亡，但大麻同样具有耐药性，吸食者必须不断加大剂量才能重新体验到它所带来的快感。世界卫生组织顾问、美国著名药理学家戴维·奥苏贝尔（David Ausubel）在他的《毒瘾》（*Drug Addiction*）一书中指出：长期使用大麻，使人产生一种强烈地重复使用它的愿望，一旦停药，就会令人焦虑、不安、烦躁，甚至出现抑郁状态，并有可能导致自杀行为。更危险的是，吸食大麻形成习惯后，吸食者就会产生使用"硬性毒品"的倾向。② 有事实证明，相当大的一部分吸毒者就是从吸食大麻开始，然后逐步转为使用海洛因等"硬性毒品"的。

毒品专家认为，在毒品的生理依赖和心理依赖两方面中，心理依赖比生理依赖更能使戒毒者们难以承受。在通常情况下，稍有意志的戒毒者都能够承受毒品戒断所带来的生理反应，但是，对于绝大多数吸毒者来说，毒品的心理渴求却是他们所无法摆脱的。很多吸毒者度过了毒品戒断的生理反应后，仍无法忘怀毒品带给他们的美妙感觉和异常的快感，因此，很多人又重新吸毒乃至终生吸毒。

---

① Rosalie Liccardo Pacula, "Sevigny. Marijuana Liberalization Policies: Why We Can't Learn Much from Policy Still in Motion", *Journal of Policy Analysis and Management*, 2014, Volume 33 (Issue1): pp. 212 – 214.

② "硬性毒品"在美国主要指海洛因、可卡因、冰毒以及一些以化学方法合成的镇痛药和致幻剂等毒品，大麻、摇头丸等一般不包含在内。"硬性毒品"服食后会出现幻象和较强烈的快感等，服用一段时间后会产生较明显的生理和心理上的双重依赖，具有较强的成瘾性。本书凡出现"毒品"一词时均指"硬性毒品"。

由于有为数众多的美国人喜欢或需要经常使用消除疲劳、恢复精力类的药物，而这类药物大多含有大麻成分或实际上就是大麻制品，因此，虽然美国联邦法律仍禁止使用大麻，但是，最近二三十年来，亚利桑那州、加利福尼亚州、俄勒冈州、内华达州、华盛顿州等十几个州均以投票方式通过了"用于医疗目的地使用大麻为合法"的议案，另有一些州则减轻了对拥有大麻罪的刑罚。1975 年，阿拉斯加州等甚至通过法律，允许私人自种、自用大麻，认为这是合理的"隐私权"。1977 年，美国第一大州加利福尼亚州法院做出裁决，放宽执行《大麻法》。① 这些将大麻合法化或混同于一般药物的做法导致了大麻犹如水银泻地般地在美国大肆泛滥。美国国家毒品滥用问题研究所（National Institute on Drug Abuse）在 2012 年提供的统计数字显示，在美国，18 岁到 25 岁的青年中，用过大麻的占 68%；在中学毕业生中，接触过大麻的人数约为 43.7%。② 与此同时，美国司法部提供的资料显示，美国的毒品案件中有五分之三左右与大麻有关。前美国麻醉品局（The United States Bureau of Narcotics）主任安斯林格（George Anslinger）曾在《美国医学会会刊》（*Journal of the American Medical Association*）上撰文，痛陈大麻之害。他指出："反对毒品的每一次战役胜利之后，都会出现一个新的战场。我们当前的大敌就是大麻！"大麻的泛滥从根本上改变了美国人、特别是广大中青年甚至青少年对健康与保健、药品与毒品的态度。设在亚特兰大的全美青少年毒品防治中心曾在全美进行过多次抽样调查，当被问到"当你感到疲劳、乏力等身体不适时，你将选择何种方式加以消除？"回答者中有 38.7% 的人说是"服药"。该中心的专家透露，"服药"中的"药"字，其

① Rosalie Liccardo Pacula，"Sevigny. Marijuana Liberalization Policies: Why We Can't Learn Much from Policy Still in Motion"，*Journal of Policy Analysis and Management*，2014，Volume 33（Issue1）：pp. 212 – 214.

② Yingjun Zhou，Denise M. Boudreau，Andrew N. Freedman，"Middle-Class Mothers and Children Trends in the Use of Aspirin and Nonsteroidal Anti-Inflammatory Drugs in the General U. S. Population"，*Pharma Coepidemiol Drug Saf*，2014，Vol. 23（1），p. 45.

实就是"大麻"的代名词。①

"药品文化"使许多美国人尤其是青少年丧失了对药物的必要的警惕，甚至形成了依赖药物的倾向，从而为以"保健药品"面目出现的大麻走进人们的日常生活打开了方便之门。与此同时，社会和法律对大麻的宽容以及将其与一般药物混为一谈，无疑又为毒品泛滥提供了极大的可能。可以说，美国的药品文化对毒品泛滥起了推波助澜的作用，同时也是美国社会难以消除毒品的症结之一。

二 消费、享乐文化与毒品泛滥

第二次世界大战之后，美国逐步进入了后工业社会，这是美国历史上又一重要的转折时期。经过20世纪30年代空前严重的经济危机以后，罗斯福新政抛弃了传统的自由放任政策，转向凯恩斯主义的赤字财政和福利国家的道路。通过政府积极的、大规模的干预，加之两次世界大战的刺激，美国经济开始走向繁荣，社会财富迅速增长，人们的生活水平普遍提高。生产的巨大发展使物质十分丰富，人们的一般需要乃至高档商品都变得容易得到满足。随着物质生活的变化，整个社会的价值导向也出现了偏离。当时，包括美国主流媒体在内的各类电视、报纸等对美国公众，尤其是青年一代大肆宣传的是鼓励消费、鼓励享乐的"三高化"生活方式（高工资、高福利、高消费）和"一二三式"的生活标准（一个富裕家庭、二辆汽车、三间卧室的住宅）。② 这一切将整个美国社会带入了消费型发展阶段。美国社会学家西格尔在《多难的旅程》一书中指出，美国只占世界人口的6%，但是它的物质消费却占了世界的40%，是全世界的"消费王国"。美国消费型资本主义的发展表现出了十分典型的悖论特征。一方面，强烈的消费倾向大大促进了经济的繁荣与发展，改善了国民的生活质量；另一方面，追求消费也使社会的传统价值观开始发生逆转。在美

---

① Caulkins J. Hawken, *Marijuana legalization: What everyone needs to know*, N. Y. : Oxford University Press, 2012, pp. 23 – 26.

② DenYelle Baete Kenyon, "Incorporating Traditional Culture Into Positive Youth Development Programs With American Youth", *Child Development Perspectives*, 2012, Vol. 6 (3), p. 19.

国社会经济处于发展的初级阶段乃至到 20 世纪四五十年代，人们注重的是生产而非消费。与这一时代特征相适应的新教伦理思想和精神强调的是处世审慎、勤勉、偿还债务；贷款不可马虎；时间就是金钱，因此不可以闲散；花费要节俭以及"拒绝奢侈和眼前的消费，推迟现实的满足并避免一切本能的生活享受"等。在这种社会价值取向的影响下，昔日的美国人包括青年一代所崇尚的不是沉湎于享受，而是孜孜以求、勤奋进取。美国社会学家丹尼尔·贝尔（Daniel Baer）在描述美国早期的社会生活风貌时指出："在美国，当共和政体建立时，赋予它的目标是一种使命感。在这块大陆上，人们所崇尚的是劳动、奋斗，并歌颂自己的成就。这种使命感是由新教伦理道德塑造而成的，而新教伦理道德强调朴实无华、工作和抵抗肉欲的诱惑。"① 然而，在进入后工业化和信息社会后，人们追求的目标从生产转向了消费，从简朴、积蓄转向了享受、花销；从勤奋、劳动转向了空闲、娱乐。人们，特别是美国青年一代的生活态度已不再是勤奋、节俭、自律，而是追求物质享受，纵情声色与刺激；他们不再在乎别人的看法，而是注重自我陶醉、自我表现和自我完善；他们不再敬畏传统道德和传统权威，而是崇尚标新立异和独树一帜。消费、享乐文化自 20 世纪七八十年代以来，已经成为美国社会生活尤其是青年一代生活的绝对的"主旋律"。几年前，丹尼尔·贝尔在纽约、芝加哥、旧金山等美国几个大城市进行了一项问卷调查，当被问到"在工作或工作之外的其他活动中，你认为何者更重要？"接受调查的美国青年人中有 50％ 以上的人回答说"工作以外的其他活动更重要"。② 这个调查结果印证了丹尼尔·贝尔的关于在当代美国青年中普遍存在轻视工作、注重享受的判断。丹尼尔·贝尔把这种社会文化思潮称之为"一种失控的个人主义"。在这些人看来，凡是心灵中出现的欲念，都应该鼓励自己去加以满足。相反，任何控制自己心灵、感官甚至欲望的

---

① Karen Gainer Sirota，"Fun Morality Reconsidered: Mothering and the Relational Contours of Maternal-Child Play in U. S. Working Family Life"，*Ethos*，2010，Vol. 38（4），p. 34.

② Ibid. ，p. 37.

行为，都被看作是落后的、对自己的身心带来伤害的行为。美国历史学家布卢姆（Benjamin Bloom）说："以最大限度地满足个人欲望为特征的美国新享乐主义正在把美国的青年一代推向空虚的、失落的和绝望的深渊"。① 在这样的社会背景下，20世纪七八十年代之后在美国青年中广泛流行的口号是："如果感觉好，就干""干你自己的事""爱你自己""尽情地享受生活"等等。

事实表明，毒品问题的变化是与美国社会文化环境的变化密切相连的。从纯粹消费的角度来说，毒品无疑是一种物质商品，它包含着能给吸食者的身心带来某种效果的使用价值，同时，由于它不菲的价格，因此它也是一种高消费；从获取一种享受的角度来看，毒品带给吸食者的"快乐"或"愉悦"是其他物质或商品所难以匹敌的，因此，它又是一种追求独特"享受"的"理想"消费。毒品所包含的这两个重要特征决定了毒品与"消费、享乐文化"结合的"合理性"与必然性。然而，吸毒毕竟是一种被社会主流文化所排斥的偏离和违反社会道德规范的行为，因此，在它产生之前，吸毒者必定经历了一个心理变化的过程，更确切地说是经历了一个心理危机的过程。美国哥伦比亚大学心理学教授科布尔的研究证实了这一点。他在调查中发现，在被调查的吸毒者中，有86%的人在吸毒以前便存在某种心理问题。他指出，一方面，吸毒是由于人们在变幻莫测的社会环境下缺乏对未来的筹划与把握能力，在享乐主义的及时行乐的心理驱使下，在精神和情绪处于空虚、无聊或压力下寻求刺激或解脱的一种选择。另一方面，毒品专家的实验表明，不同毒品的效果是不同的，因此其作用也各不相同。其中海洛因具有可以使人"自我收缩"的功效，可以控制人们因空虚、无聊以及因对未来的不安全感而产生的暴躁和颓废情绪，给人一种平静、超脱的幻觉。目前，吸食海洛因的人数在美国呈上升趋势，这恰好与近年来美国经济不断恶化，青年一代的就业、职业发展前景日益黯淡等社会现实相吻合。

---

① DenYelle Baete Kenyon，"Incorporating Traditional Culture Into Positive Youth Development Programs With American Youth"，*Child Development Perspectives*，2012，Vol. 6（3），p. 34.

由于毒品可以提高服用者对声音、颜色和运动的感受力，帮助人们去"探索心灵的奥秘"，体验"神奇的力量"，经历"美妙的人生幻游"，等等，因此，无论是 20 世纪 50 年代的"垮掉的一代"，或是 20 世纪六七十年代的"嬉皮士""自我"的一代，还是 20 世纪八九十年代的"注重现在的一代"，他们在融入"消费、享乐文化"的实践中，在追求物质欲望的满足时，抑或是在摆脱现实的经济、生活或自身发展的困境时，吸食毒品无疑是他们当中的不少人难以回避的选项。毒品可以为他们打开"幻觉之门"，可以把他们送进"满足的世界"。当前，美国经济形势和就业形式未见根本性好转，与此同时，贫富鸿沟不断加大，富人与穷人之间的矛盾日益凸显，"美国梦"已经与当今广大的美国人，尤其是青年一代渐行渐远。历史经验表明，在美国，这种社会现实不仅是示威游行等街头政治的最常见的诱因，同时也会引发毒品犯罪的上升，因为历史上它多次成为"社会底层"和现实生活中的失落者发泄对社会现实的不满以及报复社会的常见的方式之一。

三　自我孤独文化与毒品蔓延

美国是一个十分重视和保护个人私域权或隐私权的社会，这植根于美国追求个人权利与自由的历史传统。尊重和保护个人的私域权或让人们享有充分的隐私权是文明发达的标志之一，也是现代社会中人们追求自我完善，实现个性解放，实现自由选择的必然要求。然而，随着经济与科技的进步以及由此而产生的公民意识的变化，美国社会开始把这种隐私权或私域权推向了极端，从而营造了一种人们心灵上的离群索居和自我孤独的社会文化氛围。

（一）科技发展与心灵孤独

20 世纪 90 年代以来，科学技术尤其是信息和网络技术在美国突飞猛进。然而，科技发展所带来的影响却并非都是正面的。其中最不容忽视两个问题是：一方面，科技的高度发达带来了更细、更具体的分工和人们对机器与技术的更强的依赖，从客观上进一步强化了人的个体心态和独立意识，因为人们每天面对的最多的是机器，每天考虑得最多的问题是如何做好"自己（负责）的事情"。另一方面，因科技发展所带来的成果或财富的增加却逐渐被非群体化趋势和人们对个性生活方式的追求所取代。这种变化又使美国人在社会地位、资源占有量、教育、个性发展以及种族和宗教等方面的差异不断加大。在美国，不同阶层、不同肤色或种族的人不住同一个社区、不去同一个教堂、不进同一所学校，甚至不去同一家超市等现象变得越来越司空见惯。这种变化造成了人们之间隔阂的加深和人与人之间关系的疏远和冷漠。另外，由于电脑、网络等技术所形成的数字和虚拟时空越来越成为人们日常生活中的主要媒介和伙伴，美国人越来越多地运用机器和符号而不是通过人际交往来彼此沟通和交流，甚至连书信和电话这种情感色彩本来就已经不浓厚的人际交流方式也正在被 E-mail、We-Chat、QQ 等电子通讯与交流方式所扼杀。美国人的生活圈子正越来越变得只有自己和机器，人们的孤独感不断加深。事实上，早在 19世纪 30 年代，托克维尔（Alexis de Tocqueville）就已经对美国人性格中存在的过于追求独立和个性化的倾向提出了警告。他指出："在美国，人们无所负于人，也可以说无所求于人。他们认为自己的命运只操在自己手里。"这种倾向的潜在危险是"不但使每个人忘记了祖先，而且使每个人不顾后代，并与同时代的人疏远。它使每个人遇事总是只想到自己，而最后完全陷于内心的孤独"。[1] 20 世纪六七十年代的科技革命带给美国社会的另一个严重的冲击是破坏了家庭的稳定。当时，避孕工具和节育技术开始被广泛应用，这大大解放了妇女的束缚，加上女权运动的发展，妇女的地位和就业率不断提高，然而，这些进步同时也成为家庭解体和性解放运动的元凶之一。美国卫生部统计中心（US Department of Health Statistics Center）提供的资料表明，美国的离婚率是全世界最高的。"婴儿潮"（Baby Boom）一代的美国人有 80% 以上成长于双亲健全的家庭，但是到了 20 世纪 70 年代末期，只有约 50% 的美国儿童生活在这样的家庭里。自 20 世纪 80年代以来，美国每年都有大约 100 万名儿童遭遇到家庭危机；另有大

---

① ［法］托克维尔：《论美国的民主》，商务印书馆 1989 年版，第 73—76 页。

约同样数目的婴儿是私生子。家庭的解体对人们精神的影响是巨大的，据统计，在美国，离婚妇女的自杀率比未离婚妇女高两倍。①

（二）经济环境恶化与心理失衡

自 20 世纪 80 年代以来，美国的经济环境不断恶化，其中最为明显的表现是：第一，经济危机的周期缩短。20 世纪三四十年代，平均每 5 至 6 年发生一次；从第二次世界大战后到 20 世纪 70 年代初，平均每 4 至 5 年发生一次；20 世纪 70 年代中期之后，美国经济陷入了长期的"滞胀"之中，经济衰退的周期缩短到了 2 至 3 年甚至更短。进入 21 世纪之后，次贷危机、金融风暴、经济衰退接踵而至，美国经济陷入了自 20 世纪 30 年代大萧条以来最严重的低迷之中，经济复苏的步伐格外缓慢，增长严重乏力。第二，经济危机持续的时间加长。第二次世界大战前，资本主义国家的经济危机一般仅持续几个月，而 1973 年—1974 年的美国经济危机却持续了 19 个月；1979 年—1982 年的危机持续了 3 年，而此次由次贷危机引发的金融危机和经济低迷已经持续了近 10 年。第三，与 20 世纪 30 年代的大萧条和 20 世纪 70 年代的石油危机相比，今天美国经济危机的破坏程度虽然减轻了，但失业率却长期居高不下。以最近几年美国的失业状况为例，自 2008 年国际金融危机爆发以来，美国的失业率急剧攀升，2009 年达到 9.3%，2010 年上升到 9.8%，虽然 2014 年以来失业率状况有所改善，但仍与 2008 年危机前的水平有很大差距。据《商业周刊》（Business Week）报道，20 世纪 80 年代以来，美国最大的 100 家公司砍掉了 22% 的就业机会；在 20 世纪的最后 10 年，平均每年都有 100 多万工人失业。今天，平均每 6 个美国家庭就有一个面临着可能会在不久的将来丢掉工作的可怕局面。不仅如此，美国今天的失业问题还呈现出一些令人不安的新特点。一是白领工人失业增加。最近 10 年里，美国砍掉了 400 多万个白领职位，2005 年—2010 年间被解雇的工人中，专业和管理人员大约占四分之一，是 20 世纪 80 年代的

---

①　Kristin Celello, *Making Marriage Work: A History of Marriage and Divorce in the Twentieth-Century United States*, Chapel Hill : University of North Carolina Press , 2009, pp. 21 – 22 .

近3倍。2016年，美国的中产阶级也就是主要由白领阶层组成的群体已经萎缩到了总人口的不足50%。二是失业时间变长，失业后找到新工作的平均时间，在1967年为两个半星期，1995年增加到两个半月，2010年以来则加长到近3个月。而且，今天的失业者在重新找到一份全日制工作时，其收入平均下降20%以上。三是全日制工作减少，小时工、临时工激增。1990年—2010年这20年间，美国的就业总额增加了约53%，但是，小时工的人数却增加了124%，临时工的人数增加了230%。[①] 全日制工作的减少不仅意味着美国工人收入的下降，而且意味着有越来越多的美国人失去了至关重要的医疗保险、退休金等福利保护。

就西方人的普遍价值观而言，人的尊严和价值在很大程度上是通过固定工作和固定收入来实现的，一旦失去体面的工作和收入，这些基本尊严和价值就失去了它赖以生存的基础。因此，失业问题不仅使许多美国人的经济状况恶化，社会地位下降，甚至还导致了人的尊严、价值的丧失和心理的严重失衡。然而，职业和私生活的状况与质量是美国人的两个最重要的隐私，对此，他们不愿向任何人敞开心扉，更不能接受外人的介入与干预。

此外，自2008年金融危机以来，美国普通百姓的收入减少，福利被削减，生活水平明显下降，但与此同时，美国政府却拿纳税人的钱去援救华尔街上的各大金融机构，而那些金融机构的高管却仍享受着巨额薪金和奖金，这引发了美国普通民众，尤其是广大青年的不满。他们认为是华尔街的贪婪和富有阶层对财富的无限掠夺才会造成美国今天的经济危机，而普通百姓却要承受经济危机所带来的痛苦，为富人的贪婪买单。"占领华尔街"运动的示威者打出了这样的标语："在美国，1%的富人拥有着99%的财富。我们99%的人为国家纳税，却没有人真正代表我们。华盛顿的政客都在为这1%的人服务。"这一方面表达了民众对国家上层社会的不满，另一方面也反映

---

① Hisamitsu Saito, Jun Jie, "Agglomeration Congestion, and U. S. Regional Disparities in Employment Growth", *Journal of Regional Science*, 2016, Vol. 56 (1), pp. 11 – 15.

了普通百姓对现实社会的不公平和非正义的无奈与悲叹。毫无疑问，这将会进一步动摇美国人，特别是青年一代美国人对政府和社会的信任与信心。

美国社会学家、心理学家格拉斯·拉比尔（Glass Rabi）在《现代疯狂症：工作与感情冲突之间的内在联系》（*Modern Insanity*：*The Inner Link Between Work and Emotional Conflict*）一书中对当今美国青年的心理状态作了这样的剖析："今日美国青年中的许多人之所以会如此玩世不恭或自甘堕落，是因为他们的个人理想无法与社会变革相同步，加之他们目睹政治的腐败和社会价值观的堕落，深感失望和不胜烦恼，于是便躲进孤独的、追求物质享受的小天地里，醉生梦死，以舒积郁。"①20世纪六七十年代，美国三分之一以上的工人是工会成员，而今天只有不足13%的人是工会成员。工会组织的衰落使更多的美国人别无选择，只能孤独地面对严酷的生存竞争和人生的种种坎坷，没有任何人、任何组织分担他们的压力与痛苦。这种处境迫使人们采用各种手段达到在工作或事业上成功的目的，其中也包括毒品。20世纪80年代的美国之所以会出现可卡因盛行的情况，与可卡因本身的特点密切相关。毒品专家的研究表明，可卡因最主要的功效是它对"亢进交感神经末梢"具有刺激作用。它作用于人体循环系统后，可以导致脉搏加快、血压升高，随即周身舒适、情绪愉悦。在兴奋高潮期内，吸食者会觉得自己无所不能，并且极愿意与人交往，毫无疲倦之意。这种精神状态恰恰是当时众多初次遭遇到人生挫折特别是职业挫折的青年一辈所最需要的。有许多人特别是青少年把可卡因视为"力量和成功的源泉"。②

托克维尔在《美国的民主》一书中指出，美国革命导致了个人主义的生长，而个人主义同时也意味着自我孤独。美国的传统使他们注

---

① Glass Rabi, *Modern Insanity*：*The Inner Link Between Work and Emotional Conflict*, N. Y. : Oxford University Press, 2009, pp. 31 – 34.

② Jodi M. Jacobson , Paul Sacco, "Employee Assistance Program Services for Alcohol and Other Drug Problems：Implications for Increased Identification and Engagement in Treatment", *The American Journal on Addictions*, 2012, Vol. 21（5）, pp. 21 – 23 .

重和追求个人隐私权，但美国人对私域权的保护同时也保护了孤独，创造了心理危机。① 美国总统体质与运动委员会（President's Council on Physical Fitness and Sports）于 2011 年发布的一项调查报告显示，美国公民中有近四分之一的人因各种打击而产生心理健康问题；美国的自杀率近2%，在大城市中存在着普遍酗酒现象等等。这些就是这种心理危机的印证。毒品作为能够改变神经和精神的药物，就成为许多美国人减轻心理压力，克服心理危机所采取的选择之一。美国食品与药物管理局（Food and Drug Administration，FDA）于 2012 年发布的统计数字表明，因苦闷、寂寞、孤独、压抑而使人们开始尝试吸毒的比例，在吸毒成瘾者中约占 27.3%。② 孤独导致人们去选择毒品，从毒品中寻求精神解脱。而吸毒又使人们精神空虚，脱离现实社会，从而陷入更深的孤独。这种恶性循环是许多美国人无法摆脱毒品的主要原因。

（三）反主流文化作用与影响

反主流文化思潮起源于 20 世纪六七十年代，它是一种同美国传统的文化、道德、宗教、政治、伦理等观念相对立，追求一种与主流社会相背离的价值目标的文化价值观。作为一种轰轰烈烈的运动，反主流文化思潮在达到鼎盛的 20 世纪 70 年代之后便逐渐趋于平静。但是，作为一种社会文化形态，它却永久地留在了美国的社会生活中，并且，在反主流文化中具有强烈反叛色彩的"低流文化"（Lower-Class Culture）和"极端个人权利文化"对美国人特别是青少年的影响则一直延续至今。这种影响始终是美国难以根本遏止毒品泛滥的重要原因之一。

（四）"低流文化"的作用与推动

"低流文化"是与"上流文化"相对而言的。顾名思义，"低流文化"所崇尚和追求的是一种与"上流文化"或"主流文化"背道

---

① ［法］托克维尔：《论美国的民主》，商务印书馆 1989 年版，第 21—22 页。

② Jodi M. Jacobson，Paul Sacco，"Employee Assistance Program Services for Alcohol and Other Drug Problems：Implications for Increased Identification and Engagement in Treatment"，*The American Journal on Addictions*，2012，Vol. 21（5），p. 37.

而驰的生活态度或行为方式。信奉或追求这种文化的人强烈蔑视文明社会的基本道德标准和行为规范，他们以吸毒、酗酒、暴力等各种偏离行为来充实自己和麻痹自己，以反文明、反法律、反社会为荣。在物质文明与精神文明的发展均在世界领先之列的美国，存在这种"低流文化"现象并不是偶然的，它是美国国内贫富差距加大、社会矛盾激化、反社会情绪上升的必然结果，是对现实合乎逻辑的反应。

20世纪七八十年代到21世纪初，美国社会出现的一种令人疑惑的现象是：经济走向繁荣，但普通美国人特别是美国中产阶级的生活境遇却每况愈下。美国经济学家艾德华·沃尔夫（Edward Wolf）指出："在收入与财富分配方面，美国是工业化国家中最不平等的。不仅如此，这种不平等还在以高于其他工业化国家的速度持续扩大。"第二次世界大战结束初期，大多数美国家庭的实际收入以每年2.5%的速度增长。然而，自20世纪70年代以来，收入分配的差异变得越来越大，不平等的鸿沟越来越宽。在当今美国社会，如果把收入阶层分为10个等级，把最高层的10%和最底层的10%相比的话，那么收入差距在20世纪80年代初为3.2倍，2005年则上升到5.1倍，2015年则急剧扩大至10倍以上。另外，占家庭总数1%的最富有家庭的平均税后收入增加了80%，而另外90%的普通家庭的实际收入却仅仅增加了不足5%。今天，美国最富有的100万个家庭所占有的财产比近9000万个中产阶级和普通工人家庭所拥有的财产总合还高。20世纪70年代中期，总经理的平均收入是普通工人的41倍，今天，总经理的平均收入已高达普通工人的近250倍；在过去20年中，总经理们的平均收入增加了562%，而普通工人的收入却仅仅增加了53%，比通货膨胀的增长幅度还低。① 更为严重的是，低收入阶层的实际工资在以年1.3%的速度持续减少。社会财富分配的严重不均，严重地动摇了普通美国人、特别是从中产阶级跌落到贫困阶层的中青年一代对社会主流价值观的认同。2013年10月，美国新闻网站——赫芬顿

---

① 乔磊：《美国人的收入差距有多大》，《理财周刊》2011年第10期，http://finance. qq. com/a/20111025/001894. htm。

邮报网（*Huffpost*）就美国人对现状的看法在全美 20 多个大城市进行了一次抽样调查，调查结果显示，53% 的受访者说他们对前途感到忧虑；三分之二的人表示他们对自己的处境不满；66% 的人担心自己子女的日子会比现在还糟；57% 的人认为社会正在走向分裂，"美国梦"已成为一种空想。① 这些统计数字表明，生活在不满和忧虑之中的美国人大有人在，这种心态创造了一种特别适合吸毒等偏离行为的滋生和蔓延的客观环境。美国民众特别是广大青年不仅很难享受到经济发展的好处，反而与殷实、富足的理想生活越来越远，因而感到被社会所抛弃、被命运所捉弄。他们既不能凭借自己的努力获得成功，也无力改变不公平的社会现实，面对这种双重失败的困境，他们过去曾经信仰的主流价值观发生动摇，由此反抗文明社会的道德规范和秩序、脱离主流社会的"低流文化"便应运而生。"低流文化"的价值中心是破坏、暴力、刺激和命运。认同这种文化的个人推崇和追求蔑视法律、与众不同、冒险、欺诈等。吸毒非常适合于这种"低流文化"的价值定义。吸毒不仅能带来刺激，而且是一种反抗社会、向法律挑战的"勇敢"行为；在贩卖毒品的冒险活动中，可以体验到一种他们在"文明"的社会竞争中所体验不到的成功乐趣与收获愉悦。美国的禁毒教育在全世界可以说是最普及、最全面的。美国的吸毒者、贩毒者很少有人不懂得吸毒、贩毒的危害和后果。相反，他们中的绝大多数人是"明知故犯"，其中的重要原因之一是，他们当中有相当比例的人要通过这种反文明、反道德、反法律的行为来追求一种与主流社会相去甚远的价值目标。

（五）"极端个人权利文化"的影响

美国体制的核心和基本目标是维护个人的权利和自由。美国宪法赋予个人以充分的自由权，社会的主导思想也认为每一个人都有决定自己命运的权利，认为这是最基本的人权。但是，20 世纪七八十年代以来，在反主流文化运动的强烈影响下，美国人的个人权利急剧膨胀，并逐渐演变为一种"文化"。色情、暴力、自残、自虐等五花八

---

① Huffpost, *Are you satisfied with the status quo?*, https：//www. instagram. com/HuffPost/.

门的反道德、反文明、反人类的行为，都在"个人权利"外衣的掩护下，在美国社会获得了生存、发展的空间。对于毒品，美国人的基本道德准则告诉他们应当予以禁止，接受毒品便意味着美利坚合众国对自己同胞中相当一部分人的堕落和衰败袖手旁观，意味着政府的失职和国家的无能。然而，消除毒品却又同保护"个人权利"的基本价值观发生了激烈的矛盾冲突。因为，既然人们有权决定自己的命运，那么他们无疑有权选择损害和杀死自己。自我摧毁只是违反道德，并不是犯罪，所以不应以法律手段强行制止。枪支弹药比毒品更危险，但美国却依法保护个人拥有枪支，承认它是一种公民权。枪支可以置他人于死地，但毒品却不会对他人构成直接伤害。因此，吸毒属于个人自由的范畴，所以，不能剥夺人们拥有和使用毒品的权利。这种观点在美国社会中虽不是主流，但它却严重干扰着和动摇着美国社会的禁毒思想基础，使美国始终没有形成一种强大的禁毒内在动力。

此外，极端个人权利文化也为缉毒执法造成了诸多困难。美国《宪法第四修正案》规定：公民的人身、住所、文件和财产有权不受无理搜查和没收的侵害，只有在拥有足够证据的情况下并得到司法部门的批准，才能发出搜查令，对指定的地点、人和物品进行搜查。①但是，在禁毒执法中，因为毒品犯罪是"无被害人犯罪"（Victimless Crime），即毒品买卖双方完全是两相情愿的，不像其他犯罪，执法者可以从被害人那里取得证据。而且，在通常情况下，吸毒与贩毒是一种共谋关系，因此吸毒者不会提供贩毒者贩毒的证据，因为那样做对他本人不利。所以，在执法中要想取得足够的证据对贩毒者发出搜查令是非常困难的。与此同时，美国宪法的补充条款还规定，违反《宪法第四修正案》而非法获得的证据将不被作为刑事审判的证据。这进一步为贩毒案的调查取证设置了障碍。为了打击贩毒活动，美国的一

---

① 原文：The right of the people to be secure in their persons, houses, papers, and effects, against unreasonable searches and seizures, shall not be violated, and no Warrants shall issue, but upon probable cause, supported by Oath or affirmation, and particularly describing the place to be searched, and the persons or things to be seized.

些政治家曾提议在对贩毒案进行调查时，不必要求执法人员一定要取得搜捕令。但是，这个提议遭到了绝大多数国会议员的反对，他们担心公民的自由权利因此而遭到践踏。执法与保护公民权利之间存在的尖锐矛盾，也是美国几十年来一直无法有效地控制毒品泛滥的主要原因之一。

第三节　联邦政府禁毒政策的成败得失

事实上，自过去一百多年来，虽然美国的毒品犯罪问题日益复杂和严峻，但是，美国联邦政府与毒品犯罪的博弈却从来没有停止过，无论在相关机构设置、资金投入以及法律、法规制定等方面均付出了巨大努力。

一　联邦政府的禁毒政策措施与行动

早在1914年，美国国会就通过了《哈里森毒品法》（*Harrison Narcotics Act*），开始依法禁毒；20世纪70年代初，尼克松政府更是雄心勃勃地提出了"向毒品宣战"（War On Drug）的口号并将其作为一项国家策略，由此掀起了由联邦政府主导的在全美范围内的大规模的禁毒运动。此后，美国历届政府在禁毒问题上可谓殚精竭虑，竭尽所能。里根担任总统期间，提出了禁毒"要从娃娃抓起"，"动员全美国每一个家庭的力量去消除毒品"的方略。乔治·布什执政期间，实施了著名的"贝内特计划"（Bennett Strategy），志在"将毒品御之于国门之外"，甚至不惜动用军队，参与与墨西哥等邻国的联合扫毒行动。克林顿上台之后，多次在《国情咨文》中呼吁国会和美国公众同他一道"作出一种开创性的努力"，"与毒品贩子造成的邪恶的新威胁作斗争"，并表示他将提出一项"有史以来最大规模的缉毒预算"。[①] 在克林顿担任总统的8年任期内，他推动国会通过了多项反

---

① 克林顿1996年《国情咨文》，https://wenku.baidu.com/view/82317 ba9d1f34693 daef3ee6.html。

毒品法律、法规，并先后提出了针对青少年的"远离毒品计划"（Stay Away from Drug Programs）和在全美范围内的"工作场所、社区无毒品计划"（Drug Free Program on Workplace and Community），等等。小布什上台后，于2002年初公布了美国新的"国家禁毒战略计划"（National Strategic Plan Against Drugs），提出在5年内将12岁—45岁的吸毒人口减少25%。同之前的政府相比，小布什的禁毒战略更为强调减少毒品需求的重要性，突出以"预防为主"的指导思想，并通过加大对青少年的禁毒宣传教育的投入，来减少新吸毒人员的滋生。

在总统亲自挂帅向毒品开战的同时，美国历届政府尤其是近几届政府，陆续设置了多个新的禁毒机构或部门或调整、改组了以前的机构，以便于更有效地落实政府的禁毒政策和计划，提高禁毒工作的效率。同时，在美国已有的各项禁毒法律、法规之外，又陆续出台了十余项旨在更严厉地遏制和打击毒品犯罪的新的法律、法规。

（一）美国联邦和地方政府所属的主要禁毒机构

第一，美国毒品管制政策办公室（Office for National Drug Control Policy）。该办公室是美国最重要的反毒决策单位，是直接隶属总统指挥的机构，其首长是内阁成员。该办公室的主要工作是拟定联邦政府的具体的反毒政策。

第二，美国联邦缉毒署（U. S. Drug Enforcement Administration, DEA）。它是美国最早的缉毒机构。1914年，财政部为执行于当年颁布实施的《哈里森麻醉品法》而专门设立这一机构。其后几经变更，1973年最终形成了今天的美国联邦缉毒署。其主要职责为：（1）侦查、侦办州际或国际性毒品犯罪活动。（2）掌管全国毒品情报、资料系统，并与联邦、地方及外国机构合作，制订反毒品策略并实施缉毒行动。（3）通过非执法方式如消灭毒品作物、农作物种植替代和培训外国政府执法官员等方式，阻止毒品流入美国。（4）协调联合国、国际刑警组织和其他国际性刑侦组织，促成国际合作禁毒。

第三，埃尔帕索情报中心（El Paso Information Center）。它设在美国与墨西哥边界，主要负责监视针对美国的毒品走私活动，负责情报收集与研究分析工作，为美国国内和国际合作禁毒及防止非法移民、走私等跨国犯罪提供情报与协调。

第四，美国联邦司法警察（U. S. Federal Judicial Police）。它是美国最大的执法机构，其重要任务之一是负责追捕毒品罪犯和对联邦法庭下令逮捕的犯罪嫌疑人实施拘捕。联邦警察依据法庭的命令负责实施财产罚没及管理，并对洗钱等犯罪活动进行稽查。

第五，毒品法庭（Drug Court）。美国若干地区（如加利福尼亚州、纽约州、密苏里州、佛罗里达州等）经由议会批准，在法院中特设有毒品法庭，专门负责对犯有持有、运输、贩卖、制造毒品的初犯者或犯罪情节轻微者进行法庭裁定。一般的裁定为对罪犯实施接受戒治的保安处分，而不予起诉和审判。其目的是给轻微毒品犯罪者以悔改机会。若被告不能完成戒治计划或再次犯罪，检察官将正式提起诉讼，法庭将依据刑事诉讼程序进行判罪处刑。

（二）美国联邦和地方政府控制毒品的主要法律、法规

美国是世界上最早面临毒品大规模泛滥的国家，也是世界上最早开始依法禁毒的国家。从 1914 年 12 月 17 日第一部联邦禁毒法律《哈里森麻醉品法》诞生以来一百多年的时间里，美国联邦和地方政府颁布的具有重要影响的禁毒法律有：

第一，1915 年 3 月 1 日，《哈里森麻醉品法》正式生效。该法规定对经营麻醉品的商人实行注册登记，并且规定：在无医生处方的情况下使用毒品是非法行为。该法律的生效，使鸦片和海洛因的出售开始受到控制。

第二，1919 年，美国最高法院颁布条例，规定在毒品成瘾者没有疾病时，医务人员给其使用麻醉品是犯罪行为。

第三，1956 年 12 月 18 日，美国国会通过法律，宣布海洛因为违禁品，在医学上禁止使用。

第四，1970 年，美国国会制定了《全面预防和控制滥用毒品法》（*Law of Comprehensive Prevention and Control for Drug Abuse*），这是有史以来美国联邦政府颁布的第一部比较全面的控制毒品法律。该法对何为毒品提出了明确的界定。（1）极易被滥用且有极大危险性，医学

上也不使用之药品，如海洛因；（2）医学上使用之药品，但极易被滥用的，如鸦片等；（3）医学上使用之药品，虽不易被滥用，但极易令使用者产生依赖的药物，如安非他明等；（4）医学上使用之药品，但容易被滥用且使用后导致有限药物依赖的，如巴比妥、苯巴比妥等；（5）被滥用的可能性相对较小，人体对之产生较有限依赖性的药物，如每 100 毫升中含 200 毫克可卡因的药物等。该法中还对违法者规定了严格的惩治条款。其具体规定为：（1）非法制造、分发、提供或持有毒品，如毒品属第一、第二类，最低处以 15 年以下监禁和 2.5 万美元罚金，最高处 30 年以下监禁和 5 万美元以下罚金。（2）犯第一项罪行，如属第三类毒品，处 5 年以下监禁和 1.5 万美元罚金。如属重罪，处 10 年以下监禁和 3 万美元以下罚金。（3）犯第一项罪行，如属第四类毒品，处 3 年以下监禁和 1 万美元罚金。如属重罪，处 6 年以下监禁和 2 万美元罚金。（4）犯第一项罪行，如属第五类毒品，处 1 年以下监禁和 5000 美元罚金。如属重罪，处 2 年以下监禁和 1 万美元以下罚金。

第五，1984 年，美国国会通过了《综合犯罪控制法》（*Comprehensive Crime Control Act*），其中规定，只要将部分财产和土地用于种植大麻，政府就可以对其土地或财产全部予以没收。

第六，1986 年，美国国会通过了《反毒品走私法》（*Anti Drug Smuggling Law*），规定，在船舶进入美国港口时，一旦发现船体的任何部位有毒品，船舶所有人及船长应自动承担赔偿责任。

第七，1988 年，美国国会通过的《反毒品议案》（*Anti Drug Bill*）中首次明确规定，对贩毒集团的头目可以判处死刑。

第八，1990 年，美国国会通过了《禁止麻醉品补充法》（*Prohibition of Narcotic Supplement Law*），规定限制毒品犯罪者享受社会福利的权利，以及可以对毒品杀人犯处以死刑，

第九，为了打击与毒品犯罪有关的犯罪法人或企业，美国联邦政府还先后颁布了一系列配套法律。如：（1）《参与诈骗和腐化组织法》（*Law of Participation in Fraud and Corruption*），该法规定对任何具有诈骗等有组织犯罪行为的企业将严加惩处；禁止非法企业和合法企

业混搅在一起，只要证明两者发生过两次"混搅"的事实，即可认定前者为"参与诈骗企业"，后者为"腐化企业"并予以惩处。（2）《受控物品法》（*Controlled Substance Act*）和《综合犯罪控制法》（*Comprehensive Crime Control Act*）中规定，在与毒品有关的案件中，可根据"相对证据"——即足以使法庭作出"可能"有罪的结论而不一定是"毫无疑问"的罪证，而对有关罪犯定罪，并没收财产。（3）《银行保密法》（*Banking Secrecy Act*）中规定，银行应向执法部门通报任何超过 1 万美元的交易，或者每年多于 10 万美元的系列交易，以控制非法组织的逃避措施。

　　在地方政府方面，美国各州的非刑事法规对于毒品犯罪大都作了较为详尽的规定，例如加利福尼亚州的《健康与安全法》（*Health and Safety Law*）中规定，占有；为销售而占有；运输、传递；成年人引诱未成年人参与毒品活动；种植；开设或经营吸毒场所；伪造毒品处方；吸毒等均属违法行为。纽约州的《征收吸毒者罚金法》（*Law of Impose Fine on Drug Addicts*）中规定，毒犯一旦被控诉，可罚款 1 万—10 万美元。该州 1973 年通过的《反毒品法》（*Law of Anti Drug*）中还规定，凡被证明交易毒品或拥有毒品有罪的人将受长期监禁；出售 1 盎司或拥有 2 盎司麻醉品的犯罪人，将被施以 15 年至 25 年的监禁；对于吸毒者，可处 1 万美元以下罚款；法官有权剥夺吸毒者享受联邦政府提供的大多数福利待遇的权利。

　　不难看出，自 1914 年美国颁布第一部联邦禁毒法《哈里森麻醉品法》以来的一百多年间，尤其是 20 世纪 70 年代初尼克松政府提出"向毒品宣战"之后，美国历届政府为遏制毒品泛滥做出了巨大的努力，付出了巨大的人力财力资源。目前，美国联邦政府每年用于打击毒品犯罪的专项拨款不断攀升。2015 年，这项联邦预算已高达 180 多亿美元，仅与 20 世纪七八十年代相比，这项预算就已上升了 20 多倍。① 然而，美国政府却从未打赢过这场与毒品的战争。近百年间，

---

① Anna M. Kasunic, "Marijuana Legalization: Lessons from the 2012 State Proposals", *World Medical & Health Policy*, 2012, (4): pp. 32 – 34.

尤其是最近三四十年来，美国的毒品犯罪虽在某些阶段因政府政策的变化与调整而有起有落，但其基本状况和总的趋势却从未发生过根本性转变，美国联邦政府和国会两院曾信誓旦旦地向全世界宣示的要在20世纪末以前让美国"没有毒品"（A Drug-free America）的目标已经彻底落空。美国拥有当今世界上最先进的科学与技术，拥有美国人自诩为全世界最完善的政治、民主和司法制度。那么，美国民众和政府为什么会在吸毒这个纯粹人为的反道德、反法律的罪恶面前束手无策呢？

二 禁毒的未来走势

从以上分析可以看出，毒品犯罪是一个复杂的社会问题，它与国家的政治、经济、法律乃至文化、传统、思潮等因素息息相关。就美国的吸毒问题而言，在其由个别行为发展成群体行为，由医学意义的药物滥用转化为瓦解社会的严重犯罪的过程当中，社会经济与社会思潮对它的影响从来都是最为巨大的。从这个视角和判断来看，当今正处于社会经济形态、社会思潮、人们的价值取向剧烈变革与重塑过程之中的美国，其毒品犯罪的前景是不容乐观的。

毒品危害着美国人的身心健康，威胁着美国的前途命运，这是绝大多数美国人的共识。然而，如何控制毒品的蔓延，怎样才能消除导致吸毒的社会因素，这在美国仍然是一个莫衷一是的问题。美国的反吸毒斗争面临着重重障碍，其真正原因不仅在于政府实施的具体对策上存在诸多疏漏与缺陷，更重要的还在于一些根本性的掣肘因素，比如个人权利与自由的不断扩大、社会矛盾和分裂的日益加深，等等。美国禁毒对策几十年来难以奏效的事实表明，不能就事论事地去单独寻找遏制吸毒和毒品犯罪的具体办法，因为毒品问题是与其他社会问题紧密相连的一部分。只有将反毒品与反失业、反贫穷、反歧视、反不公平等等社会工程配合起来进行，吸毒问题和毒品犯罪才有可能真正得到有效遏制。

第四节　大麻合法化浪潮构成的冲击与伤害

在美国，毒品有"软性毒品"和"硬性毒品"之分。"软性毒品"主要包含大麻、摇头丸、KEN 粉等，而"硬性毒品"则主要指海洛因、可卡因、冰毒等。"硬性毒品"服食后会出现显著的幻象、强烈的快感等，服用一段时间后会产生较明显的生理和心理上的双重依赖，具有较强的药物作用和成瘾性；而"软性毒品"如大麻等，其药物反应和成瘾性等效果均相对较低。近年来，作为"软性毒品"的大麻其是否应被合法化的问题再度成为美国社会激烈争论与关注的一个热点议题。

一　大麻合法化的缘起、特点与走势

问题的缘起要追溯到 20 世纪末的 1996 年。当时，美国排名第一的人口大州——加利福尼亚州政府在全美率先颁布了《医用大麻合法化》（*Legalized Medical Marijuana*）法案，允许某些病人"在有医生建议证明的前提下，持有和使用大麻"。[①] 这项立法的实施使加利福尼亚州成为有史以来全美第一个使大麻的使用"部分合法化"（Partly Legalize Marijuana）的州。[②] 此举是一个具有里程碑意义的重大事件。依据现行美国联邦法律，大麻属于违禁药物，即毒品；吸食大麻，无论是出于何种用途都是违法行为。加利福尼亚州政府的这项举措不仅与联邦法律相抵触，而且也使全美近六分之一的人获得了在某种借口之下可以吸食毒品的自由。[③] 这既是对联邦法律的直接挑战，也是对

---

① Kathleen Ferraiolo, "Morality Framing in U. S. Drug Control Policy: An Example From Marijuana Decriminalization", *World Medical & Health Policy*, December 2014, Volume 6 (Issue 4), p. 348.

② 美国的大麻合法化大体分为两个层次，其一是"医用合法化"或称"部分合法化"，即允许使用者在有医生建议证明的前提下使用大麻；其二是"娱乐用合法化"或称"全面合法化"，即不对大麻的使用规定前一项前提条件，但一般规定不允许未成年人使用，也不允许在公众场所使用等。

③ 尽管加利福尼亚州的《医用大麻合法化》法规要求大麻吸食者须持有医生的建议证明书，但此规定在实际操作中难以严格执行，因为何种病况需用大麻来加以缓解并无确定及统一的标准，甚至一般的头痛等都可能设法获得医生开具的使用建议书。

传统的主流道德价值观的颠覆。虽然美国朝野各界对此举褒贬不一，但是加利福尼亚州的"创举"还是在全美产生了示范作用和多米诺骨牌效应，带来了大麻合法化浪潮对美国社会的新一轮冲击。在其后十几年的时间里，举行解禁大麻选民公投或者颁布实施相关立法的州不断增加。截至2016年底，全美50州中已有24个州允许个人因医疗目的而使用大麻。① 不仅如此，最近两年，在上述已实行了大麻"医用合法化"的24个州中的科罗拉多州、华盛顿州、阿拉斯加州等6个州又进一步以创制投票的方式通过了《娱乐用大麻合法化》（*Legalized Marijuana for Recreational Use*）议案②，走向了大麻的"全面合法化"（Fully Legalize Marijuana）③。在这几个地区的全面解禁大麻的影响下，其他许多州和城市也开始重新审视本地区现存的大麻管控立法，以作出相应的调整。与此同时，多个州近期的民意调查也显示，对全面解禁大麻持赞成态度的人数还在增加。以上发展变化表明，美国社会持续了近半个世纪之久的大麻合法化之争再次来到了一个关键性的历史节点。与前一次——即20世纪60年代中期美国曾经出现的主要由嬉皮士运动推动的轰动一时的大麻合法化浪潮相比，此次大麻合法化运动有以下几个引人注目的重要特点或不同。

第一，其势头强劲并且取得了前所未有的成果。尽管大麻合法化运动自20世纪60年代产生以来几乎从未间断过，但在20世纪90年代末之前30多年的时间里，它却从未取得任何实质性的成果——尤其是在立法层面。然而，进入21世纪特别是近几年来，大麻合法化浪潮的发展势头之强劲和影响范围之广泛，前所未有。时至今日，大麻合法化在全美将近50%的州已不再是一种时进时退的社会思潮，而是已经成为一个摆在人们面前的获得了合法外衣的实际成果。

---

① Tala Hadavi, *Medical Marijuana Legal in US Capital*, *NOA*, http：//www.51voa.com/VOA_ Standard_ English/medical-marijuana-legal-in-nations-capital-53281. Html.

② "创制权"是指公民在法定人数内可以提出立法建议案，交立法机关讨论修改或经投票直接制定为法律的权力。创制权是承认公民拥有立法提案权的一种形式。

③ Rosalie Liccardo Pacula, "Marijuana Liberalization Policies：Why We Can't Learn Much from Policy Still in Motion", *Journal of Policy Analysis and Management*, 2016, Volume 33 （Issue1）, pp. 212 – 214.

　　第二，大麻合法化的民意基础大大增强。美国独立民调机构皮尤研究中心于 2013 年 6 月 13 日发布的民调结果显示，目前有 52% 的美国人支持个人拥有大麻，支持率比 20 年前增加了 36%。[①] 这是该中心有史以来对本议题所作的全国性调查中第一次出现赞成者超过半数的情况。2013 年 12 月 3 日，盖洛普咨询公司（Gallup）也对此议题进行了全国性调查，结果显示，有 58% 的美国人认为"应该让大麻合法化"。[②] 这是盖洛普此项年度调查进行 44 年以来首次出现支持者超过 50% 的情况。由此可见，大麻合法化如今已经成为一种多数民意。

　　第三，大麻合法化支持者的年龄和种族构成大大改变，社会影响面不断扩展。美国联邦缉毒署于 2012 年 10 月发布的《麻醉品发展形势分析报告》（*The Development Situation of Drug Analysis Report*）所提供的资料显示，20 世纪末，支持大麻合法化的人主要是年龄在 15 岁至 25 岁的青少年，占到了总数的约 62%；而年龄在 26 岁至 44 岁的中青年支持者仅有约 17.3%。但截至 2012 年，中青年支持者的比例已经上升到了 30% 以上，[③] 支持者的年龄构成明显扩大。在种族构成方面，20 世纪末之前，支持大麻合法化的人群主要由非洲裔、墨西哥裔美国人等部分少数族裔构成，达到了 65% 以上的比例；白人的比例不足 20%。但到 2012 年，后者的比例已经上升到了 35% 以上。[④] 支持者的种族构成进一步均衡和丰富，社会影响面明显扩大。

---

　　①　Kathleen Ferraiolo，"Morality Framing in U. S. Drug Control Policy：An Example From Marijuana Decriminalization"，*World Medical & Health Policy*，December 2016，Volume 6 （Issue 4），p. 352.

　　②　胡志雄：《美国加利福尼亚州大麻合法化经验谈》，http：//qqenglish. com/bn/2157. html，2016 - 12 - 9/7。

　　③　Marc Fisher，"Marijuana's Rising Acceptance Comes After Many Failures, Is It Now Legaliza-tion's Time?"，*Washington Post*，February 22，2014.

　　④　Amanda Geller and Jeffrey Fagan，"Pot as Pretext：Marijuana, Race, and the New Disorder in New York City Street Policing"，*Journal of Empirical Legal Studies*，December 2010，pp. 601 - 603.

二 大麻合法化产生的社会背景与推力

自 1937 年美国联邦政府颁布《大麻税法》（*The Marijuana Tax Act*），宣布"非医用和非工业用大麻非法"之后的近 80 年的时间里，在美国联邦法律层面，大麻一直属于违禁药物；1970 年，美国国会通过《受控物品法》（*Controlled Substance Act*），将大麻进一步列入"A 类管制毒品"，与海洛因和可卡因等"硬性毒品"一道被严格管制，违反者将遭到罚款或监禁等严厉处罚。与此同时，吸食大麻与使用其他种类的毒品一样，被公众视为一种离经叛道的堕落行为，在主流社会遭到鄙视。可是，此轮大麻合法化在短时间内取得如此巨大的突破，其背后的原因何在？

（一）政治与社会思潮对大麻合法化的影响

纵观美国社会发展的轨迹不难看出，当社会处于动荡期、转型期或经济形势恶化时，美国人尤其是年轻一代美国人的政治倾向与主张就会转向更为自由、开放和叛逆。20 世纪 60 年代发生在"越战"和民权运动时期的嬉皮士运动就是一个典型的例证。而 20 世纪末以来的十几年里，美国先后出现了经济陷入长期低迷、失业率上升、金融危机爆发等状况。同时，"9·11"的发生以及由此而引发的阿富汗战争和伊拉克战争等又大大加剧了美国人对战争和恐怖主义威胁的担忧。在这样的背景和社会氛围之下，美国社会的自由主义思潮开始抬头，自由主义主张得了到越来越多人的同情和支持。在此过程中，大麻合法化、废除死刑、同性婚姻合法化等自由主义的主张逐渐形成气候，并共同构成了自由派力量的核心政治与社会诉求。近年来，自由派在推动废除死刑和同性婚姻合法化两大议题上都已取得了立法上的重大成果。2005 年 3 月，在备受瞩目的罗珀诉西蒙斯（Roper v. Simmons）一案的判决中，美国联邦最高法院以《宪法第八修正案》中的"禁止残酷和非常的惩罚"条款为主要依据，宣告对未成年人适用死刑的联邦法律违宪，从而推翻了这项实施了一个多世纪之久的死刑法律规定。[1] 推翻

---

[1] Roper v. Simmons, 543 U. S. _（2005）: 7 – 12.

对未成年人适用死刑的法律规定，标志着自由派在推进完全废除死刑的进程中取得了第一阶段的重大胜利。这为自由派的最终目标，即实现在美国完全废除死刑打开了一个突破口。① 在同性婚姻合法化议题上，2013 年 6 月，美国最高法院对美国联邦国会于 1996 年颁布的《婚姻保护法》（*DOMA*）进行裁决，以"任何法律都不能对联邦力图保护的人群的人格和尊严造成贬低和伤害"等为由，宣布"《婚姻保护法》违反了美国《宪法第五修正案》"，并以 5∶4 的投票结果裁定，禁止同性婚姻合法化的联邦法律违宪，从而废除了该法律。最高法院的这项裁决宣布仅几周之内，美国全国宣布允许同性婚姻的州便从此前的十几个猛增到 30 个。美国全国广播公司（National Broadcasting Corporation，NBC）于 2014 年 10 月所作的全国性民意调查显示，支持同性婚姻合法化的人达到了前所未有的 58%。② 皮尤研究中心针对 2016 年美国总统选举的多项议题所作的调查也显示，多数美国选民表示，他们可以接受同性恋总统；66% 的受访者说，总统是不是同性恋者并不重要。③

　　废除死刑和同性婚姻合法化两大公共议题的发展变化表明，自由派的理念和主张迎合了当今美国的社会思潮，顺应了多数民众的意愿。因此，它的成功具有一定的必然性。由于废除死刑、同性婚姻和大麻合法化三者所信奉与秉持的核心理念是一致的④，因此，在推动美国社会走向更加自由化方面，三者既殊途同归又彼此促进。事实上，废除死刑和同性婚姻合法化取得重大进展的年代同时也是大麻合法化运动迅速推进之时，废除死刑和同性婚姻合法化的推进与成功所营造的强烈的自由主义的政治与社会氛围，无疑为大麻合法化在近年来的加速蔓延提供了适宜的环境和土壤。

---

　　① 张鸿巍：《浅析美国未成年人案件社会调查制度》，《河北法学》2014 年第 5 期，第 131 页。

　　② 陈婧：《美国民众对同性婚姻态度趋于宽容》，《中国青年报》2013 年 3 月 29 日。

　　③ 郝斐然：《美国同性婚姻合法化潮流果真势不可挡》，http://news. xinhuanet. com/world/2014 - 07/05/c_ 126711590. html。

　　④ 三者所秉持的共同理念是：尊重生命的价值和个人的自由选择，遵从个体的内心意念和倾向，追求不同的人生体验和多元化的生活方式。

（二）经济因素对大麻合法化的影响

经济因素是大麻合法化得以迅速蔓延的重要推手。20 世纪末以来，经济的长期低迷使美国许多州的财政收入逐年减少，特别是从 2008 年金融和经济危机爆发之后，美国许多州的财政出现了赤字，同时失业率大幅度增加，给州政府的运营和社会的稳定带来巨大压力。在这种情况下，在开源节流的驱动下，一些州政府便把目光投向了大麻产业，因为该产业的潜在产值巨大。

第一，在产业直接收益方面。据科罗拉多州大麻工业集团（Colorado's Marijuana Industry Group）于 2014 年发布的一项市场调研报告披露，2013 年，美国大麻合法化的州其大麻产业的直接收入接近年 16 亿美元。随着大麻合法化的州越来越多，该报告估计，到 10 年后的 2023 年，美国大麻产业的年收入将会接近 300 亿美元。①

第二，在收税方面。由于大麻与酒精和烟草一样属管控性物品，因此，美国税法对大麻的生产和销售企业征收重税，并规定其不能享受其他企业所享有的税收减免。此外，美国《联邦税法》280E 条款规定，对大麻企业征收的有效税率为 50% 以上。如此高额的税收使大麻可以成为一些州财政收入的一项重要的来源和补充。以目前已经完全放开了大麻的种植、销售和使用的科罗拉多州为例，由于该州对大麻的销售征收高达 25% 的销售税，约是其他商品 2.9% 销售税的 9 倍，该州于 2014 年起实现大麻合法化后，预计今后每年都将给州政府带来近 6000 万美元的税收。再以华盛顿州为例，据该州金融管理办公室的经济专家预计，在完成大麻全面合法化后，可在今后五年给州政府带来约 6.37 亿美元的税收收入。②

第三，在带动相关产业和增加就业机会方面。研究美国政府公共政策的权威机构卡托研究所（Cato Institute）于 2012 年 8 月发布的一份研究报告指出，大麻合法化将会带动美国其他相关产业的发展，在

---

① Trevor Hughes, "Colorado Sued by Neighboring States Over Legal Pot", *USA Today*, Http：//www. usatoday. com/story/news/nation/2014/12/18/colorado-marijuana-lawsuit/20599831/.

② Jeff Swicord, "Washington, D. C. Moves Toward Marijuana Decriminalization", *VOA*, http：//www. 51voa. com/VOA_ Standard_ English/54860. html, 2014 – 2 – 10/.

农业、包装、营销、广告等行业新增数以千计的就业机会。对于像加利福尼亚州这样深受巨额财政赤字和失业率困扰的美国许多州来说，解禁大麻无疑是一项可解燃眉之急的选择。该报告甚至预言，合法化的大麻产业很可能会成为美国的下一波新兴产业。[1]

主张大麻合法化的人士认为，美国联邦政府的"禁麻"政策完全是多此一举。一方面，大麻合法化可以为各州带来可观的税收等收入，弥补财政赤字，增加就业机会，激活相关产业；另一方面，把大麻的产销和使用从暗处移到明处，从非法变为合法，还可以使执法部门节省不必要的"禁麻"执法开支，把宝贵的财力和人力投入到管控和消灭真正的毒品和其他犯罪中去。这才是明智的选择。

（三）执法司法因素对大麻合法化的影响

美国国会于 1970 年通过的《受控物品法》规定：凡种植、销售或拥有大麻均为触犯联邦法律之行为；种植或销售大麻或出于销售目的而拥有大麻者可依重罪处罚。由于有这样的法律存在，因此，美国联邦政府每年都要拨出大笔款项用于对大麻违法行为的管控、查办等执法工作。然而，这些举措不仅实际效果甚微，而且还使依据联邦法律所进行的大麻执法本身日益陷入困境。

第一，执法成本过高，难以为继。美国国家毒品滥用问题研究所（National Institute of Drug Abuse Research）于 2014 年提供的数字显示，过去十年中，联邦政府用于禁止大麻的种植、销售和使用等方面的开支每年都在 300 亿—400 亿美元之间，仅此一项的费用就吃掉了联邦政府每年用于犯罪执法全部经费的约 15%。[2] 而且，随着实施大麻合法化州的不断增多，而州与联邦间相关法律上的冲突又依然存在，因此，联邦政府的大麻执法工作的难度将会不断加大，所需的费用也必然会日益增长，成本负担不断加重。早在 2012 年，美国联邦警局

---

① Sam Stebbins, Thomas C., "Frohlich and Michael B. Sauter. The Next11 States to Legalize Marijuana", *USA Today*, https：//www. usatoday. com/search/The% 20Next% 2011% 20States% 20to% 20Legalize% 20% 20Marijuana/.

② Caulkins J. Hawken, *Marijuana Legalization：What Everyone needs to Know*? N. Y. ：Oxford University Press, 2012, pp. 231 – 232.

（United Marshals Service）就在其提交给司法部的年度报告中提出了资金缺口问题，并警告说：如果资金短缺问题不能及时解决，现有的大麻执法工作力度将无法维持。

第二，法律的威慑作用甚微，导致监狱人满为患。联邦法律对大麻违法犯罪者的惩罚力度不可谓不强，《受控物品法》规定，可对大麻违法者判处最高 25 万美元的罚款或 5 年的监禁。然而，如此严苛惩罚的威慑作用却并不明显，全美涉及大麻违法犯罪的人数每年都在增加。美国司法部所属司法统计局（Bureau of Justice Statistics）于 2014 年提供的数据显示，从 2003 年至 2013 年的十年里，因涉嫌大麻违法犯罪而被捕的美国人约为 830 万人，其中约 80% 的人只是因为拥有少量自用大麻而遭逮捕；截至 2013 年底，全美有大约 21.4 万人因大麻罪而被判入狱，被羁押在州或联邦监狱。[①] 这 21.4 万人的数字相当于其他各类毒品犯罪入狱者数字的总和。也就是说，在美国的各类毒品犯罪中，大麻犯罪者的人数是最多的，被判入狱的人数也是最多的。这无疑加剧了美国监狱人满为患的状况，不仅耗费了大量的人力、物力，也不利于监狱的管理和犯人的康复。近年来，在经历财政危机之后，许多州的司法部门都提出了减少监狱中的非暴力犯人数量，缓解司法压力的建议。

第三，大麻执法与保护人权构成冲突。美国《宪法第四修正案》规定，公民的人身、住所、文件和财产所有权不受无理搜查和没收的侵害；只有在拥有足够证据的情况下并得到司法部门的批准，才能发出搜查令，对指定的地点、人和物品进行搜查。然而，在大麻执法中，因为大麻犯罪，例如贩卖和购买大麻是一种"无被害人犯罪"——即大麻买卖的双方都是自愿的，不存在"受害人"，因此执法者也无法从"受害人"那里取得证据；而且通常情况下，吸毒与贩毒还是一种共谋关系，吸毒者往往是不会提供贩毒者的贩毒证据的，因为那样做对他本人并不利。所以，在大麻执法中要想取得足够

① Caulkins J. Hawken, *Prison Population Counts. Bureau of Justice Statistics*, http://www.bjs.gov/index.cfm? ty = pbse&sid = 40.

的证据对贩毒者发出搜查令是非常困难的。此外，美国《宪法第四修正案》还规定，违反该修正案而非法获得的证据将不被作为刑事审判的证据。这进一步为贩卖大麻案的调查取证设置了障碍。为了遏制大麻等毒品犯罪的上升势头，来自内布拉斯加州的国会议员阿德里安·史密斯（Adrian M. Smith）5 年前曾提议在对贩毒案进行调查时，不必要求执法人员一定要取得搜捕令，但该提议遭到了绝大多数国会议员的反对，他们担心公民的自由权因此而遭到践踏。执法与保护公民权之间存在的尖锐矛盾，使联邦执法机构难以有效应对大麻的违法犯罪。

由于美国政府禁止大麻的经济与社会成本远远超过大麻本身所带来的社会问题与危害，而美国政府对大麻的过度司法干预反而又衍生出了更多的犯罪行为，使联邦和各州的司法机构难堪重负。因此，近年来美国政府在"禁麻"问题上所受到的政治层面牵制不断增大，同时也日益成为一些选民攻击和否定持"禁麻"立场的政治候选人的理由，由此又迫使一些候选人改变或隐藏自己的"禁麻"立场，造成公开支持大麻的政客不断增多，而持相反立场的人越来越少，甚至奥巴马总统本人也公开表示不应把吸大麻再当作是一种"社会病"。① 可见，美国联邦政府在禁止大麻上的执法司法努力事实上已很难达到其预期目的，作出改变势在必行。

（四）宪政制度因素对大麻合法化的影响

美国是联邦制国家，在联邦即中央政府层面实行"三权分立"，相互制衡；在联邦与地方政府的关系上，联邦的权利是有限的，而各州有很大的自主权，除了外交和军事事物之外，其他一切均由各州自主施政，州几乎就是一个独立的"小国"；每个州都有自己的法律，不仅各州间的法律不尽相同，而且其法律还可以与联邦法律不同；同时，各州的执法司法人员，包括警察、检察官、法官等，是无权跨州

---

① 2014 年 1 月 19 日奥巴马在接受《纽约客》杂志采访时说，吸大麻已不像过去被认为是一种"社会疾病"。他说"我不认为大麻比酒精危险。甚至就对个体消费者的影响而言，大麻的危险性比酒精更小。"

行使权力的，凡属跨州案件，只能由联邦调查局负责处理，等等。美国宪政制度的这些规定赋予了各州以充分的自主权，然而，这样的制度设计对联邦的执法司法工作，尤其是像"禁麻"这样的事务却造成了诸多阻碍。

第一，分权制及各州立法、司法的独立使联邦政府的"禁麻"举步维艰。宪法赋予各州有权制定和实施符合本州公众利益的公共安全和社会福利等方面的法律，这些法律不仅无须与联邦的相关法律一致，而且其界定犯罪行为，包括对像持有或使用大麻这类行为是否属违法犯罪的界定，其权限均在各州所拥有的治安管辖权范畴内，并不属于联邦政府。这一规定使得一些州可以完全抛开联邦政府已有的法律规定而通过大麻合法化的相关立法，而州的这种立法行动又是在宪法所允许的范畴内，受到宪法保护。虽然美国宪法规定，当州法律与联邦法律相抵触时，州法律必须服从联邦法律；但是，同样依据宪法原则，州政府不是联邦政府的下属，没有服从联邦政府的责任和义务……因此，"联邦法高于州法"的宪法原则在大麻问题上实际上只存在于理论的层面，并无实际的约束力。从这个意义上说，美国的宪政制度客观上为联邦政府的"禁麻"设置了诸多障碍，相反，却为各州推出大麻合法化立法"开了绿灯"。

第二，分权制使行政当局与国会在"禁麻"问题上各行其是，"禁麻"工作漏洞百出。美国总统领导下的行政当局和联邦国会是美国宪政体制下维持国家各方面机构有效运转的两个核心部门。然而，在"禁麻"工作中双方的意图和目标并不一致。美国国会依据其制定的各项禁毒法律，特别是1970年的《受控物品法》，视大麻为"A类管制毒品"，与海洛因和可卡因等"硬性毒品"一样予以严格禁止。但是，作为联邦行政部门首长的美国总统，在大麻问题上却常常与美国国会的意志并不一致。以奥巴马总统为例，2012年，18个州和哥伦比亚特区已经推行了"医用大麻合法化"，这严重违反了国会通过的《受控物品法》。然而奥巴马在接受美国全国广播公司采访时却表示，在缉毒问题上，他的政府有"'更大的鱼要炸'（Bigger Fish

To Fry)，其重要性远远大于去逮捕在大麻合法化州的大麻吸食者。"①
2014 年 1 月 19 日，在接受《纽约客》（*The New Yorker*）记着采访时，
奥巴马更是公开表示，他认为吸大麻并不比饮酒危险；把吸大麻的人
关进监狱并不合适。这表明了他与国会在"禁麻"问题上的不同立
场。② 在三权分立的美国政治制度下，白宫虽然只是其中的行政一支，
但负责联邦执法和检控工作的联邦司法部归总统领导，总统的立场和
态度无疑具有重要的导向作用，事实也正是如此。2013 年 4 月 18 日，
美国司法部长霍德尔（Eric Holder）在众议院拨款委员会作证时表
示，司法部不反对个别州允许大麻合法化，也将不采取法律行动反对
科罗拉多州和华盛顿州将"娱乐用大麻"合法化。③ 霍德尔的态度清
楚表明，在大麻问题上，行政当局领导下的联邦司法部将默认各州的
自由而不予干预。此外，2013 年 8 月，联邦副检察长唐纳德·韦里
利（Donald Weriley）依据检控"自由裁量权"（Discretionary Power）
的原则④，授权司法部给所有联邦检察官分发备忘录，指示他们"将
有限的调查和起诉资源用于对大麻收入流入犯罪集团和引发暴力等特
定的罪行上"。以此暗示联邦检察官，可以不起诉在大麻合法化州的
一般大麻活动。

　　总统本人及其领导下的联邦司法部和检察署的这些言行与美国国
会的努力背道而驰，这大大削弱了由美国国会主导的联邦"禁麻"
法律的权威性和有效性，起到了给实行大麻合法化的各州开脱的
作用。

---

　　① David Jackson, "Obama: There Are Bigger Issues Than Marijuana", *USA Today*, ht-
tps: //www. usatoday. com/search/Obama:% 20There% 20Are% 20Bigger% 20Issues% 20Than%
20Marijuana/.

　　② 阿南：《奥巴马接受专访时称大麻危害不比酒精大》，http://gzdaily. dayoo. com/ht-
ml。

　　③ Kevin Johnson and Raju Chebium, "Justice Dept. Won't Challenge State Marijuana Laws",
USA Today, https: //www. usatoday. com/search/Justice% 20Dept. % 20Won't% 20Challenge%
20State% 20Marijuana% 20Laws/.

　　④ 自由裁量权是指在法律、法规规定的原则范围内，检察官有选择余地的处置权利。
根据这项权利，当检察官案头的案件很多时，其有权自由选择起诉哪个案件，同时搁置或
不起诉哪个案件。

（五）媒体对大麻合法化的影响

新闻媒体在大麻合法化蔓延的过程中起到了推波助澜的作用。2007 年，世界最具权威的医学杂志英国的《柳叶刀》（The Lancet）[1]发表了一篇研究论文，宣布医学专家的研究结果证实，大麻对人体的伤害尤其是对成瘾性形成的作用非常有限，指出其所发挥的作用只有大约 7%，而香烟则高达 30% 以上，酒精也超过了 20%，两者都远高于大麻。论文同时指出，大麻对于缓解某些疾病症状是更为有效的药物，并且也是足够安全的药物，尤其在治疗失眠、忧郁、中风等疾病方面，其效果十分明显。《柳叶刀》是全球影响因子最高的权威医学刊物，它刊载的这篇论文无疑从医学科学的角度给了大麻以"无害"之正名，同时也对"大麻有害健康"的传统认识宣判了"死刑"。《柳叶刀》所公布的研究结论对新闻舆论的导向产生了决定性的影响，使所有持"大麻有害论"的媒体观点顿时变得苍白无力。

另一个与大麻有关的重大新闻事件是，奥巴马于 2014 年 1 月 19 日接受《纽约客》杂志专访时所发表的言论。他声称："大麻与香烟相比并没有迥然不同之处"，"我不认为它比酒精更危险"，"把吸大麻的人关进监狱并不合适"。他的这番言论被美国各大媒体纷纷转载、传播，产生了巨大的宣传效应。

目前，不仅一些影响较小的美国报刊公开发声支持大麻合法化，甚至连《纽约时报》这样的新闻巨头也在 2014 年 7 月连续刊发数篇社论和分析文章，从大麻医学研究、临床案例分析、商业机遇发展、市场运营管理以及网上民意调查等各个不同的角度，全方位地为大麻合法化鸣锣开道。该报还不惜成本，刊登整版大麻及其购买途径的宣传广告，可谓全力以赴。而反对大麻合法化的声音近年来在美国舆论界已明显处于下风，一些对大麻合法化持否定态度的文章刊出后，常常遭到一些主流媒体的嘲笑和指责，甚至被扣上"疯狂的禁毒主义

---

[1] 英国爱思唯尔（Elsevier）出版公司出版发行的世界权威医学期刊，主要刊载原创性医学研究文章和评论，是全球影响因子最高的 SCI 刊物之一，其在医学界的影响超过了 Nature 和 Science。

者"（Crazy Prohibitionist）等帽子，其影响力越来越微弱。①

三　大麻合法化的内外影响与未来

对于美国社会而言，大麻合法化固然可以在一定程度上给十分严重的地方财政问题、就业问题以及司法执法领域中日益突出的矛盾等带来一定的缓解——这也是近年来大麻合法化思潮席卷全美的主要动因所在，但与此同时，大麻合法化给美国社会自身以及国际社会，特别是全球禁毒事业带来了诸多负面影响。

（一）大麻合法化给美国社会带来的影响

第一，大麻合法化对美国的既定禁毒国策构成重大威胁。按照美国现行联邦法律的规定，大麻是毒品之一，而"禁毒"是美国政府长期以来一直奉行的一项重要的"国策"。早在 1914 年，美国国会就通过了《哈里森毒品法》（Harrison Narcotics Act）开始依法禁毒；1937 年，罗斯福总统签署了《大麻税法》（Marihuana Tax Act）正式宣布大麻为非法；1956 年，国会通过了内容更为具体的《麻醉品管制法》（Narcotics Control Act），开始强化禁毒；1970 年，国会又通过了管控更为严厉的《受控物品法》（Controlled Substance Act），首次将大麻与海洛因和可卡因等"硬性毒品"相提并论，列入"A 类管制毒品"，并规定可对违反者施以重罚；1973 年，尼克松总统提出"向毒品宣战"（War On Drug），发起了由联邦政府直接领导的全国范围内的禁毒行动；1988 年，美国国会通过决议，宣布将在未来五年内在美国实现"没有毒品"（A Drug-Free America）的目标；小布什和奥巴马执政期间，又将禁毒与反恐联系在一起，置于政府的重要议事日程之中。大麻合法化与美国政府长期推行的禁毒政策背道而驰，它的蔓延必将逐渐吞噬百年来美国社会在禁毒问题上所取得的道德共识和法律成果。

第二，大麻合法化将使"全部毒品"合法化成为可能。毒品合法

---

① Kathleen Ferraiolo, "Morality Framing in U. S. Drug Control Policy An Example From Marijuana Decriminalization", *World Medical & Health Policy*, 2014, Volume 6 (4): pp. 365 – 367.

化主张虽然在美国社会由来已久，但是，自1914年联邦政府颁布《哈里森毒品法》依法禁毒以来，这一主张仅得到少数人的支持，尤其是从滥用毒品造成一些体育、影视明星堕落甚至死亡的事件屡见报端等媒体后，毒品合法化主张在多数美国人看来无异于一种奇谈怪论和令人生畏的狂想。直到20世纪90年代末，赞同者的比例也仅为15%左右；在立法层面也未取得任何实际成果。在这种情况下，推动毒品合法化的自由派便把目光投向了被众多美国人视为"软性毒品"的大麻，试图以大麻为突破口，最终打开毒品全面合法化的大门。

　　大麻合法化的推动者始终宣称大麻的"成瘾性"以及它对人的精神和身体的伤害大大低于海洛因和可卡因等"硬性毒品"，但是，大麻毕竟同样是一种可以使人产生心理与生理依赖的药物。美国科罗拉多州立大学酒精与毒品教育及预防系（Colorado State University's Department of Alcohol and Drug Education and Prevention）研究人员的研究结果表明，人在吸食大麻后，大麻中含有的主要药物成分THC——即"四氢大麻酚"会直接进入人体的血液，影响大脑，使人产生幻觉以及精神依赖，从而导致成瘾；同时，它还对人的循环系统造成影响，使人心率加速、反应延迟……。① 而且，大麻与其他毒品一样，同样具有抗药性，吸食者只有不断增加摄入量，才能保持吸入后的效果。这一点也与其他"硬性毒品"的特征完全一致。科罗拉多州立大学的研究人员所作的调查也证实，许多"硬性毒品"的吸食者最初都是从吸大麻开始"入门"的，大麻是他们吸食"硬性毒品"的"诱发性"或"过渡性"毒品。由此不难推论，吸食大麻的人越多，未来吸食"硬性毒品"的人也就越多。因此，如果大麻的合法化得以突破，那么"整个毒品"的合法化就将不可避免，大麻的合法化终将造成美国抵御毒品的防线彻底崩溃。美国大麻合法化运动的积极推动者，华盛顿市议会议员大卫·格罗索（David Grosso）曾经直言不讳地说："美国的缉毒之战已经彻底失败，我们要做的是治愈社会从

---

① Lynne Landsman, "Effects of state medical marijuana laws on adolescent marijuana use", *American Journal of Public Health*, 2013, (103): pp. 1543－1545.

中受到的创伤；我们绝不会止步于大麻合法化的成功，我们的目标是彻底消除政府对麻醉品的一切形式的管控，还自由于民众。"①

第三，大麻合法化将会进一步加剧美国社会的分裂。在美国，赞成和反对大麻合法化的民众以及不同的州之间在此问题上的立场严重分裂。过去几十年间，反对大麻合法化的力量一直居主导地位，是舆论的主流，并且得到了联邦政府在法律与资金等方面的支持。更为重要的是，长期以来，对于毒品，无论是大麻还是其他"硬性毒品"，美国主流社会的价值观都是坚决排斥的。吸毒，不管吸的是什么类型的毒品，都会被看作是不负责任、放纵和堕落的行为，这已是绝大多数美国人的一种基本共识。但是，如果情况持续逆转——赞成大麻合法化的力量占据上风——则必将会加大美国社会的分裂。2014 年 12月，因不满科罗拉多州颁布大麻全面合法化立法，与科罗拉多州毗邻的内布拉斯加州和俄克拉荷马州两州联合向联邦最高法院提起诉讼，要求最高法院依据国会现行法律和联邦宪法原则，撤销科罗拉多州的大麻合法化立法。而科罗拉多州则回应称，上述两州的起诉毫无法律依据，随后或将提出反诉。类似的官司和冲突还有许多。

此外，大麻合法化对于美国不同的种族和阶层的影响是有差异的，他们在此问题上的立场也明显不同。对于广大白人，特别是那些拥有未成年子女的白人家长，他们考虑更多的是大麻合法化将会给自己的子女所带来的伤害。研究表明，未成年人使用大麻会造成其成年后在智商上比不吸大麻的人低 6% 到 8%，而且这种智商上的损害是不可恢复的。② 鉴于此，拥有未成年子女的美国家长，尤其是白人家长普遍对大麻合法化持否定态度。而黑人和其他少数族裔特别是这些群体中的青少年，长期以来一直是政府"禁麻"执法的最大"受害者"，少数族裔违法青少年"再犯"率之所以高，与

---

① Rosalie Liccardo Pacula, "Marijuana Liberalization Policies: Why We Can't Learn Much from Policy Still in Motion", *Journal of Policy Analysis and Management*, 2014, Vol. 33, pp. 219 – 220.

② Anna M. Kasunic, "Marijuana Legalization: Lessons from the 2012 State Proposals", *World Medical & Health Policy*, 2012, (4): pp. 32 – 34.

美国政府的严厉"禁麻"有很大关联。① 美国司法部门在处理大麻相关指控时长期存在严重的不公平现象，处罚大多落在黑人及其他少数族裔身上，而白人违法者常常被"网开一面"。位于华盛顿的美国民权同盟（American Civil Liberties Union）于 2014 年发布的一份报告指出，虽然大麻在一些白人群体中的使用率并不比有色人低多少，但是，有色人因大麻而被捕的情况是白人的 8 倍。② 为毒品被告人作辩护律师长达 28 年的华盛顿代理律师保罗·扎克伯格（Paul Zuckerberg）指出，"禁麻"逮捕中的种族差别对待是全国性的问题，这种不公平的逮捕使黑人因犯罪记录而蒙受一生的污名，甚至使他们难以得到工作和住所。因此，大麻合法化自然得到他们的欢迎。

在不同的阶层方面，美国的"禁麻"执法司法部门对贫困者十分严苛，而中产阶级青少年吸食者则很少被关押。奥巴马在接受《纽约客》专访时指出"中产阶级的孩子不会因为吸食大麻被捕，但穷苦人家的孩子就会。而且，非洲裔和拉美裔美国人往往更为贫穷，不太可能获得资源和支持以避免过分严厉的惩罚。"③ 面对这样不平等的社会境遇，黑人与白人、穷人与富人在大麻合法化问题上的立场自然是分裂和无法取得一致的。

（二）大麻合法化对国际禁毒事业的危害

美国是全球首屈一指的毒品生产和消费大国，也是全世界最早颁布专门法律全面禁毒的国家。长期以来，美国是国际间合作禁毒的主要推动力量，与此同时，美国政府的禁毒政策也一直是全球特别是拉美地区和亚洲地区一些国家禁毒工作能否取得有效成果的重要影响性因素之一。因此，美国大麻合法化进程的不断推进和它带来的毒品需

① 梁德阔，徐大慰：《美国青少年重复犯罪的实证研究》，《河北法学》2013 年第 11 期，第 128 页。

② Amanda Geller, Jeffrey Fagan, "Pot as Pretext: Marijuana, Race, and the New Disorder in New York City Street Policing", *Journal of Empirical Legal Studies*, December 2010, pp. 606 - 607.

③ 徐东海：《美国多州推行大麻合法化》，东方网，2014 年 1 月 20 日，http://news. eastday. com/eastday/13news/auto/news/world/u7ai598862_ K4. html.

求的增加，必然会对这些地区乃至全球禁毒事业造成严重损害。

第一，大麻合法化将引发全球毒品生产与毒品走私活动的增加。由于美国是全球最大的大麻消费市场，大麻合法化后，美国国内的大麻需求预计会以每年近 3.1 倍的速度增长，大麻产业的经济总量预计每年可达 400 亿美元左右。① 如此巨大的需求以及增长规模无疑会极大地刺激全球的大麻生产和针对美国的大麻走私，这将给其他国家打击毒品生产与贩运等犯罪活动带来新的困难。当华盛顿州和科罗拉多州大麻全面合法化立法正式生效的消息传出后，美国周边一些国家的领导人，甚至远在欧洲的葡萄牙和荷兰等国司法部门的官员都纷纷表示，美国的大麻合法化政策将给他们本国严厉打击大麻走私尤其是对美国的大麻走私的努力带来破坏，因为，双方的政策已经严重背离，美国的政策对走私活动是极大的刺激和鼓励。他们将不得不考虑减少本国政府在打击大麻国际走私，尤其是对美走私方面的执法投入和财政支持力度。毒品走私活动的增加有可能再次引发全球范围内的毒品泛滥。

第二，大麻合法化将使全球禁毒的法律体系与机制面临崩溃。目前，支撑全球禁毒努力的主要法律依据和基础是 1961 年联合国制定和通过的《麻醉品单一公约》（ *Single Convention on Narcotic Drugs* ）以及 1972 年通过的对该公约的《修订议定书》。美国是这两个重要法律文件的主要倡导者和推动者，也是主要的签字方之一。目前，全世界已有 120 多个国家和地区参加了这一公约。该公约不仅确认了 20 世纪 50 年代以来出台的多项国际禁毒条约的有效性，并且大大拓宽了对毒品的管控范围，特别是首次将大麻正式确认为"毒品"，并列入条约的管控之列。该公约第五条第 5 款和第 7 款中还明确规定："签约国禁止为大麻的种植、销售、购买和持有等设立受政府管制的市场。"也就是说，任何形式的被政府认可的"大麻合法化"行为都

---

① 　D. Mark Anderson and Daniel I. Rees, "The Legalization of Recreational Marijuana: How Likely Is the Worst-Case Scenario?", *Journal of Policy Analysis and Management*, Winter 2014, pp. 221 – 232.

是违反这一国际公约的。目前，美国联邦政府面对本国国内一些州宣布大麻合法、开放大麻的销售和使用等行动却采取"不干预""不作为"的立场，这显然违背和破坏了这一国际公约。联合国毒品和犯罪问题办公室（The United Nations Office on Drugs and Crimes）执行主任尤里·费多托夫（Yuri Fedotov）于2014年11月12日对美国媒体表达了不满，他说："美国的这些立法和现有的国际公约是不相符合的，这树立了一个消极和危险的榜样。"[①] 作为主要缔约国美国的事实上的退出，将会使这一重要的国际间协同禁毒的公约名存实亡，国际合作禁毒将很难继续推进下去。

第三，大麻合法化对拉美、亚洲等毒品问题敏感地区带来新的毒品灾难。距离美国最近的拉美地区首当其冲。2013年5月17日，美洲国家组织（The Organization of American States）下属的毒品政策联盟（Drug Policy Alliance）发布了一份题为《拉美国家应解禁大麻吗?》的研究报告。报告指出，美国的大麻合法化运动已经给拉美国家的毒品问题制造了新的麻烦。近年来，该地区国家中要求"重新考虑本国的禁毒政策，放宽对大麻的限制""使涉毒行为'非犯罪化'"的呼声大大增强；同时，由大麻等毒品走私抬头所引发的暴力犯罪和社会腐败等现象明显增多。该报告认为，如不及时遏制这种发展态势，将威胁到拉美国家的社会乃至政权的稳定。[②] 该报告作出的这一结论在拉美国家引起巨大震动。报告发布后，哥伦比总统胡安·桑托斯（Juan M. Santos）以及危地马拉、洪都拉斯等国的政府官员立即表示，他们将调整本国的禁毒策略，放弃长期奉行的"向毒品宣战"（War on Drug）的政策。美洲国家毒品政策联盟执行主任伊桑·内德曼（Ethan Nadelmann）在该报告的首发仪式上也对媒体表示，美洲国家组织35个成员国目前每年用于禁毒的财政支出高达20多亿美元，对此，各国政府早已难堪重负，纳税人也对此极为不满。因此，如果

---

① Marc Fisher, "Marijuana's Rising Acceptance Comes After Many Failures, Is It Now Legalization's Time?", *Washington Post*, November 12, 2014.

② Ethan Nadelmann, "Will Latin American Nations Legalize Marijuana?", *USA Today*, http://en. so. com/s? q = will + latin + american + nations + legalize + marijuana.

美国的大麻合法化进一步波及美洲国家，给这些国家带来新的禁毒执法与财政压力，那么美洲国家也只能考虑改变现行的禁毒策略，放宽对毒品的限制。拉美地区是全球毒品生产的主产区和主要的毒品贸易集散地，拉美地区禁毒体系和防线的崩溃对全球禁毒事业的冲击将是致命性的。

在亚洲地区，该地区的"金三角""金新月"（阿富汗、巴基斯坦、伊朗交界处）一带一直是牵动全球的毒品活动热点之一。20世纪八九十年代，这一地区的毒品活动出现了与恐怖主义相结合的新动向，使毒品问题更加复杂化。2001年"9·11"恐怖袭击爆发后，美国政府开始将该地区的毒品活动，尤其是与"基地"组织有牵连的毒品生产和走私纳入恐怖主义范畴，将"毒品战"与"反恐战"融为一体。自2001年美军进入该地区以来，为了协助阿富汗等国政府消灭鸦片和大麻，以断绝"基地"组织的财源，美国政府耗费了近80亿美元的巨额财力，并多次动用军队参与扫毒。① 这些举措在一定程度上遏制了该地区的毒品生产和走私。然而今天，美国本国却在开禁大麻，放任毒品合法化蔓延。这种自相矛盾的做法使得该地区国家的政府左右为难。而美国国内加速解禁大麻的举动又进一步刺激了国际毒品市场。在这一双重因素影响下，近年来，该地区的毒品活动已经再次活跃起来，各国政府的扫毒力度却在明显减弱。联合国毒品和犯罪问题办公室于2014年12月发布的报告指出，2014年，阿富汗的鸦片产量比前一年大增17%，达到了前所未有的年产6400吨的高点。与此同时，西亚、中亚地区一些国家的大麻种植面积也达到了约42000千公顷，比2013年扩大了近4%。这些变化给亚洲地区的禁毒事业前景蒙上了巨大的阴影。

此外，由于美国文化在亚洲地区一些国家，特别是在那些曾被美军占领过的国家具有较大的影响力，因此，作为美国通俗文化内容之一的吸食大麻也对这些国家的一些人尤其是青少年产生了明显影响。以日本为例，日本警视厅于2014年12月发布的年度报告披露，2014

---

① 陆忠伟：《非传统安全论》，时事出版社2003年版，第306页。

年，日本全国共侦结大麻案要案 9018 件，收缴大麻树脂约 1400 公斤、干燥大麻约 2000 公斤，抓捕案犯 8922 人。这些数字创下了近十年日本侦结大麻要案和收缴大麻数量的最高记录。[①] 2010 年之前，日本的大麻违法犯罪发案率一直比较平稳，但 2010 年至 2014 年，也就是美国国内掀起大规模大麻合法化浪潮的同一时期，日本的大麻案也随之急剧上升。这很难说没有美国因素的影响而仅仅是一种巧合。日本警视厅的犯罪嫌疑人的口述材料显示，当被问及"是如何开始吸食大麻的"时，很多年轻的犯罪嫌疑人都表示，他们是通过美国电视剧或美国电影了解到大麻为何物的；而在美国的一些电视剧和电影中，"大麻和香烟差不多"，"大麻对人无害"，"大麻可以让人轻松"等言论并不少见。其影响显而易见。

（三）大麻合法化未来走势

大麻合法化以及围绕着它的争论目前虽然还不能说已尘埃落定，但是，这轮浪潮推进之迅猛、取得的成果之显著，令人惊叹。如果促成目前这一结果的政治思潮、社会氛围，经济驱动、司法压力、制度掣肘、民意基础等各种主客观因素没有质的改变，那么大麻合法化的继续推进就是一种必然，是难以逆转的。从最新的种种迹象来看，形势的发展仍然十分有利于大麻合法化浪潮的继续蔓延。

第一，来自各州的大麻合法化主观意愿依然强烈。在目前还没有实现大麻合法化的 27 个州当中，俄克拉荷马州、印第安纳州的议会已明确表示，要考虑将大麻合法化议题列入 2016 年的选民投票。仍未合法化的州目前主要集中在东南部和南部地区，一旦俄、印这两个东南部州被突破，那么大麻合法化的辐射作用就可能将整个东南部地区逐渐囊括。按照目前的发展节奏预测，到 2020 年，美国大麻合法化的州（包括医用及娱乐用大麻）将会到达到 37 个，即美国 73% 的州都将实现大麻合法化。[②]

---

① 周立民：《日本毒品滥用的历史和现状》，《中国药物依赖性杂志》2015 年第 3 期，第 23 页。

② Kathleen Ferraiolo，"Morality Framing in U. S. Drug Control Policy An Example From Marijuana Decriminalization"，*World Medical & Health Policy*，2014，Volume 6（4）：pp. 365 – 367.

　　第二，大麻合法化程度加深的动力强大。在目前已经实现了"医用"合法化但尚未实现"娱乐用"合法化的州当中，加利福尼亚州、夏威夷州、马里兰州、新罕布什尔州推动实现"全面合法化"的动力十分强劲。特别是面临每年 400 多亿美元财政赤字的加利福尼亚州，大麻"全面合法化"后预计可带来的每年近百亿美元的收入、数以千计的就业机会以及近 18% 的执法成本的降低等[①]，对于开源节流是眼下当务之急的加利福尼亚州政府来说，显然是一个难以抵挡的诱惑和无法回避的选择。事实上，这种巨大的诱惑并非只摆在加利福尼亚州人面前，经济利益的驱动无疑会使更多的州迈向大麻"全面合法化"，从而使美国全国大麻合法化的程度不断加深。

　　第三，遏制合法化的法律基础正在塌陷。目前，联邦政府施行的"禁麻"政策的主要法律依据是 1970 年国会通过的《受控物品法》。但是，美国国会在 2014 年 12 月 3 日通过的 2015 年联邦政府开支法案附加条款中，却作出了一个出人意料的调整。该附加条款规定："联邦缉毒人员不得在已通过医用大麻合法化法律的州采取针对医用大麻的缉毒行动。"[②] 这一调整传递了一个重要的信息，即在是否应允许大麻合法化的博弈中，美国国会已开始后退，并将屈从于州而不再坚持自己制定的"禁麻"法律。美国国会的这一自我否定之举不仅严重动摇了"禁麻"力量的"军心"，并且也使它们面临最终丧失"禁麻"法律基础的灭顶之灾，加之美国司法部长霍德尔已在 2013 年的国会作证时明确表示，司法部将不采取法律行动反对"娱乐用大麻合法化"等等，这些表态和调整无疑已在法律上给大麻合法化"放行"。

　　第四，禁毒中的"反恐"使命大大优先于遏制大麻泛滥。"9·11"之后，美国的禁毒工作重点逐步转移到了主要防止毒品资金流入恐怖组织手中，阻止"毒恐结合"的目标上。小布什执政期间，推

----

　　① Rosalie Liccardo Pacula, "Marijuana Liberalization Policies: Why We Can't Learn Much from Policy Still in Motion", *Journal of Policy Analysis and Management*, 2014, Vol. 33 (1), p. 224.

　　② 张业亮:《大麻合法化何以在美国蔓延》,《世界知识》2015 年第 3 期, 第 35 页。

行"重心外移"的禁毒策略，把人力和财力重点投向了打击阿富汗和巴基斯坦方向与塔利班等反美恐怖组织有关的毒品贸易活动上，国内的禁毒问题被大大忽视。奥巴马执政后继续延续了这一战略调整。2012年12月，奥巴马接受美国广播公司记者采访，在谈到美国国内的大麻合法化问题时，奥巴马明确表示，他的政府有"'更大的鱼要炸'，其重要性远远大于去逮捕在大麻合法化州的大麻吸食者。"这表明，遏制大麻合法化如今仍然不在美国政府的重要议事日程之内。

第五，大选之年大麻合法化或将加速蔓延。2016年的美国大选即将来临，作为社会热点议题之一的大麻合法化是政客们无法回避的问题，同时也是他们吸引公众的注意，争取选票的一个现成的"抓手"。在自由主义思潮成为当今社会主流的大环境下，恐怕没有哪一个总统候选人会逆流而动，站出来公开反对大麻合法化。相反，他们很可能会顺水推舟，利用"大麻牌"来争取选民尤其是年轻人的选票。从下届总统候选人大热门希拉里不久前高调现身，站出来为同性婚姻合法化造势一事，便可以看出自由派的主张将会在大选之年进一步得势的端倪。政治家们的选战策略将会在客观上对大麻合法化起到推波助澜的作用。

纵观美国大麻合法化的发展历程不难看出，州政府是决定性的力量，它引导和左右了联邦政府的决策与执法司法。因此，在大麻合法化问题上，如果州政府有使其合法化的意愿，那么联邦政府就无法阻挡这个进程。当然，联邦政府的权利也是不容侵犯的，它同样受到宪法的保护。因此，这场博弈的最终出路恐怕只有一条，这就是"妥协"，即美国国会重新修订大麻种植、使用、持有和出售的相关法律，就像1933年其对禁酒令所作的修订一样；而各州政府则参照联邦法律的基本原则，制定符合本州利益的大麻法律、法规。实现这样的妥协可能需要时间和进一步的博弈，但从目前来看，这是解决美国大麻合法化问题的最现实的方案。事实上，美国历史就是一部各种力量之间不断进行妥协的历史。

第四章　网络犯罪的发展与应对策略

随着互联网技术日新月异的发展，美国在国家安全、经济发展和科技进步等方面对网络的依赖愈发严重。目前，网络空间仍处于无政府状态，缺乏中央权威。① 尽管新技术使得人们在效率、生产力和通信等方面获得巨大的收益，但新技术也会产生脆弱性并威胁技术发达的国家及其公民。② 技术安全的脆弱性和网络的广泛运用已经成为网络战、网络间谍和网络犯罪的两大根源。③ 随着美国网络安全脆弱性的不断增加，如何应对数字时代的挑战是美国政府必须面对的问题。鉴于美国国内外安全形势的变化和网络空间行为体行动方式的变化，2015 年以来，美国调整了自己的策略来应对网络安全新挑战。这些政策涵盖政治、经济、外交和军事等各方面，体现了美国政府对网络安全问题的综合判断。

第一节　网络犯罪对美国网络安全造成的损害

2016 年 2 月，美国政府发布《网络安全国家行动计划》（*Cybersecurity National Action Plan*，*CNAP*）。该计划指出，那些"希望伤害美

---

① Ryan David Kiggins, *US Leadership in Cyberspace：Transnational Cyber Security and Global Governance*, Berlin：Springer, 2014, p. 163.

② Nat Katin-Borland, "Cyberwar：A Real and Growing Threat", in Sean S. Costigan and Jake Perry Editors, *Cyberspaces and Global Affairs*, England：Ashgate Publishing Limited, 2012, p. 3.

③ Gary McGraw, "Cyber War is Inevitable", *The Journal of Strategic Studies*, Vol. 36, No. 1, 2013, p. 109.

国的罪犯、恐怖分子和国家都已经认识到对美国的在线攻击要比直接攻击更容易"。笔者认为，美国政府的这个判断是基本正确的，网络犯罪、网络恐怖主义和某些网络大国构成了目前美国在网络空间面临的主要挑战。

一　网络犯罪呈现更大的破坏性

2015 年，美国的网络犯罪上了一个台阶。个人数据的价值被越来越看好，大量的个人数据被泄露。由于网络犯罪专业化和组织化程度的提升，政府部门、企业或组织无法确保不被黑客入侵。2015 年 2 月，美国第二大医疗保险公司安塞姆（Anthem）遭到黑客攻击，8000 万个人信息被偷窃，丢失的数据包括用户姓名、出生日期、医保号码和社会安全号码等。[1] 2015 年 3 月，美国保险公司普雷摩拉蓝十字（Premera Blue Cross）宣布该公司的网络系统受到攻击，1100 万人的信息可能泄露，泄露的数据包括顾客的姓名、社会安全号码、银行账户和报销信息等。[2] 美国联邦人事管理局（Office of Personnel Management，OPM）数据泄露案更是令人震惊，2015 年 6 月，该单位称其数据库遭受网络攻击，约 420 万联邦政府雇员隐私数据被窃；2015 年 7 月，另一起黑客入侵又被确认，2150 万人的个人信息被泄露，包括他们的地址、就医记录和财务记录等。[3] 该事件直接导致联邦人事管理局局长凯瑟琳·阿奎莱拉（Katherine Archuleta）引咎辞职。

个人数据泄露事件频发的主要原因是互联网地下产业链的经济利益。个人数据盗窃在美国是犯罪行为。相比其他地方，身份数据在互

---

[1]　Joseph R. Swedish, *A Letter from our CEO*, February13, 2015, https：//www. anthemfacts. com/ceo.

[2]　*Premera Blue Cross Says Data Breach Exposed Medical Data*, March 17, 2015, http：//www. nytimes. com/2015/03/18/business/premera-blue-cross-says-data-breach-exposed-medical-data. html.

[3]　Julie Hirschfeld Davis, *Hacking of Government Computers Exposed21. 5 Million People*, July 10, 2015, http：//cn. nytimes. com/usa/20150710/c10breach/en-us/.

联网上更容易受到攻击。① 黑客市场甚至比非法毒品交易利润更大。2015 年，通过网络攻击窃取个人数据的案件占当年全美国个人数据泄露案总量的 37.9%，为近 9 年来最高，比 2014 年增加了 8.4%。② 黑客或黑客组织利用技术手段对政府或企业网络系统进行攻击，然后将获得的用户信息拿到黑客市场上销售。个人数据有时候比偷来的信用卡价格更高，因为发生网络侵袭一段时间后，信用卡数据就会失效，而个人数据有效期会更长。近些年来，网络黑客市场的参与者也发生了变化。一方面，个人的单打独斗逐渐变为有组织的活动。2005 年前后约 80% 的参与者是个人，如今 80% 的参与者是组织。③ 组织可以把有不同技能的人整合起来，攻击更大的目标并获取更大回报。另一方面，参与黑市活动的黑客的技术水平也不断提高。只要有对数据的需要，就会有人来提供服务。一些高水平黑客不需要雇人来逆向编程或创建漏洞就能解决问题。

网络犯罪的破坏性不仅表现在偷窃信息数据，损害物理设备也成为了攻击的目标。联邦调查局（Federal Bureau of Investigation，FBI）前任常务助理局长、现任网络安全公司克劳德司特莱克公司（Crowdstrick）总裁的肖恩·亨利（Shawn Henry）称，在索尼电影公司被攻击事件中出现了对硬件的攻击，导致了物理设备的破坏。④ 这样的破坏活动加剧了网络空间的危险。2014 年底，因为索尼电影公司准备放映影片《采访》，该公司在美国的网站受到了黑客袭击。袭击者窃取了机密邮件、工资信息和尚未发行的电影，并把它们在网上

① Ted Claypoole and Theresa Payton, *Protecting Your Internet Identity: Are You Naked Online?* Maryland: Rowman & Littlefield Publishers, Inc., 2012, p. 99.

② Identity Theft Resource Center, *Identity Theft Resource Center Breach Report Hits Near Record High in* 2015, January 25, 2016, http://www.idtheftcenter.org/ITRC-Surveys-Studies/2015databreaches.html.

③ Lillian Ablon, Martin C. Libicki & Andrea A. Golay, *Markets for Cybercrime Tools and Stolen Data: Hackers' Bazaar*, March 25, 2014, p. 4, http://www.rand.org/pubs/research_reports/RR610.html.

④ Center for Strategic and International Studies, *Securing Cyberspace: A Discussion on the Sony Hack Plus the Latest Threats*, p. 4, January 21, 2015, https://csis-prod.s3.amazonaws.com/s3fs-public/event/150121_Schieffer_Securing_Cyberspace.pdf.

公布。美国认为，朝鲜应该对索尼电影公司受到的网络攻击负责，但朝鲜政府予以否认。而该事件中对物理设备的攻击，体现了网络攻击手段的变化和发展。此次事件后，美国对朝鲜的网络发动了攻击，这一做法不仅体现了美国政府的报复决心，同时也反映出美国希望在数字领域产生一定的威慑。

二 网络恐怖主义活动频繁

近两年来，针对美国的网络恐怖主义活动愈加频繁。其表现形式主要有两种：一种是攻击重要的网络系统，进行窃取数据和扰乱社会生活等破坏性活动；另一种是利用网络平台进行宣传、招募、联络、筹资和组织等支持性活动。黑客组织"网络哈里发"（Cyber Caliphate）与"伊斯兰国"（Islamic State of Iraq and al Shams，ISIS）恐怖组织有密切联系。这群黑客在网络上发动袭击并鼓动其追随者入侵美国等西方国家政府和军队的社交媒体账户。2015年1月，"网络哈里发"攻击了美国中央司令部的推特（Twitter）账号和优兔（Youtube）账号。黑客在推特上留言叫美国士兵"小心点"，同时表示已掌握美方机密文件。[1] 当时，白宫及美国国防部代表称，已修改了这些社交媒体的账号密码，并加强了密码破解难度，被泄露的消息不会对美国的网络安全造成威胁。2015年11月，这群黑客劫持了超过5.4万个推特账户并在线泄露了受害者的个人信息。在这些受害者中，有美国中央情报局、联邦调查局和国家安全机构的高级官员。[2]

随着黑客组织对网络攻击有效性的认识不断提高，他们在逐步向攻击国家的基础设施方向发展。网络安全专家、芬安全公司（F-secure）首席研究官米科·哈普宁（Mikko Hyppönen）表示，他担心网

---

① Dan Lamothe, *U. S. military social media accounts apparently hacked by Islamic State sympathizers*, January12, 2015, https：//www. washingtonpost. com/news/checkpoint/wp/2015/01/12/centcom-twitter-account-apparently-hacked-by-islamic-state-sympathizers/.

② Ian Gallagher, *ISIS'cyber caliphate' hacks 54000 Twitter accounts and posts phone numbers of heads of the CIA and FBI in revenge for the drone attack that killed a British extremist*, 8 November, 2015, http：//www. dailymail. co. uk/news/article-3308734/ISIS-cyber-caliphate-takes-54-000-Twitter-accounts-Terrorists-hack-social-media-site-spread-vile-propaganda. html.

络极端分子会攻击重要的基础设施并造成严重危害。① 由于数据采集
与监视控制系统在西方的基础设施中广泛使用，对该系统的攻击不仅
在虚拟世界而且在现实世界都会产生影响。② 2015 年 5 月，亲"伊斯
兰国"的黑客们就曾威胁对美国和欧洲发动电子战。这些黑客自己不
开发攻击软件，而是利用从黑市买来的黑客工具开展行动。迄今，
"伊斯兰国"的黑客已经进行了一系列失败的网络袭击，其中包括
2015 年 10 月试图攻击美国电力公司。③ 尽管目前极端主义者的网络
攻击能力有限，但其发动攻击的强烈意愿将促使其不断提升自己，这
将对美国的国土安全构成严峻挑战。

　　除了网络攻击，恐怖组织还利用网络来发布消息、招募新成员、
获取资助并保持与支持者的联系。对于"伊斯兰国"等恐怖组织来
讲，推特是传递信息的便利工具，而泰利格莱姆（Telegram）和脸谱
（Facebook）更便于招募成员和策划行动。泰利格莱姆有一个"私密
聊天"的功能，双方发的信息可以在设定的时间内消失。尽管多数社
交媒体网站并不欢迎恐怖组织，但恐怖分子还是积极利用这些网站展
示自己。在虚拟世界里，熟悉网络技术的恐怖主义支持者通过键盘保
持着恐怖组织在网络和媒体上的曝光率。据估计，截止 2014 年底，
约有 4.6 万个推特账户公开支持"伊斯兰国"。

　　"伊斯兰国"等恐怖组织的网络宣传确实起到了一定作用。这些
恐怖组织利用网络媒体提高民众对其"事业"的重视并鼓动全球潜
在的行动者。④ 该恐怖组织一直努力招收受教育程度较低的穆斯林，

---

① Pierluigi Paganini, *Mikko Hyppönen warns the ISIS has a credible offensive cyber capability*, October 26, 2015, http://securityaffairs.co/wordpress/41438/intelligence/isis-offensive-cyber-capability.html.

② Phillip W. Brunst, "Use of the Internet by Terrorists: A Threat Analysis, in Centre of Excellence Defence Against Terrorism Edited", *Responses to Cyber Terrorism*, Amsterdam: IOS Press, 2008, p. 42.

③ Jose Pagliery, *ISIS is attacking the U. S. energy grid（and failing）*, October 16, 2015, http://money.cnn.com/2015/10/15/technology/isis-energy-grid/.

④ Catherine A. Theohary and John Rollins, *Terrorist Use of the Internet: Information Operations in Cyberspace, in Matteo Conti and Roberto Bover editors, Countering Terrorism: US Efforts and Country Cooperation*, New York: Nova Science Publishers, Inc., 2012, p. 32.

而且对于那些愿意受苦和奉献自己生命的人更是青睐。2015 年 6 月，英国一名极端伊斯兰分子在网上遇到一名美国华盛顿州的年轻女子并劝说她去叙利亚参加恐怖组织。[①] 2015 年 12 月初，美国加利福尼亚州发生恶性枪击事件，造成 14 人死亡、21 人受伤。[②] 美国情报机构的调查显示，制造血案的两名枪手可能在网上受到"伊斯兰国"的蛊惑，被洗脑后发动了袭击。

三　俄罗斯成为美国的主要威胁

根据美国国防部 2015 年发布的《网络战略》，美国认为，其所面临的国家层面的网络安全威胁主要来自俄罗斯、中国、伊朗和朝鲜。基于对这些国家的网络行动能力和战略意图的判断，2015 年以前，美国认为中国是其在数字领域的最大威胁；但 2015 年以后，美国逐渐改变观点，认为俄罗斯是比中国更强大的对手。2015 年 2 月，美国国家情报总监詹姆斯·克拉帕（James R. Clapper）向参议院提交《美国情报界全球威胁评估报告》时说："俄罗斯的网络威胁比我们之前评估得要严重。"该评估报告把高级网络攻击列为美国面临的最大国家安全威胁。报告称：对美国国家安全和经济安全的网络威胁在频率、规模、先进程度和后果严重性方面都在增强。[③] 美国政府官员称：俄罗斯黑客长期觊觎白宫、国务院、国防部非机密网络里的外交和政治资料，他们窃取了奥巴马的每日活动安排和通过国务院收发的非机密信函。俄罗斯黑客擅长研发网络间谍软件，某些与俄罗斯有关的恶意软件甚至能够渗入不经常联网的政府保密网络上的电脑。此

---

① Rukmini Callimachi, *ISIS and the Lonely Young American*, June 27, 2015, http://www.nytimes.com/2015/06/28/world/americas/isis-online-recruiting-american.html?_r=0.

② Michael S. Schmidt and Richard Pérez-Peña, *F. B. I. Treating San Bernardino Attack as Terrorism Case*, Dec. 4, 2015, http://www.nytimes.com/2015/12/05/us/tashfeen-malik-islamic-state.html?hp&action=click&pgtype=Homepage&clickSource=story-heading&module=a-lede-package-region&region=top-news&WT.nav=top-news&_r=0.

③ James R. Clapper, *Worldwide Threat Assessment of the US Intelligence Community*, February 26, 2015, p. 1.

外，美国在目前互联网治理机制中的优势地位也令俄罗斯心存不满。①

近两年来，源自俄罗斯的黑客攻击愈发频繁，手段也不断更新。2015 年 6 月，美国国防部长阿什顿·卡特（Ashton Carter）说："今年早些时候，俄罗斯黑客接近了非机密的国防部网络，近期对美国政府网络的大规模渗透要归罪于他们。"② 2015 年 7 月，由于遭到俄罗斯黑客精密的网络攻击，美国国防部参谋长联席会议的电子邮件系统被迫关闭近两周。大约有 4000 名为参谋长联席会议服务的军人和文职人员的工作受到影响。③ 美国怀疑是俄罗斯黑客通过钓鱼邮件获取了网络的进入许可。2016 年 2 月，参谋长联席会议主席约瑟夫·邓福德（Joseph F. Dunford, Jr.）在美国国会关于国防预算的听证会上提出，"我们怀疑俄罗斯针对政府、学术机构和私人网络发动了一系列行动。俄罗斯有能力潜在地对美欧的关键网络设备和国家基础设施造成巨大的损害"。④

俄罗斯是全球网络技术较先进的国家之一。俄罗斯国防部正在建立自己的网络司令部。该司令部将全面负责网络战事宜，包括攻击敌方司令部、控制系统和进行网络宣传活动。俄罗斯有较强的针对工业控制系统的渗透能力，可以对电网、交通管制系统和油气输送管网实施攻击。2015 年底的网络袭击造成乌克兰大面积停电。乌克兰官方公开指责俄罗斯发动攻击，也有美国官员认为俄罗斯参与了此事。⑤

---

① Julien Nocetti, "Contest and conquest: Russia and global internet governance", *International Affairs*, Volume 91, No. 1, January 2015, p. 117.

② Jamie Crawford, *Russians hacked Pentagon network*, Carter says, June 5, 2015, http: // edition. cnn. com/2015/04/23/politics/russian-hackers-pentagon-network/.

③ Courtney Kube & Jim Miklaszewski, *Russian Cyber Attack Targets Pentagon Email Systems: Officials*, Aug. 7, 2015, http://www. nbcnews. com/tech/security/cyberattack-pentagons-joint-staff-emails-take-system-offline-n405321.

④ Joseph Dunford, *posture statement of General joseph dunford jr. Before the*114th *congress House appropriations committee Defense subcommittee Budget hearing*, February 25, 2016, p. 6, http: //docs. house. gov/meetings/AP/AP02/20160225/104483/HHRG-114-AP02-Wstate-DunfordJ-20160225. pdf.

⑤ Evan Perez, *U. S. official blames Russia for power grid attack in Ukraine*, February 11, 2016, http://www. cnn. com/2016/02/11/politics/ukraine-power-grid-attack-russia-us/.

美国情报和国家安全官员非常重视乌克兰电网被攻击事件，他们认为这是全球首次对平民造成较大影响的网络战战例。网络安全公司泰亚环球公司（Taia Global）总裁、《网络战内幕》一书作者杰弗里·卡尔（Jeffrey Carr）认为，中国在网络空间的威胁被放大了，而俄罗斯的威胁被低估了。① 在政治、情报、军事和制度威胁等方面看，源自中国的网络威胁被夸大了，而中国面临的威胁没有得到正确评价。② 俄罗斯采用更加先进和更加秘密的黑客攻击手段，在一定程度上破坏了美国的网络防御。

第二节　美国应对网络犯罪的政策措施

为了应对近两年来网络空间出现的新情况，奥巴马政府于2016年2月9日推出了美国首个由联邦政府主导的《网络安全国家行动计划》。

一　《网络安全国家行动计划》的内容与特点

该计划全方位地阐述了美国应对网络安全挑战的具体行动方案，主要包括建立"强化国家网络安全委员会"、提高全国网络安全水平、防止威慑和破坏网络空间恶意行为、提升对网络事件的反应、保护个人隐私以及网络安全的资金保障等六个方面。③ 其中，提高全国网络安全水平是这份文件的重点，篇幅占到全文40%以上。对应的策略主要有加强联邦政府的网络安全、赋予个人权利、加强关键基础设施安全与弹性以及确保技术进步等四个方面。在这份计划书中，奥巴马提议将2017财年总统预算中的190多亿美元用于加强网络安全，

---

① Doug Bernard, *Russia Plays Big Role in Cyber Spying*, Hacking, November 17, 2014, http://www.voanews.com/content/russia-plays-big-role-in-cyber-spying-hacking/2522915.html.

② Jon R. Lindsay, "The Impact of China on Cybersecurity: Fiction and Friction," *International Security*, Vol. 39, No. 3（Winter2014, 15）, p. 44.

③ The White House, *Cybersecurity National Action Plan*, February 9, 2016, https://www.whitehouse.gov/the-press-office/2016/02/09/fact-sheet-cybersecurity-national-action-plan.

这比 2016 年的投资增加了 35% 以上，其中 31 亿美元用于更新美国联邦政府落后的电脑系统。美国政府将首次设置首席信息安全官（Chief Information Security Officer，CISO），专门负责在整个联邦政府范围内开发、管理和协调网络安全战略、政策和行动。

《网络安全国家行动计划》是一份承前启后的政策指南。它在总结奥巴马七年多执政经验的基础上，对美国在数字时代面临的问题提出了近期策略并力图将其融入长远战略中。该文件将确保联邦政府、私营机构和普通公民能够更好地掌控自己的数字安全。① 该计划书重视保护美国公民的个人身份数据。为了保护个人的在线账户，美国政府提出多因素认证的理念。该理念的宗旨是把密码和其他因素结合起来，保护公民的账户免受黑客攻击。多因素认证将是新的"国家网络安全意识运动"的核心，该运动由"国家网络安全联盟"（National Cyber Security Alliance）设计和推广。"高难度的多因素认证方法，有利于政府减少在线对社会安全号码依赖。技术融入我们的生活越深，它对我们隐私的威胁就越大。"② 为加强隐私权的保护，奥巴马还签署了设立"联邦隐私委员会"行政命令。③ 该委员会将由美国政府各部的官员组成，利用部门间的协调更好地保护公民的隐私权。《网络安全国家行动计划》的详细和周密体现了奥巴马政府在网络安全问题上的深度和经验。④ 尽管未来该计划的落实还存在变数，但它对维护美国公共安全、经济安全及国家安全将产生积极的指导意义。

---

① Michael Daniel, Tony Scott & Ed Felten, *The President's National Cybersecurity Plan: What You Need to Know*, February 9, 2016, https://www. whitehouse. gov/blog/2016/02/09/presidents-national-cybersecurity-plan-what-you-need-know.

② Theresa M. Payton and Theodore Claypoole, *Privacy in the Age of Big Data: Recognizing Threats, Defending Your Rights, and Protecting Your Family*, Maryland: Rowman & Littlefield, 2014, p. 10.

③ The White House, *Executive Order—Establishment of the Federal Privacy Council*, February 9, 2016, https://www. whitehouse. gov/the-press-office/2016/02/09/executive-order-establishment-federal-privacy-council.

④ Jon Oltsik, *My Two Cents on CNAP (Cybersecurity National Action Plan)*, Feb. 17, 2016, http://www. networkworld. com/article/3034375/security/my-two-cents-on-cnap-cybersecurity-national-action-plan. html.

二　强化打击网络恐怖主义犯罪的力度

第一，利用技术手段打击网络恐怖主义。由于恐怖组织的网络行为需要通过互联网服务供应商来实现，美国政府与国内主要的互联网提供商展开合作，利用网址、关键字或网络协议等信息传输关键点，找到恐怖组织或极端主义组织网站并将其关闭。美国安全技术部门通过开发新的防火墙、安全路由器、安全服务器等产品，对极端主义组织网站实施封锁，使那些与恐怖主义有关的信息难以在网络空间立足。目前，美国政府倾向于采取在情报部门确认恐怖组织网络成员的电话、电脑或其他数字设备后对其发动有针对性的网络攻击的方式。[①]在众多网络攻击手段中，传播"木马病毒"是一种高效的攻击措施，可以使恐怖组织的网络通信陷入大面积瘫痪。尽管从长期看，利用技术手段控制数字空间的恐怖主义信息和极端主义信息还待商榷，但从短期看，运用先进的网络安全技术遏制不良信息的效率还是很高的。

第二，在网络空间构建反恐怖主义的思想阵地。鉴于恐怖组织和极端主义组织热衷于利用某些网站、论坛及博客宣传自己的主张，美国政府采取相应的宣传政策来压制极端主义的声音。美国国务院下属的战略反恐通讯中心就专门负责制定和实施在数字空间的反恐及反极端主义的机构。2015年，该中心设立了反"伊斯兰国"的部门间工作组。该工作组以阿拉伯语、索马里语、乌尔都语和英语等语言在社交媒体平台展现原创内容，详述"伊斯兰国"逃兵的故事，该组织的恶劣生活环境、其在战场上的损失和内部分歧及反穆斯林暴行等。同时，该工作组努力传递伊斯兰世界可信赖的声音，强调西方的价值观。[②] 这种做法使得潜在于社交媒体里的极端主义支持者对该组织产生怀疑，避免他们在恐怖组织的蛊惑下越陷越深。同时，由于意识到

---

① Brian Bennett , David S. Cloud and W. J. Hennigan, "Pentagon weighs cybercampaign against Islamic State", *Los Angeles Times*, December 20, 2015, http：//www. latimes. com/world/la-fg-cyber-isis-20151220-story. html.

② Rashad Hussain, A Strategy for Countering Terrorist Propaganda in the Digital Age, June 12, 2015, http：//www. state. gov/r/cscc/releases/243877. htm.

自己在社交媒体发布言论越多，被揭露和批驳得就越深，恐怖分子和极端主义分子会有意减少自己的网络活动，从而削弱了其招募新成员和募集资金的能力。

为了有效打击"伊斯兰国"在网络空间的活动，美国国防部宣布对其发动网络战。尽管网络进攻不可能直接造成大量伤亡，但它仍可作为进行政治施压的有效手段和强力武器。① 2016 年 1 月底，美国国防部长卡特在视察美军网络司令部时，鼓励网络战士加大对"伊斯兰国"的数字攻击，持续打击该组织利用网络传播意识形态、招募武装人员以及煽动恐怖活动的行径。② 2016 年 5 月，驻伊拉克美军将领表示，美国正在对"伊斯兰国"组织发动网络攻击并取得了一定成绩。奥巴马在美国中央情报局讨论对付"伊斯兰国"组织的会议中曾表示，我们的网络行动正在破坏对手的指挥控制以及通信能力。

美军的网络攻击效果主要表现在三方面。首先，削弱"伊斯兰国"的军事指挥能力。美军网络攻击的重点是该组织的指挥系统和通信网络。美军通过让"伊斯兰国"的网络过载及信号干扰等手段，限制其联络能力。美国网络司令部曾向"伊斯兰国"的计算机网络植入软件，以监督其武装分子的行动，并且最终模仿或改变该组织指挥官的命令，引诱其武装分子前往那些容易受到无人机以及战机攻击的地点。其次，破坏"伊斯兰国"的反动宣传。美军通过网络战控制了"伊斯兰国"的网站并查封了相关的社交网络账户，有效地打击了其利用网络进行宣传、招募等行为，并阻碍了其资金的流动和转移。最后，鉴于摩苏尔和其他地区的陷落说明"伊斯兰国"有能力攻占大片领土③，美国的网络攻击也会削弱该恐怖组织对占领区人口

---

① Adam P. Liff, "Cyberwar: A New 'Absolute Weapon'? The Proliferation of Cyberwarfare Capabilities and Interstate War", *The Journal of Strategic Studies*, Vol. 35, No. 3, June 2012, p. 403.

② Lisa Ferdinando, Carter Encourages Cyber Command to Intensify Fight Against ISIL, January 27, 2016, http://www. defense. gov/News-Article-View/Article/645212/carter-encourages-cyber-command-to-intensify-fight-against-isil.

③ Daniel Byman, Al Qaeda, *the Islamic State, and the Global Jihadist Movement: What Everyone Needs to Know*, New York: Oxford University Press, 2015, p. 185.

和经济的控制能力，美军认为，发动网络攻击是美军在打击"伊斯兰国"行动中的最新尝试。[①] 从长远看，网络战将使"伊斯兰国"在现实世界和虚拟世界都更加孤立。

三　完善与国内企业的合作

2015 年以来，美国公私机构的合作更加规范，合作的水平不断提高，对遏制网络犯罪起到了积极作用。美国政府对于各类企业有着不同的合作重点。大致上，政府与网络运营企业的合作重点是获取网络情报，与网络安全企业的合作重点是构建更安全的系统，与普通企业的合作重点是网络安全知识和技能的培训以及网络威胁信息共享。

2015 年 6 月，《美国自由法》的通过使得政府利用网络运营商搜集信息的行为受到一定限制。该法的实施在一定程度上缓解了由于斯诺登泄密导致的网络运营商与美国政府间的矛盾，使双方的合作更加融洽。从长远看，《美国自由法》有利于情报机构与网络运营企业合作的可持续发展。此前，美国国家安全局等情报机构根据 2011 年的《美国爱国者法》大量收集并储存美国公民的电话记录。斯诺登事件后，包括威瑞森电信（Verizon Communications）、美国电话电报公司等网络运营商都受到很大压力，它们被指责大量侵犯公民隐私。然而，2015 年 11 月底开始实施的《美国自由法》正式终止了大范围、不加选择地监控美国国内电话记录的行为，转而对特定范围可疑人员进行监控。新法明确规定：通话数据将存储在电信公司的服务器内，政府如需调阅通话数据需要得到法院批准。[②] 此外，美国政府每年将向国会和公众公布当年搜集电话记录的次数及电话被监控的人数。

美国政府与网络安全企业的合作重点是构建更安全的系统、发现

---

① The Department of Defense, *Department of Defense Press Briefing by Secretary Carter and Gen. Dunford in the Pentagon Briefing Room*, February 29, 2016, http://www.defense.gov/News/News-Transcripts/Transcript-View/Article/682341/department-of-defense-press-briefing-by-secretary-carter-and-gen-dunford-in-the.

② Alan Yuhas, *NSA reform: USA Freedom Act passes first surveillance reform in decade-as it happened*, June 2, 2015, https://www.theguardian.com/us-news/live/2015/jun/02/senate-nsa-surveillance-usa-freedom-act-congress-live.

并消除威胁隐患。通过与网络安全企业的合作，美国针对网络犯罪的预防、侦查及取证能力都得到了不断地提升。在网络安全公司的协助下，美国执法机关破获网络犯罪案件的效率有所提高。作为著名的网络安全公司，火眼公司（FireEye）、赛门铁克公司（Symantec）及戴尔公司（Dell）等近年来都和美国联邦政府保持合作。2016年初，美国政府计划设立"国家网络安全联盟"，在私营机构的帮助下保护公民的利益。"国家网络安全联盟"将与谷歌、脸谱、Dropbox、微软等公司合作，保护广大用户的在线账户不受侵犯。该联盟还将与万事达、维萨（Visa）、贝宝（PayPal）、Venmo等金融服务公司合作来使线上交易更加安全。"国家网络安全联盟"将推动美国的国家安全意识运动，力图通过简单和可操作的手段保护美国人的在线身份信息。例如，在用户名和密码外增加指纹识别或短信发送唯一密码，使他们的账户更加安全。

对于普通企业，美国政府的工作重点是网络安全知识和防护技能的培训，并共享网络威胁信息。通过小型企业管理局、美国联邦贸易委员会以及国家标准与技术研究院（National Institute of Standards and Technology, NIST）的多方协作为一般企业的网络安全培训提供支持。例如，美国计划通过与68个小型企业管理局的地区办公室、9个国家标准与技术研究院的生产扩展合作中心和其他的地区机构为超过140万个小企业及其股东提供网络安全培训。2015年9月，美国电信和信息管理局宣布推出以漏洞披露为重点的网络安全"多利益攸关方程序"机制。这一举措的目的是通过政府提供的平台，采取自下而上的方式整合网络安全相关的企业和研究人员，共同创立应对新安全漏洞的办法。[①] 到2015年12月，该工作机制已经开会两次。2016年2月，美国国土安全部和司法部联合发布了《帮助非联邦实体与联邦实

---

① *Deputy Assistant Secretary of Commerce for Communications and Information Vulnerability Research Disclosure Multistakeholder Process*, Berkeley, California, September 29, 2015, https://www.ntia.doc.gov/speechtestimony/2015/remarks-deputy-assistant-secretary-angela-simpson-vulnerability-research-disclo.

体共享网络威胁指标和防御措施指南》。① 该文件被用来指导私营企业如何接收和使用网络威胁指标、如何分享政府信息，以利于政府更高效地执行《网络安全信息共享法》。

通过设立新的机构，美国政府使公私合作更加规范化。2016 年 2 月 17 日，白宫宣布成立"网络安全促进委员会"。前白宫国家安全事务助理汤姆·多尼隆（Tom Donilon）担任该委员会主席，国际商业机器公司（International Business Machines Corporation，IBM）前首席执行官彭明盛（Sam Palmisano）担任副主席。根据奥巴马此前发布的总统令②，该委员会最多将由 12 人组成。网络安全促进委员会的工作包括研究如何确保联邦政府数据库运行安全，如何提升政府部门软硬件水平，如何推动政府更高效地与金融、基础设施等关键经济部门开展合作，如何及时并持续地为民众更新信息等。③ 针对上述问题，该委员会于 2016 年 12 月之前向联邦政府提交报告。多尼隆擅长从国家安全角度审视网络入侵的危害，而彭明盛能提供私营机构的专业知识，两人合作体现了政府与企业的融合。网络安全促进委员会的成立将鼓励联邦、州和地方政府与私营机构的伙伴关系④，有助于各方共同推动网络空间的环境改善，从而提升美国国家安全。

---

① The Department of Homeland Security & The Department of Justice, *Guidance to Assist Non-Federal Entities to Share Cyber Threat Indicators and Defensive Measures with Federal Entities under the Cybersecurity Information Sharing Act* of 2015, February 16, 2016, https：//www. us-cert. gov/sites/default/files/ais_ files/Non-Federal_ Entity_ Sharing_ Guidance_ ％28Sec％20105％28a％29％29. pdf.

② The White House, *Executive Order—Commission on Enhancing National Cybersecurity*, February 9, 2016, https：//www. whitehouse. gov/the-press-office/2016/02/09/executive-order-commission-enhancing-national-cybersecurity.

③ The White House, *Remarks by the President on the Cybersecurity National Action Plan*, February 17, 2016, https：//www. whitehouse. gov/the-press-office/2016/02/17/remarks-president-cybersecurity-national-action-plan.

④ The White House, *FACT SHEET：Cybersecurity National Action Plan*, February 9, 2016, https：//www. whitehouse. gov/the-press-office/2016/02/09/fact-sheet-cybersecurity-national-action-plan.

四　国际领域的防范遏制与接触合作并举

在国际社会，美国针对不同的国家采取了灵活的对策方案。为了防范并遏制俄罗斯黑客的网络攻击，美国采取了一系列措施。

首先，通过新闻媒体或网络科技公司的报告，披露有关俄罗斯黑客的攻击事件，给俄罗斯政府、黑客组织或个人施加压力。例如，2016 年 6 月，美国主流媒体报道了俄罗斯黑客攻击美国民主党全国委员会的消息。通过入侵，俄罗斯黑客获取了民主党竞选对手唐纳德·特朗普的研究资料。负责调查该起事件的网络安全公司克劳德司特莱克公司（Crowd Strike）的报告显示，来自俄罗斯军事情报机构以及疑似俄罗斯联邦安全局的两组黑客分别参与了攻击。① 2016 年 6 月 14 日，俄罗斯总统新闻秘书佩斯科夫否认俄罗斯与美国民主党全国委员会数据库被侵入有关。佩斯科夫表示："我完全排除俄罗斯政府或政府机构卷入该事件的可能性。"② 尽管美国政府没有就此事公开发表评论，但从俄罗斯的事后反应看，俄国政府还是受到了一定的压力。

其次，美国加强技术手段防范俄罗斯黑客的攻击。2015 年 4 月，美国国防部长卡特提到，2015 年初，美国国防部的网络保护传感器检测到俄罗斯黑客利用漏洞进入了美军的一个网络，美军的应变团队迅速将他们赶了出去。③ 相比之下，2014 年 10 月，据信是俄罗斯黑客入侵了白宫和国务院网站，当时美国政府的反应要慢很多。由此可

① Ellen Nakashima, *Russian government hackers penetrated DNC*, *stole opposition research on Trump*, June14, 2016, https：//www. washingtonpost. com/world/national-security/russian-government-hackers-penetrated-dnc-stole-opposition-research-on-trump/2016/06/14/cf006cb4-316e-11e6-8ff7-7b6c1998b7a0_ story. html.

② Andrew Roth, *Russia denies DNC hack and says maybe someone 'forgot the password'*, June15, 2016, https：//www. washingtonpost. com/news/worldviews/wp/2016/06/15/russias-unusual-response-to-charges-it-hacked-research-on-trump/.

③ David E. Sanger, *Pentagon Announces New Strategy for Cyberwarfare*, April 23, 2015, http：//www. nytimes. com/2015/04/24/us/politics/pentagon-announces-new-cyberwarfare-strategy. html? _ r = 0.

见，美国政府提高了针对俄罗斯黑客的入侵检测技术和入侵响应技术，相应的漏洞扫描技术也在改善。2015 年 2 月，路透社报道，美国国家安全局开发了可以隐藏在硬盘驱动器中的间谍软件，西部数据（Western Digital）、希捷（Seagate）和东芝等公司的产品都被涉及。该间谍软件感染的电脑主要位于伊朗和俄罗斯等国。其监控目标包括政府、军事机构和电信公司等。[①] 此外，美国还通过吸引俄罗斯的人才来促进本国网络安全技术的发展。美国政府在全世界招募黑客来对付网络袭击，并帮助研发保护政府机构的安全系统。俄罗斯黑客是招募的重点对象。

第三，通过法律手段对黑客施加压力。2015 年 2 月，美国联邦调查局对俄罗斯黑客叶夫根尼·伯根切夫（Evgeniy Bogachev）发布通缉令。通缉令指出，叶夫根尼犯有盗窃身份信息、计算机欺诈、电信诈骗及洗钱等多项罪名。[②] 叶夫根尼在美国发动网络攻击，从在线银行账户盗取一亿多美元。如果提供能逮捕叶夫根尼或给其定罪的信息，美国国务院"跨国有组织犯罪奖励项目"将奖励提供信息者 300 万美元。由于叶夫根尼本人在俄罗斯，美国的通缉一定程度上是希望促使俄罗斯政府约束俄国境内的黑客活动。联邦调查局网络犯罪部门主管约瑟夫·德马雷斯特（Joseph Demarest）称，该机构认为，有 60% 的网络黑客组织都与政府有关。[③] 美国希望俄罗斯黑客们意识到，无论其是否与俄罗斯政府有关，其在数字空间的行为是被美国严密监控的。俄国黑客自认为高超的技术手段并不能逃脱美国的控制。此次发布的通缉令也是威慑手段，意图迫使俄罗斯黑客在未来的行动中有所收敛。

除了防范遏制，美国还对俄罗斯采取接触合作的策略。2015 年 7

---

① Joseph Menn, *Russian Researchers Expose Breakthrough U. S. Spying Program*, Feb. 16, 2015, http：//www. reuters. com/article/us-usa-cyberspying-idUSKBN0LK1QV20150216.

② Federal Bureau of Investigation, *Wanted by FBI：Evgeniy Mikhaylovich Bogachev*, https：//www. fbi. gov/wanted/cyber/evgeniy-mikhailovich-bogachev.

③ Mark Hosenball, *U. S. offers highest-ever reward for Russian hacker*, Feb. 24, 2015, http：//www. reuters. com/article/us-usa-cyberattack-russian-idUSKBN0LS2CY20150224.

月，联合国国际信息安全政府专家小组就信息空间的行动准则达成协议。该专家小组包括俄罗斯、美国和中国等 20 个国家的代表。美国代表米歇尔·马尔科夫（ Michele G. Markoff）表现了很强的灵活性，充分考虑了俄罗斯的关切，为协议顺利出台奠定了基础。2016 年 4 月，美国和俄罗斯的官员在日内瓦举行网络安全会议。双方希望通过交流避免因误判而导致网络战爆发。参会的美方官员来自白宫、国务院、联邦调查局等部门。美俄两国在日内瓦会议上重新审查了 2013 年两国签订的网络安全协议。① 鉴于黑客攻击有时会通过僵尸网络发起，从而难以判断真正的攻击来源。美俄双方希望保持网络安全应急热线畅通，从而在网络危机发生时能够及时沟通。尽管日内瓦磋商并不意味着美俄两国网络安全工作组的恢复，但它对两国在网络空间建立互信有积极意义。美国和中国在网络安全领域的合作呈积极发展态势，打击网络犯罪成为双方合作的亮点。2015 年 9 月，习近平主席访美期间，与美国总统奥巴马就网络安全问题达成一系列共识。中美双方同意，就恶意网络活动提供信息及协助的请求要及时给予回应；各自国家政府均不得从事或者在知情情况下支持网络窃取知识产权；共同继续制定和推动国际社会网络空间合适的国家行为准则；建立两国打击网络犯罪及相关事项高级别联合对话机制。② 为落实两国元首达成的共识，2015 年 11 月，美国国土安全部常务副部长马约尔卡斯率美国网络安全执法跨部门代表团访华。2015 后 12 月 1 日，首次中美打击网络犯罪及相关事项高级别联合对话在华盛顿举行。对话后，中美双方发表了包括五项具体内容的成果声明，其中包括：确立《中美打击网络犯罪及相关事项指导原则》，建立打击网络犯罪及相关事项的热线。③

---

① Evan Perez, *First on CNN: U. S. and Russia meet on cybersecurity*, April18, 2016, http://edition. cnn. com/2016/04/17/politics/us-russia-meet-on-cybersecurity/index. html.

② The White House, *Fact Sheet: President Xi Jinping's State Visit to the United States*, September 25, 2015, https://www. whitehouse. gov/the-press-office/2015/09/25/fact-sheet-president-xi-jinpings-state-visit-united-states.

③ 中华人民共和国公安部：《首次中美打击网络犯罪及相关事项高级别联合对话成果声明》，http://www. mps. gov. cn/n16/n894593/n895609/4923384. html，2015 年 12 月 3 日。

　　美国和盟友在网络空间的合作也取得积极进展，合作领域涉及打击网络犯罪、威胁信息共享及数据交流等各方面。2015 年 5 月 30 日，美国和日本发表联合声明，从威胁环境、应对严重网络事件的反应、各自角色及任务、信息共享和关键基础设施保护等五个方面阐述了双方的共识。① 未来，美日将积极探索在危机的环境中确保不间断的双向信息分享，并开发共同的网络威胁指标和预警机制。2016 年 3 月，美国与韩国明确了双方网络合作的三个方面：包括共同开发网络袭击应对技术、进一步分享全球网络威胁信息、加强网络安全政策对接。美国和英国在联合网络演习方面一直保持合作。2015 年 11 月，两国模拟了金融部门遭受黑客攻击时的情景，以加强信息共享、事件反应处理和公共通信的方面的合作。② 2016 年，美英两国还模拟核电站遭到网络攻击的情景，以测试政府和相关公司的反应能力和应对措施。③ 尽管 2015 年欧洲最高法院废除了《安全港数据分享协议》，但 2016 年美欧数据交流取得了新进展。2016 年 2 月，美国与欧盟达成新的数据共享协议——《欧美隐私盾牌》（EU-US Privacy Shield），保障美国企业能够方便地将个人数据传送给美国。④

　　美国在全球的网络合作用意深远：不仅可以缓解本国网络犯罪攻击的压力，而且可以在网络空间树立正面形象，成为盟国的榜样。中美在网络空间的互动体现了两国加强网络安全领域的互信与合作。在继续保护自己利益的同时，美国应该寻求调整政策以避免或者至少延

---

① The Japanese Ministry of Defense（MOD）& the U. S. Department of Defense（DOD），*Joint Statement of the U. S. -Japan Cyber Defense Policy Working Group*，May 30，2015，http：// www. mod. go. jp/j/press/news/2015/05/30a_ 1. pdf.

② HM Treasury and The Rt Hon George Osborne MP，*Transatlantic exercise to tackle cyber threat*，November 12，2015，https：//www. gov. uk/government/news/transatlantic-exercise-to-tackle-cyber-threat.

③ Heather Stewart，*UK and US to simulate cyber-attack on nuclear plants to test resilience*，March 30，2016，http：//www. theguardian. com/uk-news/2016/mar/31/uk-us-simulate-cyber-attack-nuclear-plants-test-resilience.

④ European Commission，"EU Commission and United States agree on new framework for transatlantic data flows：EU-US Privacy Shield"，*Strasbourg*，February 2，2016.

迟中美关系的进一步紧张。① 中美共识体现了全球两个拥有强大网络力量的国家运用政治手段制约网络威胁的尝试，必将对中美关系的发展产生积极影响。美国加强与日本、韩国等东亚盟友的合作是其"亚太再平衡"战略的一部分，网络空间的合作将深化各方现有的安全机制。美国与欧洲盟友的合作兼顾经济和安全利益，双方数据交流新框架的达成将有利于大西洋两岸数据经济的发展。未来，在互联网治理方面美国还需要这些盟友的支持。

第三节　联邦政府遏制网络犯罪的政策走向

在数字时代，政府部门和私营企业的网络系统都有脆弱性。美国对网络空间的高度依赖与网络安全保障能力的不足形成鲜明对比。为了巩固网络空间的稳定，今后，美国将更加重视下面几个方面的建设。

一　强化网络威慑能力建设

近年来，美国对网络威慑的认识有了一些新变化。此前，美国学界、企业界的认识有些悲观，认为网络威慑难以实现，其主要障碍是归因问题。有网络专家团队曾认为，试图归因网络攻击的源头是徒劳的。② 如果进行网络报复攻击，"必须要确认是谁发起了攻击"。③ 如果连谁发动了攻击都无法确定，那还何谈进行报复或威慑。但近两年来，美国各界逐渐认为随着归因问题变得相对容易，网络威慑的可操作性在不断提高。作为归因的基础，挖掘技术证据至关重要。鉴于网

---

① Charles L. Glaser, "A US-China Grand Bargain? The Hard Choice between Military Competition and Accommodation", *International Security*, Vol. 39, No. 4 (Spring 2015), p. 89.

② Richard A. Clarke and Robert K. Knake, *Cyber War: The Next Threat to National Security and What to Do About It*, New York: HarperCollins, 2010, p. 132.

③ David D. Clark & Susan Landau, "Untangling Attribution", in Committee on Deterring Cyberattacks & National Research Council, eds., *Proceedings of a Workshop on Deterring Cyber-Attacks: Informing Strategies and Developing Options for U. S. Policy*, Washington D. C. : National Academies Press, 2010, p. 25.

络攻击指标来源于广泛的自动扫描和计算机反常行为的报告，近年来，对该指标的研究进步有助于调查恶意网络行为的源头。此外，确认目标还可以揭示网络入侵类型。入侵者的生活方式、恶意软件中的语言、反取证手段等都能为归因提供线索。在某些情况下，只要网络入侵者犯了一个错误，网络安全工程师就可能利用这个线索分析取证并找到始作俑者。更好的入侵侦查系统会实时发现网络攻击行为，适应性更强的网络会加强网络防御并能迅速确认攻击的来源，更多的执法合作增加了国家间的间谍活动的政治成本并使这些活动难于隐藏。[1]通过把这些技术、非技术及地缘政治方面的信息相综合，恶意网络行为的溯源有了一定进步。此外，斯诺登泄露的文件则从侧面展示了美国强大的网络渗透和攻击能力。这会让潜在对手意识到美国拥有毁灭性的报复能力。

美国国防部是落实网络威慑政策的主要机构。为了应对数字空间的新挑战，2015 年 4 月，美国国防部颁布了新的《网络战略》。[2] 新战略提出要强化网络威慑力量的建设，强调归因对威慑的重要性，称有必要保持与情报机构及私营公司的合作以追溯网络攻击源头。新战略强调利用国际盟友和伙伴来防御和威慑网络攻击，特别提到中东、亚太和关键的北约盟国是合作的重点。为了支持国防部的网络空间攻防能力和网络战略，2017 财年，美国国防部的预算是 67 亿美元，比2016 财年增长了 9 亿美元。[3] 2016 年 3 月，美国媒体报道，美国国防部计划在 2017 年到 2021 年的五年内斥资 347 亿美元，以加强网络安全。该五年预算计划显示，其在进攻性网络能力、战略威慑力量以及防御性网络安全方面的投资将日益增加。这份预算计划将向美国国防

---

[1]　Thomas Rid and Ben Buchanan，"Attributing Cyber Attacks"，*The Journal of Strategic Studies*，Vol. 38，Nos. 1 - 2，2015，p. 32.

[2]　The Department Of Defense，*Cyber Strategy*，April2015，http：//www. defense. gov/Portals/1/features/2015/0415_ cyber-strategy/Final_ 2015_ DoD_ CYBER_ STRATEGY_ for_ web. pdf.

[3]　Department of Defense，*Overview-FY2017 Defense Budget*，Feburary 9，2016，pp. 5 - 5，http：//comptroller. defense. gov/Portals/45/Documents/defbudget/fy2017/FY2017_ Budget_ Request_ Overview_ Book. pdf.

部下属的美国网络司令部、网络任务部队提供资金支持，在必要时协助战区指挥官开展攻防行动。① 作为长期计划，美军力图开发进攻性网络能力来支持军事行动并为领导层提供反应和威慑的更多选项。除了军事部门，美国也利用经济、外交和司法等部门开展网络威慑活动，维护自己的网络国家利益。

美国在未来将通过不同方式来实现在网络空间的威慑。首先，美国国会计划通过"拒止威慑"战略，迫使对手减少发动恶意网络攻击的企图。美国相信，美国现在的网络取证能力可以成功地识别攻击者并对他们进行惩罚，美国也认为"拒止威慑"战略是可以实现的。② 为了实现"拒止威慑"战略，美国需要提高网络空间防御能力。美国要建立可以从网络攻击、网络破坏等活动中迅速恢复的弹性（Resilient）系统。其次，美国希望通过增加对手的攻击成本的方式来对对手进行威慑。对那些发动网络攻击或采取恶意网络行为的对手，美国会采取一些行动来使其受到惩罚并增加其攻击的成本。这些措施包括：执法措施、制裁恶意网络行为者、采取防御性或进攻性的网络行为、使用武力等。美国政府既有能力也有意愿采取各种手段应对网络攻击，这些方式将会给对手造成经济、物质或者名誉上的损害。通过有针对性地运用这些手段，会增加对手获得预期收益的不确定性，使其为避免增加成本和为避免招致不良后果而放弃恶意网络行为。

二　加强网络安全信息共享

从 20 世纪 90 年代起，美国就提出网络安全信息共享的理念。这种网络安全信息共享包括政府部门之间、私营企业之间以及政府与私营企业间的共享。目前，美国政府倡导的网络安全信息共享主要是指

---

① Anthony Capaccio, *Pentagon Seeks $ 35 Billion to Beef Up Cybersecurity Over 5 Years*, March 1, 2016, http：//www. bloomberg. com/news/articles/2016 - 02 - 29/pentagon-seeks-35-billion-to-beef-up-cybersecurity-over-5-years.

② Henry Farrell, *What's new in the U. S. cyber strategy*, April 24, 2015, https：// www. washingtonpost. com/blogs/monkey-cage/wp/2015/04/24/whats-new-in-the-u-s-cyber-strategy/.

政府与私营企业间的合作。近年来，随着网络犯罪、网络恐怖主义等案件的增多，美国的网络安全信息共享机制也从原来的网络安全事件共享转变为网络威胁情报共享。美国希望私营公司自愿与政府分享威胁信息，使政府成为解决方案的一部分。共享机制有利于提高政府和实体对网络安全态势的感知能力，体现了美国积极的、攻防兼备的战略思想。目前，涉及网络安全信息共享的私营企业范围在逐步扩大，从最初的关键基础设施企业扩展到了其他类别的企业。未来，美国在网络安全信息共享的立法方面会持续关注参与主体、共享方式、实施和审查监督程序、组织机构、责任豁免及隐私保护规定等因素，以适应网络技术的不断进步。

美国政府还通过会议宣讲、发布行政令以及建立相关组织或机构的方式来推动公私机构间的网络安全信息共享。2015 年 2 月，美国总统奥巴马在斯坦福大学主持召开了网络安全峰会，呼吁互联网企业加强与政府的合作来维护美国的网络安全。奥巴马在峰会上指出，只有政府和私营机构共同努力，网络攻击问题才能解决。① 会后，奥巴马签署了《推动私营机构网络安全信息共享的行政令》，鼓励和推动私营机构间以及私营机构和政府间的网络威胁信息共享。该行政令还批准建立"信息共享和分析组织"，以促进公私机构间的信息共享。奥巴马说，该行政令允许企业获取机密的网络威胁信息，能够潜在地保护企业的利益。2015 年 2 月，美国在国家情报总监办公室之下设立了网络威胁与情报整合中心。该中心通过整合国土安全部、联邦调查局、中央情报局和国家安全局等部门搜集到的网络威胁信息，并与私营企业共享相关信息，来防范和应对国家遭受的网络威胁。目前，美国共有两个政府机构涉及网络安全信息共享，分别是隶属于国土安全部的国家网络安全和通信整合中心以及隶属于国家情报总监办公室的网络威胁与情报整合中心。此外，还有在美国政府指导下设立的信

---

① Barack Obama, *Remarks by the President at the Cybersecurity and Consumer Protection Summit*, Stanford, California, February 13, 2015, https：//www. whitehouse. gov/the-press-office/2015/02/13/remarks-president-cybersecurity-and-consumer-protection-summit.

息共享和分析中心以及各类信息共享和分析组织等非营利组织，它们对促进私营部门或公私部门之间的信息共享也起了很大作用。未来，根据网络空间的发展情况，美国有可能设立新的信息共享部门或组织。

《网络安全信息共享法》的通过，使政府与企业之间的网络威胁情报共享有了法律保障。此前，战略文件中的公私伙伴关系总是使用规范的、以价值为基础的语言，没能清晰地表达出政府与私营机构之间的法律授权、责任和权利等多元的关系。[①] 2015 年 4 月，这项在很大程度上得到白宫认可的法案在众议院以 307 票赞同、116 票反对获得通过。[②] 2015 年 10 月，该法案在参议院以 74 票赞同、21 票反对获得通过。[③] 2015 年 12 月，《网络安全信息共享法案》作为《2016 年综合拨款法案》中的一部分被正式颁布。[④] 《网络安全信息共享法》允许企业将遭遇网络攻击的信息共享给政府机构，不用再担心用户起诉其侵犯隐私权。这部法案首次明确了信息共享的范围包括"网络威胁指标"和"防御性措施"两大类，共享的信息将被用于识别趋势及确认有效的反击策略，这有利于企业与非营利机构识别和对抗数字威胁或攻击。美国国土安全部等机构将以《网络安全信息共享法》为指导，出台具体的信息共享政策方针。

尽管美国政府努力推动公私机构间的网络信息共享，但双方的合作还存在一些障碍。

首先，《网络安全信息共享法》的某些规定还需完善。例如，该法规定私营企业要与其他联邦政府机构自动实时共享威胁信息，这使得美国的公民自由倡导者、隐私保护组织开始怀疑信息共享会侵犯公

---

① Madeline Carr, "Public-private partnerships in national cyber-security strategies", *International Affairs*, Volume 92, No. 1, January 2016, p. 62.

② 114th Congress（2015 - 2016）, *H. R. 1560-Protecting Cyber Networks Act*, April 22, 2015, https：//www. congress. gov/bill/114th-congress/house-bill/1560.

③ 114th Congress（2015 - 2016）, S. 754-*Cybersecurity Information Sharing Act of 2015*, Oct. 27, 2015, https：//www. congress. gov/bill/114th-congress/senate-bill/754.

④ 114th Congress（2015 - 2016）, H. R. 2029 – *Consolidated Appropriations Act*, 2016, December 18, 2015, https：//www. congress. gov/bill/114th-congress/house-bill/2029/text.

民的隐私。该法在程序上要求收到"网络威胁指标"的任何联邦政府机构都要在毫不拖延且不更改信息的情况下将其传达给其他联邦部门。按照法律规定，这些联邦部门可以包括国家安全局和联邦调查局等单位。尽管《网络安全信息共享法》也规定了相关个人信息的删除程序，但这种做法因为会延误信息传输而被放弃。这就等于私营企业可以向情报机构大量提供个人信息，并可能严重侵犯公民的隐私权。此外，有关个人信息删除的相关规定缺乏审查标准，可操作性不强。

其次，公私机构间的相互信任还有待于提高。例如，2015 年 11 月，美国国家安全局表示，在超过 90% 的时间里，一旦该机构发现计算机软件漏洞，就会通知美国的科技公司。但很多美国企业对此表示怀疑，他们认为国家安全局通常会先利用这些漏洞发动网络攻击，然后再让他们提供解决方案。2016 年 2 月，联邦调查局要求苹果公司协助解锁恐怖袭击疑犯的手机遭到拒绝，双方为此对簿公堂。苹果首席执行官蒂莫西·库克（Timothy D. Cook）称，美国政府的要求将会构成一个危险的先例，威胁每一个人的公民自由。[1] 苹果公司的观点得到了电子前沿基金会等保护数字权利非营利组织的支持。[2] 隐私权问题将会成为影响私营公司和政府之间关系的重要因素，双方互信对双方合作的广度和深度也将会影响深远。

三　清理美国境内的恶意网络行为

如何防范境内的僵尸网络（Botnet）感染和阻止黑客恶意攻击是美国政府的主要任务。僵尸网络是指一群缺乏免疫力的电脑通过网络，被恶意行为者控制，以从事非法的网络活动。该网络经常被用来发送

---

[1]　Amanda Holpuch, *Tim Cook says Apple's refusal to unlock iPhone for FBI is a 'civil liberties' issue*, February 22 2016, https: //www. theguardian. com/technology/2016/feb/22/tim-cook-apple-refusal-unlock-iphone-fbi-civil-liberties.

[2]　Katie Benner and Eric Lichtblau, *Tim Cook Opposes Order for Apple to Unlock iPhone, Setting Up Showdown*, February 18, 2016, http: //cn. nytimes. com/technology/20160218/c18appleletter/en-us/.

垃圾邮件、发布间谍程序、攻破密码、获取凭证，并从事分布式拒绝服务（DDOS）攻击。赛门铁克公司的报告称，2013 年和 2014 年，美国一直是世界上最大的恶意网络行为来源国，其恶意网络行为占全球比例为 20.3% 和 20.7%。① 2016 年，赛门铁克公司发布数据，认为美国是世界第二大恶意网络行为来源国，也是世界第二大僵尸网络感染源。美国在恶意代码、网络钓鱼主机和网络攻击等三个指标方面都排名世界第一。② 迈克菲（McAfee）实验室发现，互联网协议（Internet Protocol，IP）地址位于美国的僵尸网络所控制的服务器是世界最多的，占全球总量的 21%，其他国家都在 10% 以下，其中俄罗斯和中国均为 5%。③ 根据美国内容分发网络和云服务提供商阿卡麦（Akamai）公司的统计，在 2015 年的四个季度中，美国一直都是全球"分布式拒绝服务攻击"发起国的前三名。④

　　美国在恶意网络行为排行榜中位置靠前并不令人惊奇。相对于人口数量，美国有更多的电脑、智能手机、高速宽带和功能强大的服务器。美国一直坚持开放互联网的观点，这有利于促进经济增长和提高效率。然而，网络的脆弱性使得黑客大行其道。虽然美国在防范和阻止网络犯罪方面取得了很大进步，但仍难杜绝美国境内的网络攻击事件。当根植于美国的僵尸网络攻击其他国家的电脑时，受害者会认为美国可能就是攻击的幕后黑手。尽管美国可以声称发出恶意代码的计算机是被别国控制或是被境内某些犯罪集团利用，但美国作为这些物理设备的所在国似乎也难辞其咎。2013 年，联合国信息和通信开发

---

① Symantec Corporation World Headquarters, *Internet Security Threat Report : Appendices*, Volume 20, April 2015, p. 7, https：//www4. symantec. com/mktginfo/whitepaper/ISTR/21347931_ GA-internet-security-threat-report-volume-20-2015-appendices. pdf.

② Symantec Corporation World Headquarters, *Internet Security Threat Report : Appendices*, Volume 21, April 2016, https：//www. symantec. com/content/dam/symantec/docs/reports/istr-21-2016-appendices-en. pdf.

③ McAfee Labs, *Threats Report*, May 2015, p. 44, http：//www. mcafee. com/us/re-sources/reports/rp-quarterly-threat-q1-2015. pdf.

④ Akamai Technologies, *Q42015 State of the Internet-Security Report*, p. 20, https：//www. akamai. com/us/en/multimedia/documents/report/q4-2015-state-of-the-internet-security-report. pdf.

政府专家组提出报告①，倡导以一系列标准来治理各个国家在网络空间的行为，其中的主要原则就是各个国家应该对源自本国境内的网络攻击负责。2015 年，该专家组的报告进一步要求各个国家必须协助制止源自本国的网络攻击。②

　　未来，美国政府将通过各种渠道向境内的私营机构和个人施压，促使其对网络空间的恶意行为承担责任。只有这样，美国才能推动别国接受恶意网络行为所在国应负其责的观点。第一，为了净化美国境内的数字空间，美国政府将主要和网络服务供应商合作，要求后者准确查找含有恶意数据流向的顾客账户。通过互联网协议地址和时间戳，网络服务供应商能够识别出哪些客户的计算机参与了分布式拒绝服务攻击或受到了何种类型的感染；根据程序，如果顾客想知道其电脑是否被感染，网络服务供应商将会通知其相应情况。第二，美国政府将主导网络服务供应商与网络安全公司合作来检疫并隔离被感染的计算机。当网络安全公司侦测到某些客户的电脑多次被感染病毒或参加了网络攻击，网络服务供应商和托管供应商就会阻止或限制该设备接入互联网来传输数据。第三，美国政府将要求合作的网络安全公司实时提交报告，了解僵尸网络在网络服务供应商、托管公司和大型企业中的感染情况，这将有利于对可能的危机做出快速反应。这样，通过使网络系统的所有者和运行者承担责任，并建立程序进行监督、通知和处理，美国境内的数字空间会更加洁净。

　　互联网的发明带来了大量的机会和财富，同时也带来了大量忧患。2015 年以后，美国在数字空间遇到了一系列挑战。事实说明，"美国是最容易受到网络攻击的国家"。③ 为了更好地应对网络空间的

---

① The Group of Governmental Experts, *Developments in the Field of Information and Telecommunications in the Context of International Security*, June 24 2013, http：//www. un. org/ga/search/view_ doc. asp? symbol = A/68/98.

② The Group of Governmental Experts, *Developments in the Field of Information and Telecommunications in the Context of International Security*, July 22, 2015, http：//www. un. org/ga/search/view_ doc. asp? symbol = A/70/174.

③ James Adams, "Virtual Defense," *Foreign Affairs*, Vol. 80, No. 3（May/June 2001）, p. 98.

挑战并维护自己在这一领域的领导地位，美国采取了一系列措施来克服困难。《网络安全国家行动计划》总结了奥巴马政府过去七年的网络经验，对美国政府解决网络安全问题提出了细致的路线图，具有很强的实际操作性。通过制度创新、新设机构以及立法行动，美国政府与美国国内的私营企业的合作不断深化。在国际合作方面，美国与俄罗斯加强沟通，努力构建两国在数字空间的战略互信。美国与中国共同打击网络犯罪也已逐渐成为中美关系发展的新亮点。

虚拟世界变化无穷，其界限是人类无法预见的。网络空间以复杂的信息交流为表皮，全面包裹了我们的星球。[①] 在网络空间里，快速创新推动了经济发展和全球信息的自由流动，同时也对系统和软件的弹性提出了新的挑战。随着恶意网络行为者水平的不断提高，他们破坏网络信息基础设施和服务的能力也在增强。同时，互联网也让国际社会成为命运共同体。网络发展对国家主权、国家安全和国家利益也提出了新的挑战。为了维护网络空间的长期稳定，美国将加强自己的网络威慑能力建设、完善网络安全信息共享机制并清理自己的网络空间。从长远角度看，虽然美国网络安全政策的调整不是革命性的行动，但其对维护美国的国家利益意义重大。作为数字时代的奠基者，美国将克服各种挑战来维持其在网络空间的优势地位。

[①]　Ronald J. Deibert, *Black Code: Surveilance, Privacy, and the Dark side of the Internet*, Toronto: McClelland & Stewart, 2013, p. 11.

第五章　城市犯罪治理模式改革的成效与未来

美国城市社会学的鼻祖、芝加哥学派的代表性人物罗伯特·帕克（Robert Park）在 20 世纪初提出了"犯罪是城市的问题"的命题。他认为："现代社会犯罪的主要策源地和案发地都是城市"；"如果成功控制了城市的犯罪，那么整个社会的犯罪及其危害就会大大减少"。① 罗伯特·帕克的这一重要命题的提出距今已经过去了近一个世纪，然而，城市犯罪问题与犯罪控制依然是当今全球范围内的一个紧迫的问题，美国的情况尤其如此。

第一节　城市犯罪率起伏催生治理模式变革

虽然美国人的法律意识普遍较强，但美国却是当今全球公民违法犯罪率极高的国家——尤其是它的城市犯罪率。

一　城市犯罪治理模式变革的缘起

20 世纪七八十年代，美国的城市犯罪率一直名列全球前茅。联合国国际预防犯罪中心（The United Nations Center on Crime Prevention）②

---

① 1925 年，罗伯特·帕克与另外两位作者共同撰写出版了《城市》（The City）一书，对城市中的人口、种族、犯罪、贫民窟以及邻里关系等问题进行了精辟的分析与研究。该书被公认为美国城市社会学研究的范例。

② 1997 年，联合国将该中心与"联合国药物管制规划署"合并，并更名为"联合国毒品和犯罪问题办公室"（The United Nations Office on Drugs and Crimes）。

于 1989 年 12 月提供的资料显示，在综合犯罪率位居全球前十的城市中，美国一国就占有三席。① 当时，有很多美国的大城市，不仅被国际社会媒体甚至被美国自己的媒体冠之以"犯罪之都""暴力之城""地狱"等恶名。城市犯罪一度成为美国社会的一个"顽疾"，成为严重困扰美国联邦政府和地方政府特别是各级司法部门、执法部门的首要难题。

自 20 世纪 90 年代初之后，美国的城市犯罪状况出现了改善，综合犯罪率呈现出逐年下降的趋势。美国司法部《统一犯罪报告》（*Uniform Crime Reporting*，*UCR*）于 1997 年公布的统计数字显示，从 1993 年到 1997 年，全美 70 个主要大中城市的犯罪率平均下降了 32.3%，达到了近 30 年来的最低点；美国第一大城市纽约市的变化更为惊人，从 1993 年到 1997 年，纽约市的谋杀案发生率下降了 40%、抢劫案发生率下降了 30%、入室盗窃案发生率下降了 25%。② 1998 年，曾经长期背负"犯罪之都"恶名的纽约市更是出人意料地被美国摩根昆托出版机构评为全美"十大安全城市"之一。③

美国城市犯罪形势的大幅度改善在美国学术界、政府和司法部门、执法部门引起了热议。美国城市研究所（The Urban Institute）连续三年组织美国各地的专家学者就犯罪形势的变化进行了多次研讨，并编撰出版了《美国的犯罪低潮》（*The Crime Drop in America*）一书。绝大多数司法界和社会学界的人士都认为，20 世纪 80 年代末美国社会发起的对传统的城市犯罪治理模式的反思与变革，是美国得以成功遏制城市犯罪的关键。

城市犯罪是一个十分复杂的社会问题，它既与国家的经济状况和社会思潮的走势密切相关，还与政府实施的具体的司法举措、执法举

---

① Vanessa Barker, "Explaining the Great American Crime Decline: A Review of Blumstein and Wallman Goldberger and Rosenfeld", *Law & Social Inquiry*, Spring 2010, pp. 493 – 494.

② Dan M. Kahan, "Social Influence, Social Meaning, and Deterrence", *Virginia Law Review*, March 1997, p. 367.

③ 根据城市和州的教育、健康和犯罪等指标，摩根昆托出版机构在人口超过 50 万人的城市中评选出了美国"十大最安全城市"，纽约位列第九。

措紧密相连。20 世纪六七十年代，在城市化进程大大加速，人口持续向大中城市涌入，民权运动和反主流文化思潮高涨等经济、政治、社会因素的共同作用下，美国城市的犯罪率迅速增长，尤其是在一些大型或超大型城市，其犯罪率连年攀升。到 20 世纪 80 年代后期，美国东部的纽约市、中部的芝加哥市、西部的奥克兰市等城市的犯罪率甚至一度达到了亚洲和西欧各国同类城市犯罪率的近 10 倍。[①] 近乎失控的城市犯罪令美国公众极度忧虑和不满。盖洛普咨询公司（The Gallup）[②] 于 20 世纪 80 年代末进行的多次民调均显示，有 70% 以上的受访者表示，城市中的犯罪让他们"失去了安全感"，"对自己城市的未来感到担忧"；认为"政府应对犯罪的方略缺乏效力，必须予以改变"。[③] "软实力"学说的首创者、美国著名政治学家、哈佛大学教授约瑟夫·奈（Joseph S. Nye）甚至指出，美国城市的高谋杀率和入狱人口的高比例等，大大降低了美国制度的吸引力，从而削弱了美国的"软实力"。面对日益恶化的城市犯罪和来自社会各界的巨大压力，时任美国总统克林顿在他当政后的第一个阐述联邦政府未来施政方针的《国情咨文》（The State of the Union）中，便向国会参、众两院郑重提出，他将"充分利用联邦政府的资源，依靠美国人民的决心、勇气和善良，向犯罪宣战"。[④] 总统公开宣誓"向犯罪宣战"，这在美国建国两百多年的历史上是前所未有之举。由此可见，当时社会舆论中广泛传播的"城市犯罪已对美国社会乃至整个国家的安全构成威胁"的警告已开始得到美国政府的重视和认同。[⑤] 在这样的大背景

---

① ［美］阿德勒·劳弗等：《遏制犯罪：当代美国的犯罪问题及犯罪学研究》，廖斌等译，中国民主法制出版社 2006 年版，第 77 页。

② 该公司由美国社会科学家乔治·盖洛普于 1930 年代创立，是美国及全球知名的民意测验及商业调查和咨询公司。它致力于用科学的方法测量和分析选民及消费者的意见、态度、行为等，并据此为决策者提供决策依据和参考。

③ Pew Research Center, *Urban Crime Situation and Future*, http：//www. pewsocialtrends. org/1990/05/22/urban-crime-situation-and-future/.

④ William Jefferson Clinton, *The State of the Union*, http：//www. usatoday. com.

⑤ 盖洛普咨询公司（The Gallup）于 1990 年发布的一份研究报告指出，城市中一些社区被犯罪分子所充斥和控制，团伙犯罪猖獗；毒品交易和青少年吸毒泛滥，这不仅对城市而且对整个美国的安全构成了威胁。

下，美国社会各界要求反思现行的司法理念和执法理念，并对警务部门所奉行的传统的犯罪治理模式进行改革的呼声逐渐成为一种主流舆论。这种社会氛围和驱力逐步催生了美国一系列新的城市犯罪控制理论的出现，并进而推动了美国城市犯罪治理模式的重大变革。

二　城市犯罪治理理念与方式的变革

20 世纪 70 年代至 90 年代，随着犯罪状况的变化，美国的城市犯罪治理理念发生了两次重大的改变。20 世纪 60 年代盛行的以注重有利于罪犯的改造和重新回归社会为特征的"柔性化"的犯罪治理理念与方式，在 20 世纪 70 年代城市犯罪尤其是青少年犯罪状况持续恶化的情况下，逐渐被以惩罚和监禁为特征的"强硬化"（Toughening）的理念与方式所取代。

（一）"强硬化"司法理念与方式对城市犯罪控制的影响

20 世纪七八十年代，在城市犯罪状况持续恶化的情况下，主张"法律与秩序"和"社会防卫"的声音在美国社会不断增强，要求加强司法管控力度，尤其是要求对犯罪处置采取"强硬化"和对犯罪实行"严打"（Get-Tough）的保守主义思潮逐渐成为社会的主流。在此背景下，美国的刑事司法执法理念发生了巨大转变，开始从追求"使罪犯重新与社会结合"转变为"有效地遏制罪犯的重新犯罪和威慑潜在的犯罪者"。其具体体现如下：第一，1976 年，美国联邦最高法院在格雷格诉佐治亚州（Gregg v. Georgia）一案中作出了"死刑本身非酷刑"的论证，从而允许各州制定恢复死刑的立法。第二，截至 1992 年，美国 50 个州中有 44 个州通过了对缓刑和假释等矫正项目实施严格限制的法律，纽约州及首都华盛顿等一些有影响的州或城市甚至一度完全取消了假释。① 第三，各地出台的新的更为严厉的治理城市犯罪的措施自 1973 年之后普遍大幅度增加。

在应对城市青少年犯罪问题上，这种"强硬化"的司法理念与方

---

① Judith S. Kaye, "The Supreme Court and Juvenile Justice", *Journal of Supreme Court History*, March 2011, p. 67.

式体现得更为明显。20 世纪七八十年代，青少年犯罪在美国整个城市刑事犯罪中所占的比例迅速增长。仅以重罪为例，从 1982 年至 1986 年的 5 年中，美国城市中约有 30% 以上的刑事犯罪案件是由青少年所为；从 1984 年到 1988 年的 5 年里，由青少年单独实施的谋杀犯罪增长了近 150%。① 此外，这一时期，美国青少年犯获释后的再犯罪情况十分严重。《统一犯罪报告》于 1987 年提供的数据显示，从 1982 年至 1986 年的 5 年中，少年犯中有 61.3% 的人在获释一至两年内再次犯罪，因而被再次逮捕。②

青少年犯罪状况的持续恶化，使 20 世纪 60 年代由联邦最高法院通过"肯特诉合众国案"（Kent v. United States）和"高尔特案"（In Re Gault）等一系列历史性判决所确立的"康复性"（Recuperation）司法理念、执法理念遭到严重动摇，并转向"强硬化"。这些转变主要体现在以下几个方面。第一，将少年犯移送至成人刑事法院审理。从 1985 年至 1990 年，仅全美 70 个主要大中城市的少年法院就移送了 13.8 万名少年犯，其中包括 1132 名 12 岁左右的儿童。③ 将少年犯移送至成人刑事法院意味着他们将受到等同于成年犯的严厉刑罚，很多人将被判入狱。第二，调整矫治方式。同把少年犯移送至成人刑事法院审判和量刑的转变相配合，许多州和城市都调整了此前对少年犯实施的"处遇"（Treotment）方式，规定可以把针对成年犯的带有刑事司法色彩的监禁式方式用于少年犯，强调问责和惩罚，而不是"康复"。第三，对刑满释放人员的民事权利进行限制。作为严厉刑罚的一部分，很多州或城市对刑满释放人员的民事权利规定了十分苛刻的限制，包括限制其担任陪审员，制约其枪支拥有权、选举权、受雇佣权、享受联邦住房权，等等。这些限制使少年犯出狱后顺利回归社会和恢复正常人生活的可能性大大降低。

---

① Howard N. Snyder, "Law Enforcement and Juvenile Crime: Juvenile Offenders and Victims", *National Report Series*, December 2001, pp. 34 – 35.

② Ibid., p. 18.

③ Judith S. Kaye, "The Supreme Court and Juvenile Justice", *Journal of Supreme Court History*, March 2011, p. 70.

　　这些调整和转变虽然迎合了公众要求严惩犯罪的期待，但是，依据"报应主义"理念所实施的司法执法措施并没有取得遏制犯罪的效果。正如前文所述，直到 20 世纪 80 年代末，美国的城市犯罪率尤其是青少年的犯罪率仍呈上升势头。不仅如此，因持续实施"严打""监禁"等司法手段，又造成了监狱人满为患以及司法部门和执法部门财政困难等新的问题。美国联邦监狱局（American Federal Bureau of Prisons）的 1991 年度工作报告显示，截至 1990 年 12 月，美国全国联邦监狱中的在押犯总人数为 148.4 万人，比 10 年前增长了 7.7 倍；全美平均每 10 万人中有 668 人坐牢。[1] 若按人口平均计算，美国是当时世界上犯人比例最高的国家，约是日本和西欧各国的 10 倍。据不完全统计，分布于美国 70 个主要大中城市的 150 座联邦监狱普遍存在在押犯"超员"或"严重超员"现象，极不利于监狱的管理和对犯人的改造；并且仅这 150 座联邦监狱的年财政缺口就高达近 8 亿美元。[2] 2000 年 12 月，美国联邦警察局（United Marshals Service）在提交给司法部的年度报告中明确表示，"如果资金短缺的问题持续下去，现有的刑事执法工作将难以维持"。美国现实的犯罪控制状况表明，以"严惩""监禁"等"强硬化"手段为核心的司法理念和执法理念已经使全美犯罪控制力，尤其是城市犯罪控制力大大减弱。

　　（二）刑事司法理念的革新对城市犯罪控制的影响

　　事实上，为有效控制日益恶化的城市犯罪，20 世纪七八十年代，美国司法界、社会学界等诸多领域的专家、学者进行了大量的研究、考察、实践，并陆续提出了一些新的理念和方法，其中最具突破性和产生影响最大的是保罗·罗迪（Paul Rodey）的"环境犯罪学"（Environmental Criminology）和詹姆斯·威尔逊（James Q. Wilson）与乔治·凯林（George L. Kelling）的"破窗理论"（Broken Windows Theory）。

---

　　[1]　Joshua Guetzkow and Eric Schoon, "If You Build It, They Will Fill It: The Consequences of Prison Overcrowding Litigation", *Law & Society Review*, June 2015, p. 409.

　　[2]　Ibid. , p. 412.

1. 环境犯罪学及其影响

1990 年，美国芝加哥大学社会学教授保罗·罗迪在它的重点研究美国城市犯罪控制的论著《环境与犯罪的关联》（*Relationship Between Environment and Crime*）中，提供了一种全新的研究和解决城市犯罪问题的视角与方法。他的论述中所使用的"环境"一词既包含人文和社会层面的含义，也包括自然和物质层面的意义。其核心思想主要有以下两个方面。

第一，犯罪与社会关系的变化密切相关。保罗·罗迪认为，每一个社会制定的法律都反映其当时的社会关系、价值观等社会存在。在一个传统的社会，每个社会成员都了解并适应了已有的社会关系及准则，因此，即使法律恒久不变，犯罪也会较少发生。但是，在一个飞速变化的工业化特别是当今的信息化社会里，社会关系、社会准则以及人的价值观等都在发生着急剧变化，旧的法律与新的"环境"已经脱节，其结果是：旧有的、曾经合理的或有效的法律制度逐渐失效，失去对社会犯罪的有效控制，犯罪自然会不断增加。[1] 若要有效地遏制犯罪，就必须首先解决法律与变化了的社会关系脱节的问题，也就是说要革新法律，使法律反映现实的社会。

第二，在城市犯罪与城市环境的关系方面，保罗·罗迪借助已有的犯罪地理学[2]等环境犯罪学方面的研究成果，论述了特定环境与人的行为和犯罪之间的关系。他认为，人的非正常行为与特定的消极诱导性环境之间具有密切的关联性。因此在遏制城市犯罪中仅靠司法手段和执法手段，只专注于具体的犯罪现象的消除或犯罪案件的处理无法从根本上消除犯罪，更无法有效地预防犯罪，而改善造成犯罪产生的客观环境才是问题的关键。

---

[1]　Adam Boessen and John R. Hipp, "Close-Ups and the Scale of Ecology: Land Uses and the Geography of Social Context and Crime", *Criminology*, August 2015, p. 411.

[2]　犯罪地理学探讨犯罪活动的数量、类型同地理位置（如交通、距大城市远近）、人文环境（如地区政治形势、经济发展水平、人口的构成与迁徙、宗教情况等）、自然环境（如气候、地貌）等之间的相互关系，研究不同地区犯罪活动的空间组合，寻找和标定犯罪的高发区、高发线和高发点，提出预防和控制犯罪的主要方向、途径以及具体的控制指标和相应的配套措施。

2. "破窗理论"及其影响

"破窗理论"首次出现于哈佛大学社会学教授詹姆斯·威尔逊和乔治·凯林1982年发表于《大西洋月刊》（*The Atlantic Monthly*）的《破窗：警察与社区安全》（*Broken Windows：Police and Neighborhood Safety*）一文中。① 该理论以"破窗"为喻，阐释了一种朴素而又深刻的犯罪控制哲学。"破窗理论"认为，当楼房上的一扇窗户被打破后，人们如果不将这扇窗户及时修复，那么楼上的其他窗户很快也会被打破。原因在于，如果这扇被打破的窗户放在那里无人过问，那就给所有看到它的人提供了这样一个信息：没有人关心这座大楼的财产是否遭到破坏。这一信息传出后，其他人就有可能也来破坏该楼的财物，因为他们知道，即使破坏了大楼中的财物，也不会有人在意。一个社区的情况也是如此，如果一个社区市容不整，街道脏乱而又无人过问，这就如同大楼上被打破的窗户。社区的这种状况无疑是在发出一个信息，即社区居民对社区内发生的使社区衰败的现象无动于衷，而这种信息一旦被犯罪分子获悉，他们就会前来犯案，因为他们相信，社区居民对自己的社区并不关心，因而他们采取行动保卫社区、向警方报案的可能性不大，所以作案被抓获的可能性也就很小。

"破窗理论"与斯坦福大学心理学家菲利普·齐巴多（Philip Zimbardo）此前所做的一项研究的结论高度一致。齐巴多用两辆基本一样的汽车进行了一项实验，他将其中一辆停在了一个中产阶级社区，另一辆则停在了一个较差的社区。他把停在较差社区的那辆车牌的牌照摘掉，车窗打开，然后离开。在他离开后不久，就陆续有人前来偷盗车上的零部件，并且几小时之后，车上所有值钱的东西都已被人偷走。接着，又有人前来捣毁车窗和车内的装饰，直至把车破坏得面目全非。而停在中产阶级社区的那辆车的遭遇却不同，过了一个多星期仍毫发无损。于是，齐巴多让人用锤子把这辆车的玻璃砸坏。之后几个小时之内，这辆车的其他窗户也开始遭到其他人的破坏，零部

---

① 李本森：《破窗理论与美国的犯罪控制》，《中国社会科学》2010年第5期，第154—159页。

件也陆续被偷光，并且干这些事的人几乎都是衣着得体的白人。① 齐巴多的实验清楚地表明，对于那些完好的东西，人们会本能地去维护、爱护它；而对于那些被破坏了的、处于破败状态的事物，人们则往往会出于本能或因从众、效仿等心理，不仅对破坏行为本身视而不见，甚至还会参与其中，加重和扩大它的破坏程度。

"破窗理论"和齐巴多的实验揭示了一个长期以来在美国犯罪控制学中一直被忽视的问题，即"无序"与犯罪之间存在密切的关联，根据这种关联可以判断，对于"无序"的有效干预可以预防和控制犯罪。具体到城市的犯罪控制，城市公共场所或居民社区中的随意丢弃垃圾杂物、乱写乱画、强行乞讨，甚至聚众滋事、打架斗殴等这些常见的无序与混乱现象，同被毁坏的窗户和汽车一样，如果得不到及时的控制和整治，就会导致更恶劣的破坏和更严重的无序出现，最终削弱法律的威慑力，引发犯罪。反之，如果对这些可能诱发犯罪的"无序"及时加以干预，就可以有效地减少"无序"的累积，进而控制和阻止犯罪的发生。

"破窗理论"进一步丰富了美国当代刑事司法理论，而它更卓著的社会意义在于，它引发了一场"美国警务活动的革命"。② 20 世纪90 年代以来，以"破窗理论"为依托和指导的一系列新的犯罪控制方法在美国的城市犯罪控制中被实际应用，不仅在众多中小城市，甚至在纽约、芝加哥等一些大型或超大型城市，"破窗理论"的实践都取得了明显的成效，城市犯罪得到了有效控制。

第二节　城市犯罪治理模式变革的成败得失

"破窗理论"所带来的美国城市犯罪治理模式的变革，主要体现在各地对警务模式的调整和改革上。也就是说，"破窗理论"在美国

---

① Philip G. Zimbardo, *The Human Choice: Individuation, Reason, and Order versus Deindividua-tion, Impulse, and Chaos*, Lincoln: University of Nebraska Press, 1969, pp. 287 – 289.

② Ibid., pp. 294 – 295.

的实践及成功主要是借助警务模式的变革和对新型警务模式的推动来实现的。美国刑事司法学界一般将制度化以来的美国警务模式划分为三个阶段，即"警务政治化"时代（The Political Policing，自 19 世纪 40 年代美国现代警察产生起到 20 世纪 30 年代）、"警务专业化"时代（The Police Professionalism，自 20 世纪 40 年代到 20 世纪 80 年代中期）、"社区警务"时代（The Community Policing，20 世纪 80 年代末至今）。

一　"警务政治化"与犯罪控制。

第一个阶段之所以被称为"警务政治化"时代，是因为警务活动此时受到了地方政治的极大牵制。首先，在此时期，美国各城市在警察雇用制度上实行的不是公务员制度，而是以政治关系为基础的"任人唯亲"式的模式。当时，一个普通工薪阶层人士的年薪只有 500 美元左右，而一个警察的年薪则一般可达两倍以上。经济上的巨大差距使很多人都希望当警察。但某人能否被雇佣为警员，则完全取决于他是否与地方政客有关系，至于品行、教育程度、身体状况等条件则都不在主要考虑之列。其次，这样的雇佣制度决定了警察必然成为地方政客的政治工具。对于支持当政者的人，警察自然会网开一面；而对于反对执政者的人，警察则常常严格执法。每当遇到市长竞选，警察便会全力支持在任者，如果在任市长落选，那么绝大多数警察便可能丢掉饭碗，因为新市长一定会安排自己的人来填补肥缺。由于深陷地方政治，警察在执法时很难做到依法和公正。同时，这样的雇佣制度使警员的流动性很大，所以，警察机构也无法对警员进行任何系统性的职业培训，这便造成了警察专业素质的低下。

由于 20 世纪 30 年代之前美国的工业化、城市化程度不高，社会的贫富差距不大，人们的观念及社会思潮趋于保守等原因，当时的犯罪率一直较低并且起伏不大。统计数据显示，1929 年，美国的犯罪率仅为每 10 万人中约 400 起。这个比例大大低于当时欧洲各主要国家。在这种犯罪形势下，"警务政治化"模式的弊端与犯罪控制之间的矛盾并不明显。然而，从 1929 年至 1933 年的经济大萧条使美国的犯罪率大幅度上升，短短 3 年多的时间里，犯罪率上升了近 4%；大城市中的财产犯罪以及谋杀、抢劫等严重犯罪迅速攀升。[1] 而在犯罪控制方面，在"警务政治化"模式下形成的美国警察队伍，无论是理念与素质，还是技能与效率等，都根本无法适应新的犯罪控制形势的要求。恰在此时，美国司法界发生了一场剧烈的动荡。当时，为拯救萧条中的美国经济，罗斯福政府推出了一系列"新政立法"。然而，当时的美国联邦最高法院并没有依据国情的变化而对传统的司法审查原则进行必要的调整，最高法院否决了罗斯福的一些重要的立法，这便酿成了一场严重的宪政危机。尽管危机最终以罗斯福政府和最高法院双方的妥协而告终，但这场"宪法革命"使最高法院中的保守派和主张"司法节制"（Judicial Self Restraint）的势力开始在最高法院中占据主导地位。"司法节制"理念的核心之点是：强调司法与行政的彼此独立。在"司法节制"思想的影响下，在社会犯罪控制形势日趋严峻的大背景下，美国各级警察机构从 20 世纪 30 年代中期之后开始实行改革，这场改革最主要的内容就是转变警务模式。

二　"警务专业化"与犯罪控制

20 世纪 40 年代初，一种新的警务模式——"警务专业化"模式开始逐渐成形，这种新模式与以往的不同主要体现在：第一，警员招募实行规范化，警员享受公务员待遇；各警察机构都制定并公开自己的录用标准，并规定所有申请者都必须参加规范化的录用考试和资格审核，只有符合标准的人才能被录用为警员；作为政府公务员，警员不再因地方政府的更替而被解职；警员培训制度出台，新警员必须经过培训才能正式上岗执勤。第二，联邦和地方政府以法律文件的形式明确界定了警察的职责范围，规定凡与执法无关的其他社会事务均不再是警察的职责。第三，将现代科技手段大量引入警务工作。随着机动车的发展和普及，美国警察从 20 世纪 30 年代末开始逐渐采用警车

---

[1]　Vanessa Barker, "Explaining the Great American Crime Decline: A Review of Blumstein and Wallman Goldberger and Rosenfeld", *Law & Social Inquiry*, Spring 2010, pp. 496 – 498.

（机动车）巡逻，加大了巡视的范围和效率。

　　"警务专业化"模式消除了"警务政治化"模式下的诸多弊端，加之警务手段的改善，新的模式大大提高了警方打击和控制犯罪的能力和效果，对社会犯罪，特别是城市犯罪状况的改善发挥了明显的作用。从1940年到1950年，美国的城市犯罪率从每10万人770起大幅下降到每10万人510起，减少了30%以上，并长期维持在近0.1%的低水平上。①

　　进入20世纪60年代，美国社会发生了剧烈的动荡，黑人民权运动、反战运动、"水门事件"等对社会政治生态与秩序造成巨大冲击，青年一代中反传统、反社会、及时行乐等消极思想盛行。与此同时，出生于生育高峰一代的美国人也逐渐进入了"最易犯罪的年龄"。这些因素导致犯罪率再次急剧上升。到20世纪80年代末，美国的犯罪率已达到每年7%左右，比30年前增加了60多倍。此时，已经施行了近40年的"警务专业化"模式已无法有效应对持续增加的社会犯罪。

　　"警务专业化"模式的一个最突出的问题是，该模式过于迷信和依赖专业化建设和技术手段的应用，忽视了警务工作中与社区合作及建立良好警民关系的重要性，其认为，有了训练有素的警员和现代化的设备，警察完全可以凭一己之力控制犯罪。与此同时，现代化技术设备在日常警务工作中的普遍应用也在客观上造成了警民之间的脱离与隔阂。比如，以往警察多采用步行巡逻，有较多机会接触社区民众，但采用警车巡逻之后，这样的机会已越来越少。此外，种族问题也是"警务专业化"模式下的一个突出的问题。20世纪70年代以前，美国的警察主要由白人组成，黑人及其他少数族裔警员的比例微乎其微。同时，警察队伍中普遍存在着比较严重的种族偏见，警察在少数族裔社区执法时经常过度使用暴力，这种情况造成警察与少数族裔社区居民的关系长期处于紧张状态。20世纪七八十年代，美国东

---

　　① ［美］阿德勒·劳弗等：《遏制犯罪：当代美国的犯罪问题及犯罪学研究》，廖斌等译，中国民主法制出版社2006年版，第98页。

部的纽约市、中西部的底特律市、芝加哥市以及西部的洛杉矶市等少
数族裔集中的大城市相继爆发大规模的冲突和骚乱，警民关系的紧张
程度上升到了前所未有的高度，警务模式改革已势在必行。

三　"社区警务"与犯罪控制

　　1981 年 11 月的一个夜晚，纽约市区发生了一起引起巨大轰动的
抢劫杀人案，该案也成为触发美国警务模式改革的一个导火索。当
晚，一名年轻女性在纽约第 21 街一家商店购物离开后，遭到一名持
刀歹徒的抢劫。这名女性一面挣扎，一面大声呼救。但是，在整个事
件发生的十几分钟之内，警察一直没有到场，该女性最终被抢劫犯杀
害。一位在案发地点附近居住的居民用摄像机拍下了事件的主要部
分，并将其交给了当地的一家电视台。录像在电视台播出后，纽约全
城震惊，这促使警方迅速展开侦破。警方在走访调查时获知，案发
时，附近有三十多户居民都听到了那名女性的呼救，但没有一户报
警。当警方询问原因时，许多人表示这是警方的事，与我无关。这个
调查结果引起了司法界和执法界对过去几十年中一直奉行的"警务专
业化"模式的反思。纽约州立大学司法学教授约翰·兰蒂斯（John
Landis）在《纽约时报》（*The New York Times*）《新闻与分析》栏目上
撰文指出："'警务专业化'的一个严重的问题是，它使犯罪成为犯
罪者和受害者之间的事，成为犯罪者与警察之间的事，而不是犯罪与
法律之间的角力。这样，犯罪者就有了无数的漏洞可钻，因为他们知
道，除了警察之外，其他人都不会和他们过不去。"专门报道城市犯
罪问题的资深记者舍伍德·克里斯（Sherwood Chris）也在该栏目上
撰文指出："被现代化设备全副武装了的警察把自己设想成了'超
人'，以为他们可以在犯罪发生的任何时间和地点迅即'神兵天降'。
但不幸的是，他们不是'超人'，更不幸的是，无数受害者成了这个
美妙设想的牺牲品。"① 前文所述威尔逊和凯林的"破窗理论"即产

---

　　① John Landis,"The Tragedy of The Police Professionalism", *The New York Times*, March
12, 1982.

生于这场对传统警务模式的反思与批判中。《纽约时报》于 1991 年 12 月 17 日在《新闻与分析》栏目上发表的一篇编者评论中指出："'破窗理论'不仅改变了美国控制犯罪的手段，而且改变了美国控制犯罪的方向。"20 世纪 90 年代初，纽约、芝加哥、奥克兰等一些犯罪率较高的城市，警方开始实施一系列新的警务措施，美国司法学界将其统称为"社区警务"，其中"以问题为导向"（Problem Oriented）的警务模式构成了这一新型警务模式的核心。

（一）"以问题为导向"的警务模式与犯罪控制

在"警务专业化"时代，警察采用的犯罪治理模式通常是"反应型"（Reactive Policing）警务模式，即警察并不主动出击，而是在民众举报后再作出相应的反应。这种模式决定了警方一般会把主要精力放在处理已经发生的犯罪上。但由于犯罪案件的累积和警方侦破力量有限，许多案件尤其是一些复杂案件的侦破常常会长年无果，这在一定程度上助长了犯罪。同时，"反应型"警务模式很难起到预防和抑制犯罪的作用。而"以问题为导向"的警务模式要求警方把了解和掌握某一地区的犯罪现状，搞清导致某一地区发生犯罪的原因和潜在的犯罪问题等作为警务工作的基本内容；强调要"先于犯罪而行动"，把犯罪消灭在萌芽状态，"抑制犯罪"，而非"应对犯罪"。与此同时，"以问题为导向"的警务模式要求警方要充分利用社区组织和社区居民等社会资源，把社区组织的作用融入到警务工作中来。

1992 年，加利福尼亚州奥克兰市警方处理一个公交车站抢劫案的方式，就是运用这一新型警务模式的典型案例。当时，该公交站在 4 个月内连续发生了 13 起抢劫案，并造成两名被害人死亡，而在 4 个多月的时间里，警方竟没能破获其中任何一起案件。奥克兰市政府随即更换了警察局长。新任警察局长是一位力主推行"以问题为导向"警务模式的人，他上任后，带领一些警察对案发地点及附近地区进行了走访。调查发现，出事地点附近有多条比较狭窄的街区，并且晚间的照明状况非常不好。这种环境无疑给罪犯作案提供了有利条件，是此处抢劫案频发的重要诱因之一。警方将这一情况及建议及时提交给了当地行政部门。不久，该公交车站被迁移到了一个道路较宽、照明情况较好的地点。之后，抢劫案再未发生。事实上，警方所采取的措施并没有什么令人称奇之处，但重要的是，它提供了一个预防犯罪的新思路，即"以问题为导向"，从解决造成犯罪的各种问题入手来预防和控制犯罪的发生。

（二）纽约市推行"以问题为导向"警务模式的经验

在从20世纪80年代末开始的这轮新的警务模式的改革进程中，纽约市不仅是开先河者，而且它所取得的成就和经验也是最典型和最丰富的。20世纪七八十年代的纽约市一直是美国各大城市中犯罪率最高的城市，但自20世纪90年代初开始，纽约市的犯罪率开始逐年大幅度下降，并在1998年被美国媒体评为"全美十大安全城市"之一。纽约市成功的关键是其推行了一系列应用"破窗理论"思想而制定的"以问题为导向"的警务模式。20世纪90年代以前，由于各种违法犯罪案件太多，纽约市警察不得不将注意力放在大案、要案上，而对一般的轻微违法犯罪行为则采取了得过且过的态度。当时，纽约市以市容脏乱差而闻名全美国。在街道的墙壁上，在地铁的车站、车厢内，在城市的清洁车辆上，乱涂乱画的现象十分严重。进入纽约市的一些社区，市容不整、醉汉、流浪汉、妓女、无业游民等乱象更是随处可见。1993年，司法专家、政治家鲁道夫·朱利安尼（Rudolf Giuliani）当选纽约市长。朱利安尼是一个土生土长的纽约人，对纽约市的犯罪状况了如指掌；同时，他曾先后担任过联邦法官助理、检察官以及联邦司法部副部长等职，有着丰富的司法、执法经历和经验。更为重要的是，朱利安尼是一个长期以来一直对"破窗理论"极为推崇的人，他曾在《今日美国》（USA Today）杂志上发表文章，对该理论予以阐释和宣传、推广。朱利安尼上台伊始便多次亲临纽约市的各主要警局，指导警方具体实施"以问题为导向"的警务模式。警方首先从消除纽约市的各种无序和混乱现象入手，并具体推出了对城市中各类轻微违法行为的"零容忍警务"（Zero Tolerance Policeing）。依据该政策，凡会影响民众生活质量的各种无序问题，警方都必须设法处理和解决。例如，警方以疏导、劝解、收容等方式从街面上逐步清除了醉汉和无家可归者，并开始严格执行禁止在公共设施上乱涂乱画的法律，甚至在纽约存在了半个多世纪之久的远近闻名的纽约"红灯区"——也就是位于纽约第 42 街的卖淫一条街，也被警方一举清除。

纽约市警方采取的这些大刀阔斧的激进式的警务改革措施虽然引起了一些学者和政治家的质疑——认为这些举措有违反公民宪法权利之嫌，但是，纽约市却不仅以此重新塑造了它的城市和社区面貌，而且也使该市几十年居高不下的犯罪率出现了逐年下降的趋势。《纽约时报》于 1997 年 11 月就纽约市警方实施的这些新的社区警务措施对 5000 名纽约人进行了问卷调查，结果显示，支持者为 73.1%。① 由此可见，"破窗理论"思路下的新的警务模式得到了绝大多数纽约市民众的认同与支持。

（三）"以问题为导向"警务模式中的警民合作

在推行"以问题为导向"警务模式的同时，自 20 世纪 90 年代以来，在美国各地，特别是一些刑事犯罪问题比较严重的大中城市，警方开始采取多种不同的方式来加强警民联系与合作。以犯罪率在 20 世纪八九十年代高居全美第二的加利福尼亚州奥克兰市为例，为使民众便于接触到警察，也使警员便于了解社区的治安情况，该市的许多警察局于 1996 年之后陆续重新恢复了已经废止多年的步行巡逻，以增加警察与社区居民面对面接触的机会。同时，他们还设立了专门的"社区警务"警员，深入社区，与居民建立经常性的联系。

（四）"社区警务"的多种模式及其未来

就全美范围而言，"社区警务"的推行并没有一个统一的模式，"以问题为导向"的警务模式和奥克兰市以及其他许多城市或社区恢复步行巡逻以及设立"社区警务"警员等举措，是目前采用较多的几种"社区警务"模式，其他使用较普遍的"社区警务"模式还有以下几种。第一，警方利用警察局网站或其他社交平台、电子邮件、手机短信或纸质传单等方式，定期（每周或每月不等，视当地的治安

① John Landis, "The Tragedy of The Police Professionalism", *The New York Times*, March 12, 1982.

状况而定）向社区居民通报本社区的治安形势，简要公布近期发生的犯罪案例，并提出相应的警示。第二，警方根据其对本地区犯罪走势及特点的分析判断，由"社区警务"警员亲自走进社区，帮助居民采取相应的预防措施。如当警方判断某个社区的盗窃犯罪有可能增加时，"社区警务"警员会在该社区内启动招募更多临时"安全志愿者"的工作，以加强社区的日常巡视和安保。第三，帮助社区居民建立"邻里守望"组织。"邻里守望"制度是美国"社区警务"的重要产物之一，尽管它在本质上是一种社区居民自我管理、邻里间互帮互助以及及时发现安全隐患的志愿性机制，但由于它被赋予了社区犯罪防范的重要责任，因此各地的"邻里守望"组织均与当地的警务部门有密切的联系与合作，"邻里守望"行动的实施细则、处事对策，甚至报警时机与方式的选择等技术方面的设计，也都是由警方提供的。由于"邻里守望"的社区自助、互助理念以及增进邻里关系等理念深得美国民众的认同和欢迎，加上它的规范化运作和极强的可操作性，所以这个机制不仅已成为目前全美最有效和最普遍的社区安全与互助机制，而且在实际生活中，它已逐渐扩展到了保护社区居民更广泛利益的层面，例如制止家庭暴力、规劝大家遵守社会公德，等等。

尽管"社区警务"模式近年来在抑制和治理美国城市犯罪方面产生了明显的效果，但到目前为止，学术界、刑事司法界以及政府行政界等各方面对此还没有形成一种共识。一些城市的警察甚至包括一些高级警务人员仍对"社区警务"模式持怀疑、保留，甚至反对的态度。这其中的主要原因是"社区警务"模式在法律及可操作性等方面仍存在一些尚未解决的问题。

第一，在法律层面，"社区警务"模式中的一些措施和机制，与宪法赋予公民的个人自由和隐私不受侵犯等权利规定存在矛盾冲突。这一点在 3 年前发生的轰动全美的"马丁案"（The Case of Martin）之后再度凸显。2012 年 2 月 26 日，17 岁的黑人少年马丁到一个陌生的白人社区去找他的父亲，他的父亲当时正在该社区的一个朋友家里作客。社区中的一位白人"邻里守望者"齐默尔曼此时正在社区内巡视值班。他见马丁是个陌生人并感觉他形迹可疑，因此便怀疑马丁是个窃贼。他一面向警方报警，一面紧盯在马丁身后。齐默尔曼的尾随盯梢惹怒了马丁，于是两人发生了肢体冲突，冲突中齐默尔曼拔枪向马丁连开3枪致其当场死亡。案发后，齐默尔曼被警方以二级谋杀和杀人罪逮捕，但在之后的法庭审判中，陪审团认定对齐默尔曼的指控罪名不成立，于是他被无罪释放。此案立即引起一场轩然大波，引发了美国众多城市连续数天的游行抗议。"马丁案"发生后，美国社会在反思此案中可能存在的种族歧视与司法不公的同时，也对"社区警务"模式及其重要产物的"邻里守望"制度提出了诸多质疑。首先，从宪法权利的角度而言，"邻里守望者"齐默尔曼跟踪甚至拦截盘问马丁的行为显然对马丁的个人自由及隐私权构成了侵犯；其次，作为"邻里守望者"的齐默尔曼是在履行"邻里守望"职责的时候使用枪支射杀马丁的，那么，"邻里守望者"的这种可以使用致命性武器对付社区"外来者"（哪怕是犯罪嫌疑人）的权利来自何处？如果说它来自"邻里守望"制度的授权，那么这个制度的设计显然大大超越了美国法律，因为截至目前，美国没有任何一个联邦或地方法律赋予一个民间志愿组织这样的权利。佛罗里达州州立大学的法学院教授、宪法学者安东尼·戴维斯（Anthony Davis）于2012年5月在《迈阿密先驱报》（*The Miami Herald*）上撰文指出："新型警务模式下一些机制的设计有明显的违宪之嫌，而它的一些运作环节显然也存在超越法律规定之处。"① 从"马丁案"引发的争论不难看出，"社区警务"模式中一些措施和机制设计的合法性乃至合宪性问题能否得到解决和如何解决，将会在很大程度上决定这一新型警务模式的前途和命运。

第二，"社区警务"模式所带来的警察角色的转变和管理方式的变化，在实践中也面临着诸多挑战和阻碍。首先，在警察的角色转变方面，"社区警务"模式要求警察改变其在传统警务模式中的地位、

---

① Anthony Davis, "The Community Policing: From the Perspective of Constitution", *The Miami Herald*, May 19, 2012.

形象和作用，这对很多人尤其是对那些资深警员来说具有相当的难度。对于很多美国警察而言，选择警察这个职业的初衷之一，就是喜欢当警察给人带来的那份威风凛凛和掌控他人的感觉，现在让他们放下警察的威风和身段，与社区民众"打成一片"，这对许多警察来说是一个几乎无法完成的转变。[①] 其次，在管理方面，在传统警务模式下，警察机构培训警员的重点是训练他们如何侦破案件、如何逮捕嫌疑犯、如何保护民众和维持治安；同时，警员的业绩和上级对警员的考核与管理，也主要围绕着这些内容来进行。由于这些工作内容可以量化，所以，不仅警员很容易对自己的业绩做到心中有数，而且管理者也可以据此对警员作出科学、公正的评判，晋升、加薪等有据可依。但在"社区警务"模式下，能否在社区中建立良好的警民关系以及能否与社区居民有良好的沟通等成为了重要的考核内容，而这类工作却又无法以量化的方式来考核，这不仅让警员感到疑惑，也让管理者感到难以操作。这些仍没有找到有效解决方案的具体而又实际的问题对"社区警务"模式的推广造成了很大的阻碍。

第三节　城市犯罪治理面临的挑战及其未来

20 世纪 90 年代以来，美国在城市犯罪治理理念与操作模式上的变革带来了城市犯罪状况的巨大改善。但与此同时，犯罪控制与公民权利之间的矛盾冲突在美国社会依然十分尖锐，这使得一些严重而又突出的犯罪问题始终无法得到有效控制。不仅如此，已经取得的犯罪控制成果也因此而时刻面临着被严重侵蚀甚至被彻底瓦解的威胁。在这些犯罪问题当中，目前最为突出和危害最大的是枪支暴力犯罪和"硬性毒品"及大麻泛滥的问题。

枪支暴力犯罪是美国城市犯罪中的一个十分突出的问题。近年来，发生在全美各城市的枪支暴力事件此起彼伏。皮尤研究中心于 2014 年

---

① 王瑞平：《当代纽约警察：机制、策略、经验》，中国人民公安大学出版社 2009 年版，第 34—37 页。

10 月提供的统计数据显示，在 2013 年 1 月至 2014 年 6 月短短一年半的时间里，美国城市中共发生了 77 起属于暴力犯罪的枪击案，案发率达到了平均每周一起的高点，其严重程度前所未有。[①] 控制枪支暴力犯罪无疑首先要控制枪支，然而，这又涉及挑战美国宪法的权威，触动党派和利益集团的利益，甚至涉及改变美国人的传统习俗与生活方式等等，这是一个盘根错节、牵一发动全身的社会难题。截至目前，美国没有任何一个党派或社会力量能够发起对这项宪法权利的修订。而只要持枪权仍在宪法的保护之下，美国社会就无法形成对枪支泛滥实行有效管控的充分且有效的社会氛围与政治动力。在这种情况下，枪支暴力犯罪在美国社会仍将会长期存在并对城市的犯罪控制带来负面影响。

另一个日益严峻的问题是，近年来，美国人尤其是城市青少年使用大麻的人数逐年增加。华盛顿大学法学院于 2013 年 8 月所作的调查显示，有大约 31.6% 的美国人承认"过去一年中曾经吸食过大麻"。这个数字比 8 年前增加了 3 成以上。与此同时，涉嫌大麻违法犯罪的案件在过去的 8 年中增加了约 40%。[②] 大麻问题的恶化给美国的城市犯罪控制带来了又一个新的挑战。大麻问题恶化的原因是多方面的，但经济因素是其中的主要推手。自 2008 年金融危机爆发以来，美国各州的财政赤字不断加大，失业率增加，给美国社会的经济和政府运行带来了巨大压力。在这种情况下，开源节流成为当务之急，于是一些州政府便把目光投向了大麻，因为大麻被认为具有巨大的潜在产值。科罗拉多州大麻工业集团（Colorado's Marijuana Industry Group）于 2014 年发布的市场调研报告披露，2013 年，美国实行大麻合法化的州大麻产业的直接收入高达 16 亿美元左右。[③] 此外，由于美国联邦

---

① Pew Research Center, *New Characteristics of Gun Violence and Gun Accident*, http://www.pew-socialtrends.org/2014/10/8/new-characteristics-of-gun-violence-and-gun-accident/.

② Mark Anderson and Daniel I. Rees, "The Legalization of Recreational Marijuana: How Likely Is the Worst-Case Scenario", *Journal of Policy Analysis and Management*, Winter 2014, p. 223.

③ D. Mark Anderson and Daniel I. Rees, "The Legalization of Recreational Marijuana: How Likely Is the Worst-Case Scenario", *Journal of Policy Analysis and Management*, Winter 2014, p. 228.

税法规定对大麻企业征收 50% 以上的高税，因此大麻产业还可以为地方政府带来可观的税收收入。不仅如此，美国卡托研究所（Cato Institute）① 于 2012 年 8 月发布的研究报告认为，解禁大麻还将会带动农业、包装、营销、广告等相关产业的发展，增加大量新的就业机会。这些经济上的诱惑对于饱受财政赤字和失业率困扰的美国许多州来说，无疑是一个很难拒绝的选择。截至 2014 年底，全美已有 20 多个州解禁了医用大麻，而科罗拉多州等 4 个州还通过了"娱乐用大麻合法化"的法律，全面解禁了大麻。② 这使美国各地大麻吸食者的数量随即大幅上升。

目前，在联邦法律层面，吸食大麻仍为违法行为。根据美国国会 1970 年颁布的《受控物品法》（Controlled Substance Act），大麻属于"A 类管制毒品"，与海洛因和可卡因等"硬性"毒品一道被严格禁止，违反者将遭到监禁等重罚。按照美国宪法，联邦法高于地方法。因此，尽管近年来美国一些州以立法的形式解禁了大麻，但联邦法律并未改变，使用大麻仍属于违法。美国联邦调查局在 2014 年公布的统计数据显示，截至 2013 年底，全美有大约 21.4 万人因大麻罪（吸食、拥有、贩卖或种植大麻）而被判入狱，被羁押在州或联邦监狱。这个 21.4 万人的人数相当于其他各类毒品犯罪入狱者人数的总和。也就是说，在美国的各类毒品犯罪中，大麻犯罪者的人数是最高的，被判入狱的人数也是最多的。同时，在 70 个美国大中城市当年发生的 58.8 万起重大街头抢劫案中，有 18.6% 的案件与大麻有关。③ 因此，解禁大麻将使消灭城市毒品犯罪成为空谈。

---

① 它是位于首都华盛顿的一个"自由意志主义"智库。它自许的办所宗旨是："扩展公共政策辩论的角度"，通过扩展参与公共政策和政府正当角色的讨论来"恢复个人自由、市场经济以及和平的美国传统"。

② Jeff Swicord, *Washington. D. C. Moves Toward Marijuana Decriminalization*, http://www.51voa.com/VOA_ Standard_ English/washington-，2015 – 07 – 20dc-moves-toward-marijuana-decriminaliza-tion-54860. html.

③ Rosalie Liccardo Pacula, "Sevigny . Marijuana Liberalization Policies：Why We CanZt Learn Much from Policy Still in Motion"，*Journal of Policy Analysis and Management*，2014，pp. 212 – 214.

第六章　少年司法制度改革与青少年犯罪治理

　　2012 年 6 月 20 日，美国联邦最高法院对米勒诉阿拉巴马州案（Miller v. Alabama）和杰克逊诉霍布斯案（Jackson v. Hobbs）一并作出判决，以 5:4 的投票结果废除了现存的"未成年犯终身监禁不得假释"的法律规定，从而确认了未成年犯的量刑规则应区别于成年犯的司法准则。这一判决结果无疑将给现存的美国少年司法制度的走向带来重大影响，也给长期以来备受争议的少年法院的命运增加了新的变数。

　　一百多年前的 1899 年 7 月 1 日，美国伊利诺伊州第 41 届议会颁布了世界上第一部司法型少年法典《少年法院法》（Juvenile Court Act），并以此为依据，在芝加哥市库克郡建立了世界上第一个少年法院（Juvenile Court），至此宣告了美国少年司法制度的诞生。① 该制度以保护未成年人的福祉、权益和健康成长为理念，旨在建立一种适应未成年人身心特性的康复、矫正型司法制度，在"国家亲权"（Parens Patriae）思想②和保护主义的前提下处理未成年人犯罪。

---

　　① 在美国，少年司法主要由具有独立程序和法律理念的特别少年法庭来负责。这一制度的组成部分通常还包括矫正部门和检查办公室，在某些情形下还包括特别警察单位等。
　　② "国家亲权"又称为"政府监护"，它是指当未成年人的父母没有依法履行其作为父母对子女的应尽义务时，国家理所当然地介入其中，代替不称职或无计可施的父母，以未成年人监护人的身份来行使亲权，这样，国家也就拥有了与父母一样的权利来制约和维护孩子的行为。"国家亲权"思想起源于西方国家，主要体现在未成年犯罪诉讼程序上，它强调遵循"未成年人最大利益原则"来处理少年罪错行为。"国家亲权"思想对于克服刑事古典学派的弊端，推动少年司法制度的进步发挥了重要的作用。

美国少年司法制度的诞生在人类法制史上是一个具有开创性和里程碑意义的创举，它的出现在全世界引起了广泛关注，并产生了巨大影响。美国著名法学家罗斯科·庞德（Roscoe Pound）在评价《少年法院法》的颁布时指出，它是"自1215年英国《大宪章》签署以来，英美司法制度中最重大的进展"。[①] 在库克郡少年法院诞生后的几十年里，美国掀起了一场轰轰烈烈的少年法院运动。一个多世纪以来，"伊利诺伊式"的少年司法制度的推行不仅遍及全美，而且也成为其他众多国家效仿的范本。今天，少年司法制度已经在世界绝大多数国家，尤其是发达国家建立，并已成为各国的基本法律制度之一。

然而，进入20世纪下半叶，特别是最近二三十年来，少年司法制度在它的诞生地美国却引发了空前的争议，陷入了严重的危机。该制度遭到了从自由派到保守派、从立法部门到司法机构、从学界到公众方方面面的质疑与诟病，要求废除这一制度的呼声此起彼伏。到20世纪末，全美50个州及哥伦比亚特区中已有49个州通过立法，降低了将未成年少年移送至成人刑事法院受审的门槛，并加大了对少年犯适用严重刑罚包括终身监禁和死刑的比例，而这些重刑原来只适用于成年人。2005年3月和2012年6月，美国联邦最高法院在罗珀诉西蒙斯案（Roper v. Simmons）和米勒诉阿拉巴马州案（Miller v. Alabama）、杰克逊诉霍布斯案（Jackson v. Hobbs）的判决中分别以违宪为由，先后废除了未成年犯死刑和未成年犯终身监禁不得假释的制度，在最高司法层面显示了坚持康复、矫正型少年司法（rehabilitation）理念和维护少年法院制度的明确的司法倾向，这或将推动美国现行少年司法制度的进一步变革。然而，鉴于受到社会各方力量和复杂因素的影响与牵制，美国少年司法制度未来的命运究竟如何，目前还难以定论。

少年司法，这个曾经令美国人感到自豪与骄傲、被全世界推崇和效仿并推行了100多年的独特的司法制度为什么会在当今美国面临如

[①] Gustav L, Schramm, "Philosophy of the Juvenile Court", *in Annals of the American Academy of Political and Social Science*, Vol. 261, Juvenile Delinquency, Jan. 1949, p. 101.

此严峻的挑战？这种巨大改变是如何发生的？它对美国未成年人的罪错矫正和犯罪控制已经和即将带来哪些影响？本章将对这些问题进行阐述。

自 1899 年芝加市哥库克郡第一个少年法院诞生以来，美国的少年司法制度已经经历了百余年的发展历程。从该制度不同历史时期的发展，特别是其主要功能特点和它在美国未成年人矫正与犯罪控制方面所发挥作用的角度出发，可以将该制度的发展变化划分为四个阶段：早期矫正制度的形成与发展阶段（从 18 世纪中叶前后到 1898 年芝加哥库克郡少年法院的诞生）；少年法院运动及少年司法制度广泛推进阶段（从 1898 年少年法院的诞生到民权运动高涨的 20 世纪 60 年代中期）；少年权利鼎盛阶段（从 20 世纪 60 年代中后期到 20 世纪 80 年代初，此间联邦最高法院通过一系列判决，推动未成年人权利保障）；犯罪控制优先阶段（从 20 世纪 80 年代至今，保守主义倾向在刑事司法领域中占据上风，少年司法制度"强硬化"并面临一系列重大挑战和变革）。①

第一节　早期矫正制度的形成与发展

在 18 世纪中叶以前，美国社会对"罪错少年"②处境的关注度远远低于英法等欧洲国家，"罪错少年"矫正制度的建设也尚未起步。然而，在欧洲，早在 1324 年英国普通法便采纳了《查士丁尼法

---

① 对于美国少年司法制度一个多世纪的发展与演变，国际学术界有多种不同观察维度的阶段划分，其中最具代表性和被学界广泛认同的是美国著名刑法学家罗兰多·卡门（Rolando Carmen）所阐述的观点。卡门在其 *Juvenile Justice: The System, Process and Law* 一书中，提出了美国少年司法制度发展的"四段论"。他认为，百年来的美国少年司法经历了四个不同的发展阶段，即：前少年法院时期（自 1600 年至 1898 年）、少年法院时期（自 1899 年至 1966 年）、少年权利时期（自 1967 年至 1979 年）和犯罪控制时期（自 1980 年至今）。本章对美国少年司法制度发展阶段的划分参考了卡门的观点并融合了其他学者的相关论述。

② "罪错少年"（Delinquent Juvenile）是一个范围比较宽泛的笼统的概念。在美国，一般指已满 14 岁、不满 18 岁的，有较轻刑事犯罪行为、违法行为以及其他不良行为的青少年。"罪错少年"的提法旨在从概念上区别于有类似行为的成年人，以避免对未成年人造成"标签"效应。

典》中认为孩子因年幼不会有预谋恶意的观点，承认了年幼可以作为合法辩护的理由。17 世纪，伴随着社会经济的持续发展以及心理学、精神病学、法医学、建筑学等的进展与突破以及实证主义在社会科学领域中主导地位的确立，欧洲的刑事法典出现了人道主义的变革，刑罚改革运动如火如荼。这场改革运动中的代表性人物之一是英国著名监狱改革家约翰·霍华德（John Howard）。霍华德结合自身的早期经历，在其名作《监狱的事情》一书中明确提出了"对于不良少年应以劳役、教诲、善导而予以感化而不是将其从社区中驱逐或予以监禁"的思想主张。他认为，监狱应该是在人格心理上对"罪错少年"进行矫治改造，使之洗净犯罪特质的地方，而不是以非人待遇进行惩罚的地方；并认为单纯的刑罚难以控制罪犯，严格的纪律才能训导他们。法国著名思想家米歇尔·福柯在《规训与惩罚》一书中对同一时期法国刑法方式的变革进行了概括。他指出，随着资本主义经济对人力资源需求的日益增长，17 世纪之后法国社会的刑罚方式已经逐渐从消灭生命转变为较为人道的对人的身体的监禁与苦役以及对人的灵魂的改造，并进而转化为对人的身体的监禁以及对精神的规训。①17 世纪之后的英法等国，感化院、惩治监狱等矫正机构以及"层级监视""军事化管理"等对"罪错少年"的矫正方式已经十分普遍。

一　美国早期的矫正雏形

在欧洲启蒙思想和人道主义刑法理念的影响下，自 18 世纪中叶后，带有对罪犯特别是对"罪错少年"进行教养、感化色彩的组织和机构开始在美国社会出现。1776 年，在宾夕法尼亚州费城的核桃街诞生了美国第一个体现人道主义精神的感化院——核桃街拘役所（The Walnut Street Jail），开始尝试以宗教感化、教育和强制劳动等方式来对"罪错少年"进行矫治。1787 年，"费城减轻公立监狱惨境协会"（Philadelphia Society for Alleviating the Miseries of the Public Pris-

---

① ［法］米歇尔·福柯：《规训与惩罚》（修订译本），刘北成、杨远婴译，生活·读书·新知三联书店 2012 年版，第 34—35 页。

ons）成立，致力于对监狱中关押的少年犯的悲惨境遇给予关注，并尝试改善他们在狱中的生活待遇和在宗教信仰方面给予帮助。1825年，在"未成年人犯罪预防协会"（Society of the Prevention of Juvenile Delinquency）的倡导和推动下，纽约州成立了全美第一家未成年人庇护所（House of Refuge）；1846年，马塞诸塞州也出现了全美第一家少年感化院（reform school）——"利曼男童感化院"（Lyman School for Boys）。到19世纪中叶，全美各地都陆续建立了各类旨在挽救和矫正"罪错少年"的庇护所或感化院，诸如少年教养学校（Reform School）、训练学校（Training School）、工业习艺学校（Industrial School）等等，这些机构一般都设在乡下或农村牧场之内。在安置方式上，这些机构将"罪错少年"与成年罪犯隔离开来，把他们安置在一种专门的监护机构中；一方面使他们不再逍遥法外，另一方面给他们创造一种相对健康的"生活环境"以便有利于其改邪归正。在矫正手段上，这些机构不同于传统的监狱，它对"罪错少年"主要施以挽救、辅导和矫治，而不是惩罚。除了"罪错少年"，这些机构也收容那些穷困、被遗弃或受虐待的未成年人，特别是孤儿，为他们提供居所、食品、衣物和必要的保护。庇护所和感化院可以说是美国对未成年人予以专门救助和矫正的最早的社会机构，其理念与运作方式与现代矫正制度已有很多相似之处。

二　早期矫正机构的弊端

显然，在欧洲启蒙思想特别是人道主义司法理念的逐步渗透和影响下，18世纪的美国社会逐步移植或接受了缘起于英法等欧洲先进国家的对"罪错少年"予以感化和教养的矫治理念，但是，由于当时的美国社会并不存在对未成年人应予特殊照顾或优待的福利思想以及在此方面的广泛的社会共识，相反，对未成年人应予"控制"的观念仍占主导地位，加上缺乏相应的司法制度方面的约束与保障，因此，上述矫正制度本身的一些缺陷和弊端在其运作过程中便日益凸显以致走向悖论。

首先，这些矫正机构普遍追求强化性学习方式、严格的纪律约束以及艰苦的劳作体验，其对被收容者的管理带有很强的强制性色彩；第二，一些矫正机构甚至有组织地强迫未成年人劳动，并有非法使用童工之嫌；第三，一些矫正机构中的孩子不仅遭受与成人监狱一样的戴手铐、脚镣的严厉管束，而且还经常被体罚甚至殴打；第四，庇护所中的管理人员主要由义工和社工等组成，他们当中的很多人甚至没有起码的教育、矫正或心理治疗等方面的必要知识，根本无能力承担基本的矫治工作；第五，矫正机构收容或关押的大多数是那些街头流浪少年或越轨、轻罪少年，那些触犯重罪的未成年人则仍被关押在成年人监狱，与成人罪犯混合关押在一起。① 这些缺陷和弊端无疑在很大程度上影响和制约着对未成年人实施救助与矫正的实际效果。实事上，到19世纪后期，教养院、庇护所等未成年人矫正机构已经开始遭到来自社会各方的诟病。一些舆论甚至指出，有的矫正机构"把大量的少年变得在行为和思想方面都毫无自主性的人，或者使他们的品质变得比以前更加恶劣，而不是将他们重塑成了理想的孩子"。② 与此同时，由于少年罪错案件的数量持续增长，事实上，此时美国的矫正机构已经无力继续收容人数日益膨胀的"罪错少年"并对他们进行行之有效的矫正。③

三　早期矫正制度的终结

在这样的现实与舆论环境下，1870年，发生了奥康尼诉特纳案（O'Conell v. Turner）。当时，芝加哥的教养学校收容了一个没有犯罪行为但有可能成为街头流浪儿童的男孩丹尼尔·奥康尼，教养学校的这一做法遭到孩子的父亲迈克尔·奥康尼的反对并将教养学校告上了法庭。1870年伊利诺伊州高级法院做出裁决，命令教养学校释放

---

① 依据美国刑法，重罪（Felony）是指可被判处一年以上监禁或死刑的犯罪行为。与之相对应，轻罪（Misdemeanor）则指可被判单处罚金或不超过一年拘留所（jail）拘禁的犯罪行为。

② David J. Rothman, *The Discovery of the Asylum*, Little Brown, 1971, pp. 258 – 260.

③ Senna & Siegel, *Introduction to Criminal Justice*, West Publishing Company, 1996, p. 711.

丹尼尔·奥康尼。法院认为，奥康尼的父母可以给孩子以良好的家庭照顾和影响，把孩子收容到教养学校不是帮助而是惩罚，而未经正当法律程序即剥夺无罪少年自由的做法是违宪的。在奥康尼案判决结果的影响下，芝加哥于 1872 年关闭了教养学校。美国早期矫正制度遭遇重大挫折。在其后的二十多年里，"重新安置"（Placing Out）在美国广泛流行，"罪错少年"被重新关进成人监狱与成年犯人混押。①这一变化表明了公众对少年教养学校等矫正机构的极度失望与不满，少年矫正制度陷入严重危机，改革势在必行。

　　在社会大环境方面，此时的美国社会正逐渐步入从农业社会向工业社会的快速发展阶段，第二次工业革命的推动、欧洲剩余资本的涌入、大量外来移民带来的先进技术和充足的劳动力资源，以及本国人口的快速增长等因素，极大地推进了美国的工业化进程。19 世纪末的二十多年间，美国的工业产值增长了近 10 倍，资本规模增加了近 20 倍。到 19 世纪结束时，美国的汽车、钢铁、煤炭、机器制造以及电器等工业产品的产量均已跃居世界首位。城市化、工业化的高速发展和经济的日益繁荣带来了人们观念的巨大转变，各种社会思潮与社会变革不断涌现，其中肇始于 19 世纪初的"拯救儿童运动"对少年矫正制度的发展与改革一直发挥着重大影响。② 该运动提出的一个重要的主张是改革美国刑事司法制度中那些严重忽视少年儿童权益的部分，尤其是要为那些"罪错少年"顺利回归社会创造更好的法律环境。这些主张在很大程度上催生了美国的"儿童福利思想"和"儿童最大利益"主张③，为少年司法制度的建立奠定了法理和民意基础。

---

　　① Birt Waite：*The Origin and Development of The Juvenile Court*，A Dissertation Presented for the Doctor of Philosophy Degree The University of Tennessee，1974（12）.98 – 99.

　　② "拯救儿童运动"（The Child-Saving Movement）起源于 19 世纪中叶前后，主要由一些社会改良主义者和教会人士发起，他们当中的多数人都来自于上流社会或中产阶级家庭。这些人声称并不代表任何阶级或阶层，也不谋求任何政治利益，而是以解决社区内存在的现实问题，尤其是未成年人问题为己任，从而拯救和保护社会中的弱势群体和不幸人群，特别是少年儿童。

　　③ 徐显明：《少年司法的一个世纪》，商务印书馆 2008 年版，第 17 页。

第二节　少年法院运动和少年司法制度的推进

在"拯救儿童运动"以及妇女、慈善团体和律师协会的共同推动下，1899年4月21日，伊利诺伊州议会通过了酝酿已久的《规范无人抚养、被遗弃和罪错孩子的处遇与控制法案》（*Act to Regulate the Treatment and Control of Depended, Neglected and Delinquent Children*），即著名的《少年法院法》。这部法律的颁布把将近一个世纪以来美国在未成年人矫正制度和少年司法制度方面的尝试和探索所取得的经验和成果以法典化的形式确定下来。根据这部法律，1899年7月1日，芝加哥市库克郡建立了美国也是世界上第一个少年法院，开创了独立于成人刑事司法体系之外的少年司法制度。

一　少年法院的理念、基本制度与运作

少年司法制度是19世纪以来美国社会逐步形成的儿童福利思想和儿童最大利益原则的产物，是"儿童无邪"论（childhood innocence）和"公众责任"理念的具体体现。它不同于以刑事惩罚为目的的成人刑事司法制度，而是一种带有强烈福利色彩的恢复（Rehabilitation）和矫治制度。笼统而言，它主要承担着两大职责：其一，庇护问题少年使其免受成年犯可能承担的刑事惩罚的负面影响。[①] 其二，向问题少年和身份违法少年提供适当的辅导与处分，促其顺利度过青春期。[②] 从司法理念、机构设置、运作规则等诸多方面，它亦明显不同于成人刑事司法制度。

第一，在司法理念上，少年司法制度是在"国家亲权"思想和少年最大利益原则之下所实施的具有保护性、福利性的司法干预，它所

---

①　Bishop, Donna and Scott Decker："Punishment and Control：Juvenile Justice Reform in USA." *International Handbook of Juvenile Justice*, Springer, 1993. p. 3.

②　身份违法（Status Offense），是指那些仅仅因为年龄或与"未成年人"身份有关的特定违法行为。如离家出走、逃学、持有或饮用酒精饮品、一般的"不服管教"或夜不归宿等。

追求的目标是对"罪错少年"的矫治与康复。① 这与传统刑事司法的惩罚性理念有着本质的不同。少年司法制度与刑事司法制度在理念上的不同还十分典型地体现在它所使用的各个司法概念上，它完全摒弃了刑事法院常用的那些标签化的概念。例如：刑事法院的"控诉"，在少年法院叫"诉请"；刑事法院的"被告人"，在少年法院叫"被申请人"；刑事法院的"审判"，在少年法院叫"听证"；刑事法院的"罪犯"，在少年法院叫"罪错少年"；刑事法院的"刑事判决"，在少年法院叫"裁决"；刑事法院的"量刑"，在少年法院叫"安置"；等等。

第二，在管辖、受理范围上，《少年法院法》将少年法院的管辖范围界定为三类未成年人，即："罪错少年"（Delinquent Children）、被忽视少年（Neglected Children）和 16 岁以下的无人抚养少年（Dependent Children）。② 其中少年罪错案件是少年法院受理最多的。在这类案件中，不同州的管辖界定又略有不同，大体包括五种类型：一是大多数州规定少年法院管辖少年的一切犯罪行为；二是少年法院只管轻罪案件，重罪案件由刑事法院管辖；三是特别严重的犯罪，如杀人、强奸等少年法院不能管辖，其他均可管辖；四是少年法院不管辖应判死刑和终身监禁的案件；五是同类案件少年法院和刑事法院都可管辖，但如果少年法院不予受理，则必须给出放弃管辖的原因，然后移送刑事法院审理，而刑事法院还可据理退回。

第三，美国的少年法院与毒品法院、家庭法院一样，属于地区性特别法院。在运作、执行方式上，少年法院完全独立于成人刑事法院，它的建立使得对少年案件的审判和对成人案件的审判两者完全分离开来并自成体系、独立运作，以期全面保障身心不同于成年人的未

---

① 伊利诺伊《少年法院法》中规定，对孩子的照料、监管和惩戒应当尽可能近似于儿童家长所给予他们的；通过合法收养或者其他办法使孩子被安置在经批准的家庭从而使其成为这个家庭的一个成员。

② An Act to Regulate the Treatment and Control of Dependent, Neglected and Delinquent Children, Ill. Laws, 1899, in John C. Watkins, eds., *Selected Cases on Juvenile Justice in the Twentieth Century*, The Edwin Mellen Press, 1999, Section1.

成年人获得合理的福利化的司法"处遇"。① 少年法院在处理未成年人案件时拥有几无限制的自由裁量权或酌处权，法官有权选择某种安置（量刑）措施，这些措施多为社会化的非机构方式，例如警告、缓刑监视、训练学校矫治、社区劳动等。不同于成人犯的判刑，这些矫治措施通常没有期限限制，直到法院认定该触法少年已经完全矫治或已经成年，少年法院的管辖权才告终止。

第四，在司法程序方面，少年法院实行的是非正式程序方式。首先，在案件受理上，少年法院有独立的收案权（Intake）。案件一般由当地的缓刑部门启动，受理则完全由法院控制。在决定如何受理时，少年法院不仅要考虑法律因素，还要考虑涉案少年的处境等法律外因素。② 少年法院在案件受理上的这种自主性，使其获得了非正式处理案件的自由裁量权，而不受检方和司法部门的限制。其次，在审案程序上，伊州《少年法院法》中规定，少年法院应以"简易（Summary）的方式审理和处理案件"。根据这一规定，少年法院采取的是非正式和非对抗性的法庭审理方式；没有律师参与庭审，法庭中也没有陪审团，案件的最终裁定者是法官而不是刑事案件中的陪审团；少年犯也不享有上诉权。③

第五，在涉案少年个人隐私保护方面，少年法院采用"前科封存制"。为使涉案少年在今后的生活中不受年轻时所犯错误即"前科"可能造成的终身困扰，使他们更顺畅地融入社会，少年法院的审理过程不对公众开放，涉案少年的姓名也不对外公开，少年犯的前科要被

---

① "处遇"一词是 Treatment 等词的汉译，含有处理、对待、治疗等意思。罪犯"处遇"范畴伴随着刑事实证学派的产生而出现，并借助于刑罚个别化和行刑的改革运动而发展。行刑社会化中的"处遇"应做广义上的理解，即主要指国家和社会如何对待和处理罪犯，包括将监禁刑和非监禁刑的适用、罪犯隔离于社会、在监狱内进行改造的"处遇"形式和将罪犯置于社区环境对其进行改造的"处遇"形式。

② 到 20 世纪 60 年代，美国最高法院通过一系列决定，要求少年法院保护少年犯的正当程序权利，但州和少年犯都不必须有律师代理参与。

③ 美国的刑事被告人享有正当程序保护的权利，而这一点在少年法院被视为无必要，因为少年法院建立的初衷是保障孩子的最佳利益和福利。尤其是在罪行较轻的案件中，律师不被视为司法程序的必要参与者。而且，决定案件处理的最终结果的是法官，而不是刑事司法案件中的陪审团。

封存，有时会被销毁。①

综上所述，无论在理念与法理上，还是在制度与形式上，少年司法均与刑事司法实现了很大的分野，并且这种分野贯穿了少年司法的整个流程。

二　少年法院的推广与少年权利的发展

少年法院诞生的 19 世纪末，是美国社会发展进程中的一个特殊的历史时期，史学家们称其为"进步时代"（Progressive Era）。此时，伴随着经济与科技的迅猛发展，公众在社会改革方面的诉求也日趋强烈。在司法领域，儿童优先、儿童利益最大化的思想已逐渐成为社会的一种主流意识，传统刑事司法中的那种忽视未成年人的人格特征和特定权益的做法日益遭到来自社会各方的批评，改革势在必行。建立专门和独立的少年法院，以未成年人保护和康复为特色的伊利诺依州少年司法模式迎合了这一时代需求，得到了社会的普遍接受，一场"少年法院运动"在全美迅速兴起。② 短短二十多年后的 1925 年，除哥伦比亚特区等 3 州之外，全美所有的州都建立了少年法院。1938年，美国联邦国会也通过了联邦层面的《少年法院法案》。到 1945年，全美国所有的州都通过了类似的法律，建立了少年法院。

少年法院运动将以福利和康复为特色的伊利诺依州少年司法模式推向了全美，同时，其自身也在近半个世纪的推广与实践中获得了进一步的发展和完善，这方面的成果主要体现在两个方面。其一，少年

---

① 在美国，成年人若被定罪，其连带的后果是非常严重的。刑满出狱后，很难找到工作或获得大学学位。尽管联邦《民权法案》第七款中规定雇主不得拒绝雇佣个人，但各州对保护有犯罪前科者的就业权利则有着不同的法律标准。如果没有明文的法律规定，雇主可以根据联邦法律"不考虑犯罪情节、工作相关性、犯罪离现在的时间、职业类型、改造成功证明等情况"拒绝雇佣"犯有某种或某类罪行的人"。1998 年《高等教育法案》规定，有毒品相关犯罪前科的少年不得获得任何奖学金、贷款或工作资助项目，这是州不能规避的联邦法律要求。获得驾照可能也会受到限制。在某些州，一旦在成人法院被定罪，少年今后可能会永远失去投票权或竞选公职权。

② 少年司法从传统的刑事司法中分离出来的运动，在美国少年司法史上被称为"少年法院运动"。少年法院运动最明显的表现是，《少年法院法案》或称《少年法》的纷纷制定以及少年法院这样一种特殊的司法审判机构在全美国范围内的广泛推广。

法院的福利化特色与功能得到了进一步强化。各地的少年法院在司法理念上普遍将"罪错少年"看成是应在"国家亲权"原则之下予以保护的少年，而不是在刑法框架之下等待处罚的罪犯。为此，它强调，法官应和"罪错少年"建立"和谐与亲密的关系"，应像一位"仁慈的长者""观护人"或"治疗专家"，而不是司法人员。在程序问题上，少年法院普遍强调案件审理过程的灵活性和非正式性，认为正当的法律程序有可能会给"罪错少年"造成不必要的心理阴影，甚至影响他们的康复，因此程序并不重要。在"罪错少年"的安置方面，少年法院普遍采用高度个性化和个别化的康复性方法，追求最大限度地避免将"罪错少年"投入刑事司法机构，包括训练学校、教养学校等，认为这类机构仍带有刑事司法中的监狱色彩，并不利于"罪错少年"的康复和顺利回归正常社会。其二，少年法院的管辖范围和作用进一步扩大，这主要体现在以下三个方面：一是它所管辖的涉案少年的年龄上限提高了，从最初的 16 岁普遍提高到了 18 岁，从而可以使更多的少年受益；二是它所管辖的少年罪错案件的类型扩大了，最初并不在管辖范围的私生少年、生理缺陷少年、精神病少年等类型的少年案件也被纳入了管辖范围；三是对于那些很明显是由于成年人的过错而导致的少年罪错案件，一些州也授予少年法院对涉案的成年人行使管辖权，以最大限度地保护未成年人利益。① 管辖权的扩大，既体现了对未成年人保护力度的加强，也体现了少年司法对少年控制的进一步加强。

　　尽管遍布在美国各地的 3000 多家少年法院所秉持的司法理念是一致的——对未成年人的罪错予以矫治和康复，但在实际操作中不同的州又各有差异。综合而言，大体可以归纳为三种模式。其一是马里兰模式，该模式是福利主义少年司法制度的典型，它奉行"自觉、快乐"的矫治理念。如它所开办的封闭式矫治机构，设施舒适齐全，管理方式也相对宽松，接受矫治的少年可自行选择自己感兴趣的学习和

---

　　① ［美］罗伯特·考德威尔：《少年法庭的发展及存在的若干主要问题》，房建译，《青少年犯罪问题》1996 年第 4 期，第 34 页。

娱乐科目等。其二是旧金山模式，该模式追求惩罚性矫治理念，奉行"罪、刑相符"的原则，主张任何人均应为自己所犯的罪错付出相应的代价。放弃管辖甚至将少年犯移送至成人法院审理是其常用做法。其三是芝加哥模式，该模式强调衡平性的少年司法理念——一方面，承认和注重"罪错少年"在生理和心理上与成年人的不同，因而给予适当照顾，尤其是在安置上尽量不把"罪错少年"送进封闭式矫治机构，而是安排在社区或家庭化的处所进行矫治；另一方面，对那些犯有重罪的少年犯或惯犯通常则放弃管辖，移送至成人法庭审判。该模式既比较符合少年司法制度的福利与康复的基本理念，又比较贴合现实的未成年人控制需要，是绝大多数少年法院所选择的模式。

20 世纪四五十年代，美国少年司法制度的发展与影响达到了顶峰，全美国所有的州都建立了少年法院，少年法院的数量上升到了前所未有的 3000 多个。少年法院之所以能取得如此迅速和巨大的发展，不仅因为它迎合或顺应了 19 世纪末 20 世纪初"进步时代"人道主义观念的发展和社会改革与法治进步的历史潮流，也不仅是因为这种对未成年人给予特别照顾的福利型措施符合现代社会人类的自然情感，更重要的是，工业化、信息化的发展造成了原有的社会结构发生了重大变化，功能出现严重衰退，这尤其表现在传统家庭、教育机构和社区对未成年人控制力的明显下降。少年司法与刑事司法的逐步分野事实上是在这样一个大的社会背景之下"国家亲权"与"生身父母亲权"的博弈。在工业化之前也即少年法院诞生前的美国社会，是家庭而不是刑事司法部门居于对少年罪错行为控制机制的中心地位，"父母亲权"高于"国家亲权"。但在社会转型时期，以家庭为核心的传统社会控制机制逐步瓦解，家庭在都市生活的条件下"失去了纪律上的有效性，父母无法再担负控制少年及其罪错行为的功能"。[1]在这种情况下，这场博弈的结果如何便不难想象。从少年法院运动大力普及的年代和其所发挥的主要作用上看，可以说，少年司法制度实际上就

---

① John C. Watkins, *The Juvenile Justice Century: A Socio legal Commentary on American Juvenile Courts*, Carolina Academic Press, 1998, p. 21.

是作为一种控制未成年人的新的社会机制而出现的，当传统的教养院式的矫治模式走向尽头之后，社会希望以一种新的模式——少年法院来实现对少年群体的更有效的控制，尤其是对他们的犯罪控制。统计数字为以上观点提供了很好的佐证。据美国联邦司法部统计，20 世纪四五十年代，少年法院处理的少年罪错案件平均每年高达 170 万件左右；在少年法院运动蓬勃发展的 1920 年—1940 年间，被送进传统的刑事监狱的少年犯比上一个 20 年锐减了近 30％。[1] 这些数字从一个侧面很好地说明了少年法院在管理和控制未成年人行为方面所发挥的巨大作用。

事实上，少年法院运动的影响范围远远超出了美国，成为一场名副其实的世界性运动。从 18 世纪末到 1925 年的短短的二十多年间，欧洲的英国、法国、德国，美洲的加拿大、巴西、阿根廷，非洲的马达加斯加以及亚洲的日本等几十个国家，都为本国的未成年人建立了专门的少年法院制度。[2]

第三节　少年法院存废之争及其影响

少年法院从诞生后，经历了半个多世纪的蓬勃发展。虽然此间它也曾受到来自社会各方的一些质疑与批评，但作为一种独特的少年司法制度，它在美国人的法律生活，特别是对未成年人罪错矫正与犯罪控制方面一直发挥着巨大作用，得到了公众的普遍支持。美国司法部的统计资料显示，20 世纪 60 年代，少年法院管辖处理的未成年人罪错案件平均每年高达 140 万件以上，这还不包括那些经由少年法院初审后转交到其他少年福利机构处理的大量未成年人身份违法案件。可以说，少年法院在当时的美国社会发挥了难以替代的作用。然而，自 20 世纪 70 年代之后，美国的少年法院遭遇一系列严峻挑战，逐步

---

① Rabe Gary and Dean Champion：*Criminal Courts：Structure，Process，and Issues. Upper Saddle River*，NJ：Prentice Hall，2002，p. 341.

② ［美］斯蒂文·德津：《美国的少年法庭》，韩建军译，《青少年犯罪问题》2000 年第 2 期，第 54 页。

陷入危机。

一 危机产生的主要原因

第一，随着少年法院运动从其蓬勃发展的巅峰阶段逐步归于平静，人们开始把对这一运动的关注点更多地转移到它本身所固有的以及在它的运作过程当中逐步带来的负面效果上。其中，在该制度诞生伊始就已经存在的对这一制度真正意图的怀疑，再度被学术界揭露并放大，引起公众的广泛注意。有学者指出，早期少年法院制度推动者主要是为了自身的利益而不是出于对孩子的慈爱。犯罪学与社会学家兰达尔·谢尔顿（Randall Shelden）和琳恩·奥斯本（Lynn Osborne）的研究以及他们在田纳西州所作的调查发现，救助少年运动的领导者均为上层社会的市民，"他们希望控制下层社会少年的行为方式与生活方式，以便维护其自身的特殊社会地位"。[①] 法理学家安东尼·普拉特（Anthony Platt）在他的论著中也指出，统治阶层救助移民及城市贫穷者的目的是为了维护自己的生活方式。他说："救助少年者并非他们所自称的人道主义者。他们的改革不是建立一套新的司法制度，而是对传统政策的巩固；他们所极力推崇的少年法院事实上旨在迫使广大的来自社会底层家庭的未成年人学习更低级的劳动技术以及对中产阶级价值观的接受。"[②] 这些论点动摇了少年法院赖以存在的"国家亲权"的哲学思想，对舆论的走向产生了重要的影响。

第二，在社会大背景方面，20世纪六七十年代科技革命的迅猛发展给美国社会造成了一系列严重冲击，其中之一是破坏了家庭的稳定。当时，避孕工具和节育技术被广泛应用，大大解放了妇女，在女权运动的推动下，妇女的地位和就业率不断提高。然而，这些进步同时也成为了家庭解体和性解放运动的元凶之一。据美国卫生部统计中心的资料可以发现，20世纪六七十年代美国的离婚率是全世界最高

---

① Randall Shelden and Lynn Osborne，"For Their Own Good：Class Interests and Child Saving Movement in Memphis，Tennessee，1900 – 1917"，*Criminology，1989*，p. 747.

② Anthony Platt，*The Child Savers：The Invention of Delinquency*，Chicago：University of Chicago Press，1969，p. 108.

的，这导致了当时有大约 20% 的美国儿童生活在破碎的家庭里。20世纪六七十年代，美国每年都有大约 100 万儿童遭遇家庭危机的劫难；另有大约同样数目的婴儿是私生子。性解放和家庭的解体使"被忽视少年"和"无人抚养少年"的人数急剧增加，随之而来的是未成年人违法案件的急剧上升。面对这场少年境遇危机，少年法院难堪重负，康复效果大打折扣，未成年人重复犯罪者的数量不断增加，并导致公众对该制度的效果产生了严重怀疑，社会对基于儿童福利主义的司法政策及其矫治措施产生失望。

第三，犯罪率尤其是未成年人犯罪率的持续上升成为公众反对少年法院的主要诱因之一。20 世纪六七十年代，美国社会逐渐步入后工业和信息化时代，在新的社会转型期，美国国内政治、经济处于不稳定状态，水门事件、民权运动、妇女解放运动、反战运动以及石油危机造成的经济衰退等问题此起彼伏，加之"越战"对美国的重创，美国人尤其是年轻一代，被悲观与失望的情绪所笼罩，"及时行乐"的思想逐渐蔓延。青年一代的生活态度已不再是勤奋、节俭和自律，而是追求物质享受，纵情声色与刺激；他们不再敬畏传统道德和传统权威，而是崇尚自我满足和我行我素。历史学家丹尼尔·贝尔把这种社会文化思潮称为"一种失控的个人主义"。在这样的社会背景下，犯罪，尤其是青少年及未成年人犯罪呈恶化趋势。盖洛普咨询公司（Gallup）此间进行的多次民意调查都显示，在美国每年发生的刑事犯罪案件中，有 50% 以上是 20 岁以下的青少年所为，其中 70% 以上是 18 岁以下的未成年人所为。与此同时，有 40% 以上的美国人认为青少年犯罪是他们社区中最严重的问题。[1] 社会犯罪的不断恶化使人们开始广泛质疑少年司法制度的有效性，要求废除这种制度的呼声也悄然出现。

---

① Johnson Hertiert: *History of American Criminal Justice*. OH: Anderson publishing co. 2003, p. 138.

二　对少年司法制度的主要批评与质疑

美国少年司法制度的发展始终呈现着一种令人困惑的悖论，一方面，该制度在全美迅速推广，各个州都无一例外地设立了本州的少年法院；而另一方面，关于其独特的运作模式与功能的正当化的理论却始终是缺乏的，其运作的规范性、合理性等也一直广受争议。同时，公众对少年司法制度所抱有的期望始终与它的实际运作效果存在巨大反差。这些问题造成了针对它的质疑声始终不断，并且在 20 世纪 60 年代末达到第一次高潮。少年法院遭到了来自公民自由主义改革者（Civil Libertarian Liberals）和"法律与秩序"保守主义者（Law And Order Conservatives）等多方面力量的广泛批评，这些批评主要围绕着以下四个方面：

其一，在少年法院管辖权行使中存在的对未成年人利益的损害。"身份罪错"（Status Offense）概念是美国少年司法制度的独创，也是该制度体现其福利理念的一个重要方面。它是少年法院在其实际运作过程中为与成年人的"犯罪"（Crime）概念相区别而提出的，专门用于指在未成年人身份下所实施的少年"罪错行为"（Juvenile Delin-quency），例如逃学、不服管教、离家出走等等。这些行为如果是成年人所为，便不是任何罪错；但是如果是少年实施，则属于美国少年法院管辖的"罪错行为"。[①] 在少年法院运动中，各州纷纷通过立法，将"身份罪错"行为纳入少年法院的管辖范围。这一管辖权的扩大，几乎将一切少年冒犯成人社会规则和权威的行为都纳入了少年司法控制的范围，这种"超犯罪化"管辖的结果带来了对未成年人利益的巨大损害。美国著名司法学与社会学家萨顿指出：美国各州的少年法院在对"罪错少年"、无人抚养少年和被忽视少年的定义上常常是含糊甚至是矛盾的，它甚至常常导致"身份罪错"少年和犯罪少年被"一视同仁"，受到同样的处罚。在实际运作当中，"身份罪错"少年甚至也常常和犯罪少年羁押在一起。显然，这不仅不会使"身份罪

---

① Peter C. Kratcoski, *Juvenile Delinquency*, Prentice-Hall, 1979, p. 21.

错"少年得到理想中的矫治，相反，它会加深他们的标签效应，导致他们变得更坏。更为严重的是，在现实生活当中，有些父母把少年法院的这种管辖权变成了一种控制孩子的工具。一些未成年人的"身份罪错"行为，例如不服管教、离家出走等，往往是因为受到父母或其他监护人的虐待而作出的无奈选择，把这种合理的反抗行为武断地视为孩子的"罪错"，这显然是十分荒谬的。法官更乐于回应那些希望法院接手管理孩子的父母的想法，而不是孩子本人的想法和需要。由此可见，少年法院的这种管辖明显没有起到全面保护未成年人权益的作用。

其二，少年法院在司法程序方面存在的严重纰漏。早期的少年法院法对以何种模式开展少年法院的审判工作没有明确的规定。伊利诺伊州《少年法院法》只在第 5 条中笼统规定："应以简易（Summary）的方式审理和处理案件。"仅此而已。事实上，美国少年法院的审理程序是各州法院在实际运作过程中逐渐摸索、形成的，这当中，科罗拉多州丹佛少年法院法官林赛（Benjamin Lindsey）做出了突出贡献。这位被后人尊称为美国"少年法院之父"的法官创造了被称为"林赛风格"的少年法院审判工作模式并被各州的少年法院普遍采纳。该模式强调少年法院审理程序的"弹性"和"灵活性"，认为正当的法律程序并不重要，它们甚至不利于帮助"罪错少年"的"康复"，等等。

"林赛风格"也即早期美国少年法院的审理程序实际上更具有民事性质，与一般的刑事诉讼程序相比，其审判程序非常不正规。在重要的程序——例如证据和证言的可采性上，法官完全不需要遵循刑事诉讼的规则，法庭不仅承认传闻性的证据，而且还可能千方百计地去寻找这种证据。[①] 同时，法官不允许被告与对方的证人对质，被告也没有聘请辩护律师以及上诉的权利；法官只凭证人或起诉书的言词进行判决。由于上述审判规则以及参与主体不同等，造成了少年法院对

---

① Robert Caldwel, "The Juvenile Court: Its Development and Some Major Problems", *Journal of Criminal Law*, *Criminology*, *and Police Science*, Jan. -Feb. 1991, p. 493.

未成年人的审判变成了一种"秘密审判"，这意味着法院通过一个非正式的程序即可以剥夺一个少年犯的人身自由。由此可见，这种非正式的法律程序实际上否定了少年拥有的基本的正当法律程序和发现事实的权利。这种从善良、仁慈关怀角度出发的司法理念和司法制度由于缺乏基本的正当法律程序的保障，实质上使得少年的权益根本无法得到真正的维护，少年法院所追求的少年福利目标也大打折扣。

其三，少年法院对触法少年的处理带有很强的主观性与随意性。这方面明显的弊端主要表现在以下两个方面。首先，在案件审理过程中，对一个破坏特定法律身份的违法者即"身份罪错"少年的庭审可能会持续几周甚至数月，此间，这个"身份罪错"少年会与真正的少年罪犯——盗窃犯、抢劫犯、杀人犯等同监一处，蒙受罪犯的耻辱并且很可能在此期间受到严重毒害。其次，在处理"身份罪错"少年的案件时，法官所作的裁决常常过于严厉或近乎荒谬。例如，一名少年因夜盗他人居所，可以被少年法院裁决交由有关"处遇"项目进行更新教育（这种更新教育是封闭式的，有极强的监禁色彩）；但一个实施了同样行为的成年人却可能只被刑事法院判以缓刑。再如，少年法院的法官在对一个"身份罪错"案件进行裁决时，如果法官凭自己的主观判断认为，这个"身份罪错"少年的家庭状况比一个暴力违法者的家庭状况要糟糕，即存在所谓的"不利于'罪错少年''康复'的家庭环境"时，那么，法官可以作出"身份罪错"少年（即轻微违法者）被监禁的时间要长于严重犯罪的少年这样的荒谬判决。不仅如此，少年法院的裁决还存在另外一种极端，即它对有些暴力犯罪者，尤其是那些来自富有家庭的暴力犯罪者反复实施的犯罪有时又表现得过于仁慈。[1] 因此，这常常给违法者这样一种印象，即社会并不在乎他们所实施的犯罪本身为何，而更在乎他们的身份或其家庭所拥有的社会地位如何。所以，有些犯罪者也就没有理由打消

---

[1]　Steiner, Benjamin and Emily Wright, "Assessing the Relative Effects of State Direct File Waiver Laws on Violent Juvenile Crime: Deterrence of Irrelevance?" *Journal of Criminal Law & Criminology*, 2006, No. 4, p. 145.

将来再次犯罪的念头。因此,"矫正"的效果是难以保证的。

此外,舆论也对掌握少年法院司法大权的法官的权利过大并缺乏必要的约束提出批评,"他们经常以一种任意的、歧视的、甚至是专制的方法行使着家长式的权威;在少年司法制度下,他们在理论上被假定为一个少年成长方面的专家,但实际上,他们当中的很多人在很大程度上都是有较强党派色彩的政客"。①

大量实证性研究也证实了少年法院所追求的理念与效果和现实之间存在着巨大的差距。这些批评和质疑大大降低了公众对少年司法制度的信任,也导致了"以高尔特案"(In re Gault)为代表的联邦最高法院的一系列判决的产生,这些判决推动了少年法院早期的改革和美国少年司法倾向的进一步调整。

第四节 少年司法制度与少年权利的扩大

20 世纪六七十年代,美国联邦最高法院通过"肯特诉合众国案"(Kent v. United States)、"高尔特案"(In Re Gault)、"温希普案"(In Re Winship)和"布利德诉琼斯案"(Breed v. Jones)等案件的判决,扩大了对"罪错少年"的权利保障,促使少年司法走向正当法律程序,推动了少年司法的合宪性改革。这一系列判决所推动的改革使美国少年司法制度的走向发生了有利于少年权利进一步扩大的变化。

一 高尔特案及美国少年司法制度的合宪性改革

1967 年,美国联邦最高法院对"高尔特案"的判决是促使少年司法制度进行改革与转型的里程碑式判决。1964 年 6 月 8 日,亚利桑那州 15 岁的男孩杰拉尔德·高尔特(Gerald Gault)因涉嫌与同伴一起给女邻居拨打下流电话而被捕。警方在拘捕高尔特时,并未告知他的父母;在之后的庭审过程中,本案的当事人,即报警的女邻居未出庭作证;庭审中使用的全部证据只有高尔特的证词和法院官员的作

---

① Tomas Bernard, *The Cycle of Juvenile Justice*, Oxford University Press, 1992, p. 108.

证。庭审中，高尔特坚称自己只是拨通了女邻居的电话，而没有讲任何下流话，其他则是他的同伴所为。由于当庭法官拒绝了高尔特母亲提出让原告出庭辨认声音的请求等，整个庭审并无其他证据佐证高尔特及同伴是否确实拨打了下流电话。然而，这些关键的争议问题在法官的眼中并非至关重要。由于在这次犯案之前，高尔特正因为另外一项越轨行为而正处于被观护当中，所以当值法官认定，高尔特属于"习惯性不道德"（Habitually Immoral），并最终判决高尔特赴亚利桑那州习艺所接受教育，直至其成年的 21 岁。这一判决意味着高尔特将被剥夺人身自由达 6 年之久。然而，与本裁决形成强烈反差的是，如果犯此罪的是一个成年人，那么他只需接受 2 个月监禁和 50 美元的罚金，仅此而已。高尔特的父母不服判决，遂以高尔特本人的名义向联邦最高法院提起上诉。1967 年 5 月 15 日，联邦最高法院推翻了亚利桑那州法院的判决，发回重审。联邦最高法院在判决中指出，在任何一项可能会被判处监禁的诉讼中，少年都应享有《权利法案》（Bill of Rights）规定的某些正当程序保护。"少年法院在少年诉讼程序中，应援用（成人）刑事诉讼程序的保障以保护少年，因此，赋予少年一系列的正当程序权，这些基本保障为正当法律程序及公平处理案件所不可或缺。"① 联邦最高法院还详细列举了这些程序权利——享有控诉告知权、聘任律师权、免受自证其罪权、与证人对质和交叉询问证人权等。

此案的判决被视为美国少年司法制度的转型性判例和具有里程碑意义的事件，它传达了联邦最高法院对少年司法制度未来运作模式的基本设计理念及改革的走向，即少年司法向刑事司法靠拢，未成年犯罪人应享有成年人所享有的正当程序保障。正如起草"高尔特案"判决文件的最高法院法官福塔斯（Abe Fortas）所说，这是美国少年法院接受宪法性教化（Constitutional Domestication）的转变。②

---

① *In re Gault*, 387 U. S. 1 (1967).
② *In re Gault*, 387 U. S. 22 (1967).

二　"温希普案"和"琼斯案"判决的影响

"高尔特案"后，最高法院加速了对少年司法制度的合宪性改革，并推动其运作模式进一步向刑事司法制度的方向靠拢。这种发展态势的形成主要缘起于联邦最高法院对"温希普案"和"琼斯案"的判决。

12 岁的纽约少年塞缪尔·温希普（Samuel Winship）因偷窃 112 美元而被指控触犯了《纽约家事法院法》（*New York Family Court Act*）。随后，纽约家事法院法官依据该法中规定的"优势证据"（Preponderance Of The Evidence）原则①，判决温希普犯有罪错，并判他进少年矫正机构矫治 18 个月。温希普不服判决，一直将该案上诉到了联邦最高法院。温希普的律师认为，法院援用"优势证据"原则这一远低于"超越合理怀疑"（Proof Beyond A Reasonable Doubt）原则②的刑事证明标准来对温希普进行裁决，这侵害了"罪错少年"受审时应予保障的正当程序方面的宪法权利，因此，《纽约家事法院法》中的相关规定及下级法院对温希普的裁决违宪，律师要求法院按"超越合理怀疑"的原则来裁决温希普是否犯有罪错。

1970 年，联邦最高法院作出判决，推翻了纽约上诉法院对此案的判决。最高法院认为，《宪法第十四修正案》中的正当程序条款，要求对"罪错少年"案件的审理同样采用"超越合理怀疑"的证据规则；指出本规则并非仅限于刑事案件，而是可以被援用至任何可能会剥夺生命、自由以及财产的诉讼中。关于判处温希普进少年矫正机构进行矫治，联邦最高法院认为对未成年人予以拘禁性矫治的裁决并非不可接受，但如果判处"罪错少年"类似于成年人的刑

---

① 它是民事诉讼中实行的一种证据证明标准，即如果全案证据显示某一待证事实存在的可能性明显大于其不存在的可能性，使法官有理由相信它很可能存在，尽管还不能完全排除存在相反的可能性，则允许法官根据"优势证据"认定某一事实。

② 在刑事案件中，检察官必须提供足够的证据且证实被告的有罪是"超越合理怀疑"的。也就是说，在判决被告有罪时，陪审员对被告是否有罪，不能有合理的怀疑，如果被告提供证据证实控方未能达到此标准，陪审员必须判被告无罪。这项严格的标准要求与民事诉讼不一样，在民事诉讼中，只要有足够的证据便可以做出判决。

罚，就必须以"超越合理怀疑"的证明标准来实施无罪推定原则，提供与成年犯相同的程序与机制保障。① 显然，联邦最高法院的这一判决进一步扩展了"高尔特案"以来对"罪错少年"的宪法保护，同时，也促使少年法院开始采纳（成人）刑事法院的价值观和定位取向。

五年后，联邦最高法院作出了另一项判决，即"布利德诉琼斯案"（Breed v. Jones）。其进一步促进了少年司法程序与刑事司法程序的趋同。17岁的加利福尼亚州少年琼斯因涉嫌暴力抢劫在少年法院受审，法庭认定琼斯有罪，但在听证过程中，法官发现琼斯已接近18岁的成年人年龄，且犯罪情节严重，因此决定将琼斯移送至刑事法院受审。之后，刑事法院判决琼斯犯有一级抢劫罪，并做出将其送往加利福尼亚州改造中心关押的判决。琼斯不服并一直将该案上诉到了联邦最高法院。琼斯的律师认为，对琼斯的第二次审判违反了"一案不得审理两次"的宪法规定，因而违宪。

1975年，联邦最高法院判决加利福尼亚州高级法院的判决违宪，因而无效。联邦最高法院在判决中指出，已经在少年法院被控有罪的少年，经过少年法院的司法审理后，不得再以成人刑事犯的身份被控以相同罪责。这一裁决确认了少年司法程序的审判具有与（成人）刑事司法的审判同等的法律效力和地位，使少年司法与（成人）刑事司法的程序与作用进一步趋同。由于传统的少年司法的目的和使命与（成人）刑事司法的目的和使命是截然不同的，前者是改善环境，而后者是对犯罪行为的定罪和惩处，因此，少年司法程序与刑事司法程序的趋同，并不仅仅意味着制度形式的变迁，更蕴含着制度理念的改变。② 这一重大转变为20世纪80年代以来美国社会对未成年人犯罪开始采取"硬化"和严罚的举措埋下了伏笔。

---

① 张鸿巍：《百年擅变：美国少年司法之溯源、衍变及展望》，《南京大学法学评论》2011年春季卷，第281页。

② 姚建龙：《超越刑事司法：美国少年司法史纲》，法律出版社2009年版，第140页。

第五节　少年司法制度变革的前景

20 世纪八九十年代，美国的少年犯罪呈现恶化态势，这主要表现为以下三个方面：一是少年犯罪案件的数量持续增加。美国少年司法与少年犯罪预防局提供的资料显示，20 世纪 90 年代少年法院处理的少年案件比 30 年前增长了近 3 倍。二是少年犯罪的恶性程度提高，从 1984 年到 1994 年这 10 年，由少年单独实施的谋杀犯罪增长了近 150%，由少年与成人共同实施的谋杀犯罪增长了 300%。[1] 从 1985 年到 1995 年这 10 年间，少年持枪杀人案增长了近三倍。少年毒品犯罪案件的上升幅度与比重也十分显著。统计资料显示，1999 年，美国少年法院处理的少年犯罪案件近 20 万件，其中 11% 是毒品案件，而在 10 年前，该比例仅为 5%。[2] 三是少年犯罪在整个刑事犯罪中所占的比重大。仅以重罪为例，据统计，全美国的重罪中有约 20% 是少年所为。不仅如此，数项针对全美各类矫正机构的调查均发现，高达近 60% 的未成年犯在获释一至两年内因再次犯罪而被逮捕。[3] 一些媒体甚至预言，美国将会崛起一代"超级少年掠食者"。[4] 青少年犯罪情况的持续恶化使要求"法律与秩序"和强调"司法正义与社会防卫"的呼声日益高涨，导致主张对青少年犯罪实行严惩的刑事司法政策逐步占据了美国少年司法的主导地位，要求"严打"（Get

---

[1]　Howard N. Snyder, *Law Enforcement and Juvenile Crime*, *Juvenile Offenders and Victims*: *National Report Series*, December 2001, OJJDP.

[2]　Howard N. Snyder and Melissa Sickmund, "Juvenile offenders and victims: A National Report", *National Center for Juvenile Justice*, September 1999.

[3]　Austin, James, Kelly Dedel Johnson, and Ronald Weitzer, *Alternatives to the Secure Detention and Confinement of Juvenile Offenders*, Washington, DC: Office of Juvenile Justice and Delinquency Prevention, U. S. Department of Justice, p. 2.

[4]　轰动一时的 1989 年纽约"中央公园，慢跑者强奸案"发生后，前普林斯顿大学教授、布什政府中的官员约翰·迪鲁里奥（John Dilulio）发出警告称，美国社会将会出现"超级少年掠食者"群体。这种说法迅速流传开来。不久，各州都通过新法律，使得成人刑事司法审理和判决少年犯罪案件更加容易，对未成年人采取严厉的惩罚性政策开始在全美蔓延。

Tough）的声浪此起彼伏，少年司法与成人刑事司法趋同的压力空前
强大。与 20 世纪六七十年代注重保障和扩大"罪错少年"的宪法权
利不同，此次少年司法制度变革的趋向是限制其权利，加强对他们的
司法管控力度，尤其是处置上的"硬化"（Toughening）。1992 年到
1997 年，除三个州之外，全美其他各州都以立法的方式在以下一个
或几个方面对少年司法制度进行了调整，以应对日趋严重的未成年人
犯罪。①

其一，将未成年人移送至成人刑事法院审理。据统计，已经有 45
个州修改或增加了移送条款，使移送更加容易。少年法院的统计数字
表明，1985 年—2009 年，全美国的少年法院共移送了 25 万名少年
犯，其中 1488 名是 12 岁或 12 岁以下的儿童。② 此间，至少有 8 个州
降低了移送的年龄，缩小了少年法院的管辖权。移送至（成人）刑
事法庭意味着将少年犯被置于严厉刑罚的境地。有资料显示，在被移
送且被判有罪的少年中，有 60% 以上的人被判入狱。

其二，安置（即成人刑事法院的"量刑"）权限的扩大。已有 21
个州拓宽了对少年犯安置的选择范围，允许采用"复合安置"方
式——可以同时适用针对成人的刑罚和针对少年的恢复性安置措施；
同时，设定了最低法定安置标准，以此提高对少年犯罪人的监禁时
间，使安置更加以罪刑为导向。传统的以少年犯本身为关注重点的恢
复性司法措施基本上被惩罚或监禁性措施所代替。

其三，前科封存制的调整。已经有 47 个州通过法律，修改或删
除了传统少年法院关于前科封存或销毁的条款，使犯罪记录和庭审程
序对法律工作者和公众更加开放。

其四，受害者受到更多的重视与保护。已经有 23 个州通过法律，
扩大了少年司法程序中少年犯罪案件受害者的权利，提高了受害者的
地位，特别是扩大了受害者在司法程序中的参与度，以保护受害者自

---

① 张文娟：《中美少年司法制度探索比较研究》，法律出版社 2010 年版，第 9 页。
② Rick Ruddell and G. Larry Mays, "Transferring Pre-Teens to Adult Criminal Courts: Searching for a Justification Juvenile Family Court", *National Center for Juvenile Justice*, Journal 63, No. 4

身的权益；同时，增强了少年司法程序的对抗性，使之与成人刑事司法更为接近。

其五，矫治方式的调整。根据调整后的有关少年法院放弃管辖权、将少年犯移送至成人刑事司法机构审判和量刑的法律，成人和少年犯改造管理机构出台了诸多新的改造计划，这些计划大都更加注重惩罚和问责。[①]

其六，对刑满释放后民事权利的限制。作为严厉刑罚的一部分，很多州对于刑满释放人员减少了很多民事权利，包括对担任陪审员的限制，以及对枪支拥有权、选举权、受雇佣权（因雇主不愿意雇佣有犯罪前科的人，所以刑满释放者寻求合法雇佣机会的权力被削弱）、受教育权（享受教育基金权）和联邦住房权（一个少年犯罪有可能导致其整个家庭丧失联邦居住权）等的限制。[②]

显而易见，以上各项调整的初衷是惩罚与控制，侧重的是使"罪错少年"因其犯罪行为而承担相适应的处罚，而非福利型的"康复"。这种转变蕴含着强烈的当代古典犯罪学派"报应主义"的价值理念，而不是以少年福利为核心的"国家亲权"思想。

20 世纪末以来美国少年司法趋于"硬化"的另一个重要的表现是，犯罪学和司法学界要求废除少年司法制度或预言该制度即将灭亡的声音达到了顶点。法学家巴里·菲尔德（Barry C. Feld）指出，经过"高尔特案"等之后，少年法院中适用的原则、法律和遵循的程序等，基本上都已经不是专为少年制定的了；少年司法的改革已经将少年法院作为社会福利机构的理想转变为了一个刑事系统，一个既不能给予少年犯罪人治疗又不能给与其正义的刑事系统。这就使人们对少年法院是否有必要继续存在下去发生怀疑。而 20 世纪 80 年代少年司法研究专家桑福德·福克斯（Sanford J. Fox）则发出预言："本世

---

① 张文娟：《中美少年司法制度探索比较研究》，法律出版社 2010 年版，第 9 页。

② Rick Ruddell and G. Larry Mays, "Transferring Pre-Teens to Adult Criminal Courts: Searching for a Justification Juvenile Family Court", *National Center for Juvenile Justice*, Journal 63, No. 4.

纪美国少年法院将寿终正寝。"① 尽管这些呼吁与预言并没有得以落实，并且美国社会尤其是青少年的犯罪状况在 20 世纪 90 年代中期以后出现了明显好转，但美国的少年司法仍继续了以严惩为主的政策，"少年控制和社会防卫"的政策主张至今天仍为美国少年司法政策的主流。与此同时，有关少年法院存废的争议也仍然是美国犯罪学和少年司法学界的热点问题。

2012 年 6 月 20 日，美国最高法院对"米勒诉阿拉巴马州案"（Miller v. Alabama）和"杰克逊诉霍布斯案"（Jackson v. Hobbs）两案一并作出判决，以 5∶4 的投票结果废除了"未成年犯终身监禁不得假释"的制度。这是一项具有里程碑意义的重大判决，它对处于摇摆和动荡之中的美国少年司法制度的走向必将产生重大影响。

美国的少年司法制度经历了一个多世纪的发展历程，百余年来，该制度始终在福利与惩罚、照顾与问责两极之间往复摇摆。以"儿童最大利益""少年特殊论"和非正式程序为特征的福利型少年司法在 20 世纪七八十年代青少年犯罪率持续增长的背景下逐步转型，趋于强硬，并向成人刑事司法逐渐靠拢；正当程序和严罚思想的抬头极大地动摇了以"国家亲权"为哲学的少年司法的基本理念，挑战了少年司法制度存在的正当性。20 世纪末，美国社会特别是在犯罪学界和少年司法学界甚至出现了要求废除这一司法制度的强烈呼声，运行了一个多世纪的美国少年司法制度遇到了前所未有的挑战。然而，虽然危机重重，但截至目前，美国的各个州仍保留着自己的少年法院；尽管对康复性司法存在广泛的悲观主义甚至讥讽态度，但仍有为数众多的少年法院法官、缓刑官和矫正官员等继续坚持康复教育及反对惩罚的少年司法的宗旨。不仅如此，美国的绝大多数法院的法官也都支持维持独立的少年司法制度以及少年法院康复性司法原则②，少年法院的理念已经深深植入美国的法律文化当中。同时，时至今日，除了

---

① 姚建龙：《美国少年司法严罚刑事政策的形成、实践与未来》，《法律科学（西北政法大学学报）》2008 年第 3 期，第 72 页。

② ［美］桑福特·福克斯：《美国少年法院的过去现状与未来》，姜永琳译，《国外法学》1998 年第 1 期，第 32 页。

少年法院之外，事实上也并没有另外一种可以有效应对美国未成年人罪错问题的切实可行的替代物。正是由于以上种种原因，进入 21 世纪以来，美国少年法院的处境又发生了新的微妙变化。越来越多的州开始审查 20 世纪末开始实施的对未成年人的惩罚性法律，仅 2006 年一年，就有康涅狄格州、伊利诺伊州、加利福尼亚州、罗德岛、科罗拉多州等通过新的立法，提高少年法院的管辖年龄，限制将少年罪犯移送成人刑事法院审理，限制少年监狱的使用，增加社区矫治、服务计划，放弃对少年犯适用无假释可能的无期徒刑，等等。

　　正是在这样的大背景下，美国联邦最高法院于 2005 年 3 月在对"罗珀诉西蒙斯案"（Roper v. Simmons）的判决中，以违反《宪法第八修正案》规定的"禁止残酷和非常的惩罚"条款为由，废除了对未成年犯适用死刑的法律制度；7 年后的 2012 年 6 月，又援引同一条《宪法修正案》废除了对未成年犯适用终身监禁不得假释这一存在了200 多年的法律制度。这两项重大判决与 30 年前联邦最高法院对"高尔特案"和"琼斯案"等案件的判决所表明的司法倾向——促使少年司法与刑事司法的趋同、弱化少年司法的福利型、强化其"问责性"与"惩罚性"等截然不同，它重新强调了对未成年犯的量刑等审判规则应区别于成年犯的法律准则，这预示着最高法院以及美国司法界中坚力量在少年司法理念上开始向传统的"国家亲权"哲学思想和福利型少年司法理念的回归，这一判决结果或将产生一系列连锁反应，带来新的改革浪潮。然而，作为世界上极少数没有缔结《联合国儿童权利公约》的国家，美国在其少年司法制度与实践方面表现得十分多元，甚至混杂，因此，这两个判决对具体问题的修补并不能从根本上彻底解决少年司法体系所面临的诸多重大挑战。但可以肯定的是，无论未来美国少年司法制度如何演变和发展，"担忧儿童"和"害怕儿童"这两种社会情绪将始终是少年司法制度走向的内在驱力，因此，该制度也必将会沿着"恢复性司法"与"惩罚性司法"相结合的均衡发展的模式前行。

第六节　少年法治教育的变革与犯罪预防

在联邦最高法院通过以上两项判将决将美国的少年司法重新扭回到"国家亲权"和"福利化"模式的同时，近年来，美国的教育系统，特别是一些中小学校也采取了一些新的尝试，以配合少年司法制度的变革，更好地预防青少年犯罪。在这些尝试中，最引人注目的一项工作是推进并且革新了对少年儿童即未成年人的法治教育。其具体做法是，开始在公民教育课程中加大法治教育内容的比重，尝试在中小学阶段就让未成年人接触更多的法律知识，了解司法运作的过程，从少年儿童阶段起就强化他们的法治意识，以降低他们在成长过程中陷入违法犯罪的几率。这项教育被称之为"与法律相关的教育"（Law—Related Dducation），虽然目前这项教育在学校教学中所占的时间份额不大，但已逐渐成为美国公民教育，特别是培养少年儿童的法治意识的重要途径，对美国培养"民主的公民"（Democratic Citizen）[1] 的国家目标发挥着不可或缺的作用。

一　"与法律相关的教育"缘起与发展

实际上，美国未成年人法治教育的理念早在 20 世纪 60 年代后期就已经出现。当时，随着民权运动的日益高涨，社会尤其是因广泛参与或间接受到民权运动影响的广大学生对法律知识的需求陡然上升，一些地区特别是南方城市的一些学校陆续开始对学生提供有关宪法、《人权法案》《独立宣言》等核心性国家法律、文献方面的教学。[2] 进入 20 世纪 70 年代，法治教育课开始被一些州的中小学校正式列入社

---

① Peter W. Hewson，Jane Butler Kahle，Kathryn Scantlebury，"Equitable science education in urban middle schools：Do reform efforts make a difference"，*Journal of Research Science Teach*2001，Vol. 38（10），pp. 17 – 18.

② Jones S. Will，"Who Needs Multicultural Education? White Students, U. S. History, and the Construction of a Usable Past"，*Anthropology & Education Quarterly*，2009，Vol. 27（3），pp. 17 – 18.

会学科的课程范围。例如在《美国小学社会与公民教育》（*Social Studies in Elementary Education*）系列教材中，就有专门的章节对小学生进行法律、公民和民主价值观等方面的教育，课程设置中明确规定了要对学生进行《权利法案》、"正当的法律程序""法律的平等保护权""法律规则""公民权利"等内容的教授。①

1978 年，美国联邦政府颁布《中小学法治教育法案》（*Primary and Secondary School Legal Education Act*），以国家立法的形式正式将法治教育纳入学校教育的规定课程之中。尽管根据美国宪法和传统，教育属于各州政府自己权限范围内的事物，联邦政府无权干涉，但联邦政府通常会通过国家财政拨款、联邦项目基金等方式影响各州的教育规划与课程安排，其作用是十分有效的。

二　"与法律相关的教育"目标与内容

联邦政府颁布的《中小学法治教育法案》对法治教育规定的目标是："培养非法律专业者在法律、法律程序、法律体系方面的知识与技能，让受教育者掌握美国法律赖以建立的基本原则和价值观"。② 经过近半个世纪的实践与完善，法治教育的具体内容与目标已基本定型，并得到了全美各州中小学校的广泛认同，即：培养学生具有在一个以法治为基础的多元的民主社会中有效发挥作用所必需的知识、技能和价值观；让学生能够意识到法律是如何影响自己，而自己又可以如何去影响法律，从而使学生能够通过法治教育的学习，理解自己所属的公民社会生活并积极投身于其中，成为具有法治意识、支持民主宪政制度、积极参与社区乃至国家事务的公民。很显然，美国针对中小学生的法治教育不是专业的法学理论的传授与教育，也不是单纯的法律条文的学习与灌输，而是一种全面的法律意识和公民意识的教育和培养。

美国中小学法治教育所采取的方式是多种多样的，除了常见的课

---

① ［美］沃尔特·帕克：《美国小学社会与公民教育》（第十二版），谢竹艳译，江苏教育出版社 2006 年版，第 43 页。

② 林洁：《美国中小学法制教育的基本经验及其启示》，《湖北职业技术学院学报》，2007 年第 4 期，第 34 页。

堂学习、讨论之外，课堂之外的各种实践活动是学校更为注重的方式，比如参与社区安全问题的分析和解决、参与纠纷的调解、举办模拟审判、参与社区矫正项目，等等。① 这些法治教育实践活动通常由学生、法治课指导教师以及法官、律师、社区警察、社会教育工作者、志愿者等共同参与；学生是活动的主角，指导教师是活动的组织与协调者；活动的频率由各个学校根据自身的教学安排确定，一般每个月至少举行一次，有时也视突发情况而定；活动一般在校园内进行，有时也在学校附近的法院或社区进行。

法治课指导教师与当地的法官、律师、社区警察等保持经常性联系，以确定每次法治教育活动的具体内容。在每次活动开始前，指导教师一般要预先告诉学生本次活动的主题，比如校园性骚扰防范、校园枪支暴力防范、拒绝毒品、校外活动安全，等等。活动结束后，指导教师通常会将每个学生在活动中的参与热情等表现记录在案，作为期末综合评价的考量之一。

美国在对未成年人进行法治教育时十分强调"积极的学习、研究与社会行动"，在教育学生知法、守法的同时，非常注重培养学生的"批判性思维"。② 学校鼓励学生就法律问题发表自己的见解，表达不同的看法，比较同一案件的不同判决；鼓励学生主动了解历史上已有的判例并评价它们的作用与影响；等等。

组织者注重利用法治教育的机会，鼓励学生去实际参与现实的公民事务——例如社区服务活动、学校及周边地区的环境与治安问题的解决等，要求学生关注和思考那些可能会对他们的生活造成影响的身边的争议性问题——例如公平问题、街头犯罪问题、少女怀孕问题、校园及社区的毒品贩卖问题等，并注重通过对具体问题的讨论和解决来引发学生对法律问题的兴趣和了解，并使他们最终懂得什么样的行为是违法的以及违法行为将对个人和社会所产生的影响；让学生通过日常冲

---

① Rollanda E. O'Connor, Victoria Sanchez, Kristen D. Beach, "Special Education Teachers Integrating Reading with Eighth Grade U. S. History Content", *Learning Disabilities Research & Practice*, 2017, Vol. 32（2）pp. 21 – 22.

② 徐茜：《美国中小学法治教育管窥》，《社科纵横》2010 年第 12 期，第 32 页。

突、矛盾的解决和社区问题的处理等，实践性地运用法律，而不是进行专业性的法律教育，以培养学生的普遍的法律意识和法律价值观。

三　"社区中的法律课堂"

美国在未成年人法治教育中广泛推行的"社区中的法律课堂"（Law Classes in the Community）① 是最受学生青睐并使他们有强烈意愿予以参与的普法方式，同时也是近年来美国诸多中小学校对在校学生进行法治教育的最有效的方式之一。活动有时在教室中进行，校方通常会邀请少年法庭法官或检察官、律师等专业法律人士走进课堂，也有时在当地的少年法庭或其他法庭中实地进行。学生的参与一般有观察、服务和行动三种程度上由浅至深的形式。

第一，"观察性参与"模式（Observational Participation）。在"观察性"参与形式中，学生完全作为一个"局外人"进行参与，不直接介入相关法律活动的正式程序，只履行观察者的责任，参与的主要目的是收集信息。比如，学生可以将在法庭中发生的各种活动中的一个——例如律师辩护环节作为观察目标，向法官询问此活动的功能，并把观察到的此活动发生作用的整个过程的信息记录下来，作为理解有关法庭审判程序的知识的重要资料。

第二，"服务性参与"模式（Service Participation）。在"服务性"参与形式中，学生主要充当服务者的角色，是一个被动的参与者，只在活动需要时提供一些服务或辅助性帮助。他们服务的对象很多，例如少年矫正机构的官员、缓刑官、少年法院的法官、检察官，等等。这种参与活动的目的主要是使学生了解司法运作的过程，并从中获得一些法律相关职业的感性认识、经验或训练。

第三，"行动性参与"模式（Action Participation）。在"行动性"参与形式中，学生直接参与到法律的制定或其他司法工作中，参与的

① Peter W. Hewson, Jane Butler Kahle, Kathryn Scantlebury, "Equitable science education in urban middle schools: Do reform efforts make a difference", *Journal of Research Science Teach*, 2001, Vol. 38 (10), p. 16.

目的是让他们亲身感受到，通过他们的"行动"所带来的相应的法律或其他社会生活的变化。① 例如，学生可以自行成立一个"立法机构"，制定惩处校园欺凌、街头暴力、交通违章、非法毒品、枪支泛滥等的法律。这种"行动性参与"模式重在培养学生对立法过程的了解以及对法律中的一些重要概念的理解和其在现实生活中的应用，例如违法、犯罪以及权利、公正、平等，等等；同时培养他们的组织、游说、辩论、倡导等等方面的能力。

　　除以上形式外，美国社会还尤为注重利用突发事件对未成年人进行法治教育，例如，2012 年 12 月 14 日，美国康涅狄格州桑迪胡克小学发生恶性枪击案，造成包括 20 名儿童在内的 28 人丧生的惨剧。桑迪胡克小学充分利用这一震惊全美同时又与广大学生和所有未成人有利害关系的悲剧性事件，邀请包括美国总统奥巴马在内的各界人士，与全校学生和家长一起举行烛光守夜活动，一方面为死难者举哀，另一方面不失时机地对学生进行法治教育，特别是枪支管控方面的教育。奥巴马总统、康涅狄格州州长以及当地各主要宗教团体的领袖等纷纷发言，为遇害者祈祷，同时告诫孩子们要尊重生命、远离枪支、远离暴力；并鼓励遇害者家属振作起来，"迎接春天的到来"。这类活动在美国十分常见，这无疑是最生动、最鲜活和最能使孩子们刻骨铭心的法治教育活动。

　　另外值得一提的是，在法治教育活动中，美国的学校更为注重强调未成人的社区成员及公民中的一员的"普通"身份，而不是作为学校学生的"特殊"身份。② 这种强调有助于使他们从小认识到，知法、守法、敬畏法律是每个人理应履行的事项，让他们从小树立在法律面前人人平等的观念和任何人包括未成年人都不能超越法律而行事的法治意识。

---

　　① 林洁：《美国中小学法制教育的基本经验及其启示》，《湖北职业技术学院学报》2007 年第 4 期，第 37 页。

　　② Peter W. Hewson , Jane Butler Kahle , Kathryn Scantlebury, "Equitable science education in urban middle schools：Do reform efforts make a difference", *Journal of Research Science Teach*, 2001, Vol. 38（10）, pp. 12 – 14.

第七章　特朗普"新政"与美国犯罪治理前景

　　"恢复国家的'法律与秩序'（Law And Order），以'强硬化'的刑事司法手段遏制犯罪"是特朗普在 2016 年总统竞选中的重要"口号"之一。在整个竞选过程中，特朗普始终以美国社会的"暴力犯罪激增""枪击事件频发""大城市的安全状况每况愈下"等犯罪问题的恶化为抓手，攻击民主党政府在执政 8 年中所采取的犯罪控制政策不利，指责奥巴马在犯罪面前"软弱""不作为"，使美国社会和公众为此付出巨大代价，并誓言自己要成为一个"法律与秩序"的总统。[①] 在竞选过程中以及当选后的诸多重要场合或发表的重要演说中——例如 2016 年 7 月接受共和党总统候选人提名时的讲话，同年 9 月、10 月与希拉里进行的三场总统候选人辩论，同年 10 月在葛底斯堡发表的竞选演说，当选后 11 月 18 日接受哥伦比亚广播公司（CBS）《60 分钟》（60 *Minutes*）节目的采访，以及 2017 年 1 月 20 日总统就职典礼上的演说等等，特朗普均一再重申或强调，他执掌总统大权期间，联邦政府将全面恢复国家的"法律与秩序"，联邦政府领导下的司法、执法部门将采取"强硬化"（Toughening）的刑事司法

---

① Sierra Marquina, "Republican National Convention2016: Everything That Happened During Donald Trump's Nomination Acceptance Speech", *U. S. Magazine*, July 22, 2016. http://www.usmagazine.com/celebrity-news/news/rnc-2016-watch-donald-trumps-speech-via-livestream-w430378.

手段"彻底清除折磨着我国的犯罪和暴力"等等。① 不仅如此，2017年1月20日，在正式入主白宫后，在短短一个多月的时间里，特朗普便迅速出台了多项与打击和遏制犯罪有关的重大举措：2017年1月，他签署《限制移民行政令》（*Executive Order Limiting Immigration*）；2017年1月30日，他对国土安全部移民与海关执法局（ICE）发出指令，在纽约、洛杉矶、芝加哥等全美多个城市或地区采取"突袭"行动，逮捕有犯罪记录的非法移民；2017年2月9日，他签署《成立减少犯罪改善公众安全特遣队的总统行政令》（*Presidential Executive Order on a Task Force on Crime Reduction and Public Safety*）；2017年2月15日，在白宫的大力推动下，共和党控制的联邦国会投票废除了奥巴马政府颁布的限制有精神健康问题者购枪的规定，进一步放松了对购枪的限制。尽管这些政策措施几乎都是特朗普在竞选期间反复承诺或主张的，但是其出手的速度之快、力度之大、涉及的范围之广还是大大出乎了人们的意料。一方面，这表明，在打击和控制社会犯罪一事上，特朗普将会充分兑现他的竞选诺言；另一方面，也释放出了一个明确的信号，即在犯罪控制问题上特朗普及其领导下的联邦政府，将会放弃奥巴马政府的"温和"路线，转而采取趋于强硬的政策措施。那么特朗普的这些反犯罪理念与思路，以及他作为新任总统迄今为止所采取的一系列相关政策措施，对美国当下不断恶化的犯罪形势究竟将会带来何种影响与前景？美国社会的治安状况能否在特朗普的"新政"之下得到改善？

第一节　社会综合犯罪状况的形势与特点

长期以来，犯罪问题一直是一个严重困扰着美国社会的难题。20世纪七八十年代，美国的城市犯罪率曾一度跃居全球之首。联合国国

---

① Sierra Marquina, "Republican National Convention2016: Everything That Happened During Donald Trump's Nomination Acceptance Speech", *U. S. Magazine*, July 22, 2016. http://www.usmagazine.com/celebrity-news/news/rnc-2016-watch-donald-trumps-speech-via-livestream-w430378.

际预防犯罪中心（The United Nations Center on Crime Prevention）提供的统计数字显示，20世纪80年代末，在综合犯罪率位居全球前十的世界大型城市中，美国一家就占据了3席，而整个欧洲40多个国家相加在一起也才只占2席。[①] 犯罪率长期居高不下成为削弱美国国家"软实力"、威胁美国社会公共安全的重大问题之一。进入20世纪90年代之后，特别是克林顿上台执政期间，美国联邦政府提出了"向犯罪宣战"（War On Crime）的口号，把"反犯罪"议题提升到了国家战略的高度。[②] 与此同时，"社会文化犯罪学""环境犯罪学""破窗理论"等学术界提出的新的犯罪控制学说和方法也逐渐在刑事司法界获得了广泛认同，并且在全美范围尤其是一些犯罪问题严重的大城市得到了实际应用与推广。新的理论、方法和遏制犯罪的社会需求引发和推动了20世纪八九十年代美国新一轮刑事司法制度的改革和"社区警务模式"（Patterns of Community Policing）的调整。在这些因素的共同作用下，从20世纪90年代开始，美国社会的犯罪状况出现了明显的改善，综合犯罪率呈现增长势头放缓乃至逐渐下降的趋势——特别是20世纪90年代中后期表现的更明显。美国联邦调查局（FBI）的《统一犯罪报告》（*Uniform Crime Reporting*）提供的资料显示，从1995年到2000年，全美70个主要大中城市的犯罪率平均下降了30%以上，达到了之前30年来的最低点。[③] 但是，进入21世纪以来，特别是奥巴马执掌白宫的8年时间里，美国社会的犯罪状况，特别是一些严重的刑事犯罪又出现了抬头或逐年上升的情况。其中枪支暴力犯罪、谋杀、"仇恨犯罪"、黑帮团伙犯罪、非法毒品走私等案件的发案率明显增多，公共安全形势出现了迅速滑坡的情况。

在上述各类犯罪问题中，尤以枪支暴力犯罪最为突出和严重，它

[①] Vanessa Barker, "The Great American Crime Decline: A Review of Blumstein and Wallman Goldberger and Rosenfeld", *Law & Social Inquiry*, Spring 2010: 495.

[②] William Jefferson Clinton, "The State of the Union", February 3, 1991. http://www.usatoday.com.

[③] Preliminary Semiannual Uniform Crime Report, 2016, *Criminal Justice Information Services Division*, 2016, http://ucr.fbi.gov/crime-in-the-u.s/2016/preliminary-semiannual-uniform-crime-Report.

也因此成为 2016 年美国总统选举中的一个争论不休的议题。枪支暴力犯罪问题之所以备受美国各界，特别是总统候选人的高度关注，不仅在于如今枪支暴力犯罪本身已成为美国社会发生频率最高、危害程度最大的犯罪，同时，它也引发或者进一步加剧了其他一些社会问题和矛盾冲突，例如种族对立、警民冲突、社会骚乱，等等。让民众感到无比担忧的是，近年来，由于政府完全无法实施任何有效的管控措施，使得枪支暴力犯罪在"量"和"质"上不断朝着更加"恶性"的程度发展。以 2016 年为例，枪支暴力犯罪的数量达到了前所未有的程度。美国枪支暴力档案室网站（http：//www. gunviolencearchive. org）提供的资料显示，2016 年全年发生的枪击案数量高达 58125 起，在 2015 年大幅上升的基础上再增 4790 起。同时，枪支暴力犯罪的危害程度继续加剧。2016 年全年发生的枪击案所造成的死伤人数高达 45628 人，比 2015 年增加了近 13%。2016 年全年发生的一次造成 4 人以上伤亡的"重大枪击案"高达 385 起，比 2015 年大幅上升了近 18%。除了枪击案数量的大幅增长之外，近年来，枪击案的性质也发生了一些引人关注的变化，例如出现了与国际恐怖主义势力"伊斯兰国"有牵连的"暴恐性"枪击案（2015 年 12 月加利福尼亚州圣贝纳迪诺市枪击案、2016 年 6 月佛罗里达州奥兰多市夜总会枪击案等）。另外，近年来还出现了多起专门针对警察的报复性枪击案（2016 年 7 月在达拉斯市和巴吞鲁日市接连发生的射杀警察的案件）。

除了枪支暴力犯罪的持续扩大和恶化之外，近年来，美国社会其他形式的犯罪也出现了逐步升级的情况。联邦调查局《统一犯罪报告》披露的数据显示，2016 年，全美共发生各类暴力犯罪案件 158.3 万起，比 8 年前奥巴马上台执政时增加了 23.3%；其中仅严重暴力伤害案件就高达约 90 万起，比 8 年前增长了近 27%。[①]

另外一个值得关注的新情况是，19 世纪末 20 世纪初曾在美国猖

① Jeffrey W. Swanson, "Guns, Impulsive Angry Behavior, and Mental Disorders：Results from the National Comorbidity Survey Replication," *Behavioral Sciences & the Law*, Vol. 33, Issue 2 - 3, June2016, p. 203.

獗一时的三 K 党在一个世纪前逐步衰落之后，有组织、有规模的"仇恨犯罪"（Hate Crime）活动①在美国社会已非常鲜见，但近年来此类犯罪活动又明显增多。联邦调查局于 2016 年 6 月公布的一份评估当前美国"仇恨犯罪"问题的报告指出，过去一年中发生的"仇恨犯罪"案件的数量达到了 5850 起，比前一年增加了近 7%，达到了 15 年以来也就是"9·11"事件发生以来的最高点。在这些"仇恨犯罪"案件当中，有 60% 的受害者受到了身体上的攻击，其中 180 人被杀。② 联邦调查局认为，"仇恨犯罪"在目前已经成为严重威胁美国公共安全的主要犯罪形式之一。

在传统型的犯罪逐步抬头或趋于恶化的同时，2016 年，美国还出现了一些新的"非传统"型的犯罪，例如以土制炸弹在街头制造爆炸、在校园内驾车冲撞人群、持刀当街砍人，等等。此外，近年来虽然涉及海洛因、可卡因、冰毒等传统"硬性毒品"的犯罪有所减缓，但涉及非传统"硬性毒品"例如大麻、鸦片等的犯罪却出现了大幅度的上升。美国"成瘾医学协会"（The American Society of Addiction Medicine）提供的资料显示，2014 年因鸦片使用过量而死亡的美国人已升至 47055 人，比上一年增加了 14%；2015 年涉及此类毒品的犯罪案件比 5 年前大幅上升了近 17%。③

上述统计数据和研究结果表明，最近十几年来，特别是奥巴马的民主党政府执掌白宫的 8 年里，美国的多项犯罪指标尤其是"重罪"发案率均出现了增长的情况，社会犯罪形势明显恶化。

———————————

①　专门针对特定种族、人群或组织等的攻击、犯罪行为，在美国被定义为"仇恨犯罪"。这种犯罪不仅本身造成的伤害大，而且极易引起大范围的社会恐慌或挑起不同种族、群体之间的相互仇视和报复等，社会危害巨大。美国政府对这种犯罪高度警惕和重视。

②　Namrata Tripathi, United States sees 67% increase in hate crimes against Muslims：FBI, *International Business Times*, November15, 2016, http：//www. ibtimes. co. in/united-states-sees-67-increase-hate-crimes-against-muslims-fbi-704101.

③　*Opioid Epidemic Sickens Young Children in U. S*, By Anna Matteo, 21 November, 2016, http：//www. voanews. cn/voase/43728. htm.

第二节　特朗普政府对犯罪问题的评估与判断

如何认识和评估当下美国社会犯罪问题的现状与走势，无疑是特朗普政府形成其犯罪治理理念与政策的前提和依据。在参与本届总统竞选之前，特朗普只是一个地产商人和企业家，在其职业生涯中未曾有过担任任何公共职务的经历，因此，他以一个政治家的身份和姿态，并且在国家治理的视野之下，就社会犯罪与控制问题所作的相关评估判断以及政策立场的表述等，均主要出现在 2016 年总统竞选期间，其内容可以大体归纳为以下三个方面。

第一，他认为，美国社会的犯罪达到了"使国家面临危机"的程度，并认为，是民主党政府的错误政策造成了这种危机。[①] 在 2016 年 7 月举行的共和党全国代表大会以及之后他与希拉里进行的三场总统候选人辩论中，特朗普多次对此进行了阐述。在共和党全国代表大会的讲话中，他说："今晚正在观看这场演讲的美国人都看到了最近我们街头的暴力和社区的混乱画面，许多人亲身经历了这种暴力，有些人甚至成为了暴力的受害者。"他列举了一系列数据来说明美国眼下的犯罪问题有多么严重。他指出："在美国的 50 个大城市中，谋杀案在 2015 年增加了 17%，这是 25 年来增长幅度最大的一年。""2015年，在美国的两个著名的城市华盛顿和巴尔的摩，谋杀率分别上升了50% 和 60%，这是半个多世纪以来从未有过的增长幅度。""在奥巴马总统的家乡芝加哥，仅今年一年，就有 2000 多人成为枪击事件的受害者；自从奥巴马就任总统以来，芝加哥市共有 3600 多人被打死。"[②] 在竞选过程中，特朗普多次猛烈抨击民主党政府在犯罪控制

---

① Sierra Marquina, "Republican National Convention2016: Everything That Happened During Donald Trump's Nomination Acceptance Speech", *U. S. Magazine*, July 22, 2016. http://www. usmagazine. com/celebrity-news/news/rnc-2016-watch-donald-trumps-speech-via-livestream-w4 30378.

② Michelle Babicz, *Clinton and Trump-the 3rd2016 Presidential Debate*, Chicagonow. com, October19, 2016. http://www. chicagonow. com/planet-michelle/2016/10/clinton-and-trump-the-second-2016-presidential-debate/.

问题上的失策，指出："美国人民十几年努力取得的犯罪率下降的成果被奥巴马政府的错误政策瓦解了。"犯罪问题已经"使国家面临危机"。① 在 2017 年 1 月 20 日的总统就职大典上，特朗普再次不点名地批评了奥巴马政府，指出："犯罪活动、帮派和毒品夺走了众多美国人的生命，使我们的国家失去了大量尚未开发的潜力。"并誓言："这种生灵涂炭的现象到此为止，以今天为终点。"②

第二，他认为，外来移民是造成美国社会犯罪的罪魁祸首。美国拥有世界上最大的移民群体，其中有近 1100 万是非法移民。特朗普认为，这批人是制造社会犯罪的主要群体。在葛底斯堡发表的竞选演说中，他说："美国大城市的街道上到处有黑帮分子乱晃，很多人都是非法移民；他们手里有枪，他们肆意伤害平民。"2017 年 2 月 28 日，在其就任后首次在国会参众两院发表的演讲中，特朗普说："司法部的数据表明，自'9·11'恐怖袭击以来，美国国内发生的恐怖主义性质的犯罪，实施者绝大部分都是外来移民。"③ 特朗普认为，只有严厉控制乃至全部驱逐非法移民方能破解美国的犯罪难题。在竞选过程中，他曾多次激进地宣称，当选后他将全部遣返美国的非法移民，声称只有这样才符合"美国优先"（American First）的理念。2016 年 11 月 18 日，在其当选后接受哥伦比亚广播公司（CBS）《60分钟》节目采访时，特朗普虽不再坚称要将 1100 万非法移民全部驱逐出境，但仍表示，上任后会立即逮捕和驱逐那些有犯罪前科的非法移民。

在评估当今美国最为棘手的犯罪问题——枪支暴力犯罪问题上，特朗普同样认为，美国枪支暴力犯罪问题不断恶化的主要原因来自于

① Michelle Babicz, *Clinton and Trump-the* 3*rd*2016 *Presidential Debate*, Chicagonow. com, October19, 2016. http：//www. chicagonow. com/planet-michelle/2016/10/clinton-and-trump-the-second-2016-presidential-debate/.

② Donald J. Trump, *The Inaugural Address*, January 20, 2017, https：//www. whitehouse. gov/inaugural-address.

③ William Cummings, "Trump gave one of the longest first speeches to Congress", *USA Today*, http：//www. usatoday. com/story/news/politics/onpolitics/2017/02/28/trump-speech-length/98560186/.

非法移民、伊斯兰极端主义分子以及非法移民组成的黑帮组织。所以，他认为解决枪支暴力犯罪问题的有效办法是剥夺这些人手中的枪。2016年6月佛罗里达州奥兰多市夜总会枪击案发生后，特朗普抢在民主党对手希拉里之前发声，痛批奥巴马在枪支暴力犯罪面前"软弱"，并指责奥巴马发表的声明中没有提及非法移民和宗教极端主义，他说："我们再也承受不起'政治正确'。""要避免类似的惨案再次发生，我们只有通过'控制人'来'控制枪'，也就是改变我们的移民政策，这是问题的关键。"①

　　第三，他认为，美国的"法律与秩序"遭到了严重的破坏。在竞选期间，他多次对奥巴马的政策提出批评，指出奥巴马在"种族平等""消除歧视"等等"政治正确"的口号之下，推行了一种破坏美国"法律与秩序"的政策，使非洲裔、西班牙裔等少数族裔的人民受到了更严重的犯罪伤害。首先，在处理与地方刑事司法部门的关系上，特朗普指责说，在奥巴马执政期间，受白宫直接管辖的联邦司法部，以所谓"地方执法部门中存在着对黑人等少数族裔的'系统性种族歧视'"为由，大张旗鼓地展开对芝加哥等城市的警局和司法部门进行调查和追责，白宫还多次对这些地区刑事司法部门的工作公开提出质疑和批评。特朗普认为，这些做法严重干扰了地方刑事司法部门的依法行事，同时也向社会释放了对地方刑事司法部门极其不利的负面信息，而这样做的直接后果是"严重限制了警察的执法能力"。"现在，警察在很多情况下都不敢采取行动，在犯罪面前缩手缩脚。奥巴马政府表面上是保护黑人的权益，但实际结果是非洲裔美国人社区被犯罪摧毁了。"② 另外，对于希拉里在竞选中反复提到的，美国一些刑事司法部门中存在着对黑人等少数族裔

① William Cummings, "Orlando nightclub shooting: What we know?", *USA Today*, https://www.usatoday.com/search/Orlando%20nightclub%20shooting:%20What%20we%20know%20/.

② Michelle Babicz, *Clinton and Trump-the 3rd2016 Presidential Debate*, Chicagonow.com, October 19, 2016. http://www.chicagonow.com/planet-michelle/2016/10/clinton-and-trump-the-second-2016-presidential-debate/.

的"隐形偏见"，解决这些"隐形偏见"是犯罪控制中的一个关键问题。特朗普对此反驳道，这是把种族问题与法律问题硬扯到一起，正是这种混淆造成了奥巴马执政以来，一方面，美国社会的种族对立不断加剧；另一方面，黑人等少数族裔青少年的犯罪也不断严重。他指责奥巴马："利用总统的职权，以种族和肤色之别分裂我们的遏制犯罪的努力。"①

第三节　特朗普犯罪控制"新政"及其前景

　　基于上述评估与判断，可以认为，特朗普及其政府已经逐步形成了自己的犯罪控制"新政"。在其正式入主白宫后，一些具体的政策措施也已逐步付诸实施并且造成了诸多社会影响。

一　特朗普犯罪控制"新政"的主要内容

　　"新政"主要包含以下三方面的内容：第一，从改变执法手段入手，大力恢复美国社会的"法律与秩序"，以"强硬化"的司法手段遏制犯罪。特朗普在竞选过程中的多次演讲以及他与希拉里进行的面对面辩论中，屡屡公开批评希拉里和民主党在处理犯罪问题时"一直在回避一个关键问题：法律与秩序。没有法律与秩序，国家将会面临灾难"。② 在接受共和党总统候选人提名的讲话中，他说："我要告诉大家，今天折磨着我国的犯罪和暴力很快将会告一段落。从 2017 年 1 月 20 日起，法律和秩序就将得到恢复。"

　　在美国的刑事司法语境中，"法律与秩序"是"严惩性"刑事司法理念与主张的代名词；强调"法律与秩序"意味着主张采取不同

---

　　① Sierra Marquina, "Republican National Convention 2016: Everything That Happened During Donald Trump's Nomination Acceptance Speech", *U. S. Magazine*, July 22, 2016. http://www.usmagazine.com/celebrity-news/news/rnc-2016-watch-donald-trumps-speech-via-livestream-w430378.

　　② Ibid.

寻常的行动来强化司法正义（Criminal Justice）和社会防卫。① 同时，在对犯罪的控制和处置措施上，以"严打"（Get Tough）为主要手段。为具体体现他的这一"强硬化"的犯罪治理理念，在系统阐释其执政方略的葛底斯堡演说中，特朗普表示："我上任后将会为联邦执法部门和联邦检察官提供更多的支持和资源，改善刑事司法体系的效率，打击犯罪，将暴力罪犯送进监狱或者将他们驱逐出境，送他们回自己的国家。"在最为紧迫的措施方面，特朗普提出要尽快在全美范围尤其是在大城市，恢复实施"当街拦检"（Street Intercept And Check）的警务措施。② 该措施因涉嫌对黑人等少数族裔的种族歧视，在3年前被纽约等一些地方法院裁定"违宪"并被取缔。然而特朗普坚称，"当街拦检"在促使纽约、芝加哥等地的犯罪率下降方面"发挥了作用，非常巨大的作用，被取缔后犯罪率迅速上升"。他明确表示："我上任后要增加更多的警察，迅速重启这项措施。"

第二，驱逐非法移民，消除犯罪的最大隐患。特朗普认为，非法移民是美国社会犯罪的主要来源，驱逐非法移民是他打击犯罪的首要选项。在特朗普的竞选网站上，他详细说明了他要达到的各项目标和将会采取的具体做法：其一，遣返全部非法移民；结束以往实施的"捉了就放"的做法。其二，废除奥巴马颁布的"暂缓遣返令"；对那些保护非法移民免遭遣返的城市（如旧金山市），取消联邦政府资助。其三，对移民犯罪零容忍；驱逐所有有犯罪记录的非法移民；当这些人被驱逐出境后，他们必须远离美国，否则会严厉处罚。其四，确认被遣返非法移民的国家确实接收了这些非法移民；对那些不配合

---

① "司法正义"是指应严格依照法律的规定来实现社会的正义，强调"罪、罚相符"以及"在法律面前人人平等"。"司法正义"包括"实体正义"与"程序正义"。"实体正义"是指通过司法实现正义的目的，这种目的必须符合人类的道德习惯、价值追求、公共利益等。"实体正义"往往没有明确的规则与标准，它是人类内心的一种正义判断。"程序正义"是指判决过程符合公正、正义的要求以及法律程序本身的正义。

② 为有效控制犯罪，纽约、芝加哥等一些犯罪率极高城市的警察部门在20世纪八九十年代推出了这项"当街拦检"的预防性犯罪控制措施，授权在街头执勤的警察在"适当时刻"可以果断采取行动，对形迹可疑的行人进行拦截检查，并可迅速采取行动，对涉嫌违法犯罪者进行逮捕。

的国家将在移民事物上予以制裁。其五，所有来美国的移民必须接受"极端审查"（Extreme Vetting），确保移民美国的人尊重美国的人民和美国的价值观。在该审查程序建立完善之前，不签发来自特定国家的任何签证申请（尤其那些穆斯林国家）。其六，暂停接收来自恐怖活动频发地区的移民。其七，在南部美墨边境一带修建边境隔离墙。

为了使自己的上述主张得到呼应和支持，在竞选过程中特别是在葛底斯堡演说中，特朗普不厌其烦地告诉选民："在美国大城市的街道上到处有黑帮分子乱晃，很多人都是非法移民。""移民夺走了我们的工作机会，抢走了我们的财富，分给我们的只有肆虐的毒品和暴增的犯罪。"他还多次激进地宣称，上台后将全部遣返目前美国境内的 1100 万非法移民。他说，只有这样才符合"美国优先"的理念。2016 年 11 月 18 日，在当选后接受哥伦比亚广播公司《60 分钟》节目采访时，特朗普虽然不再坚持要将 1100 万非法移民马上、全部驱逐出境，但他仍表示要立即着手制订方案，驱逐非法移民中的大约 300 万有犯罪前科的人。

2017 年 1 月 20 日正式入主白宫后，在短短一周左右的时间里，特朗普便迫不及待地推出了多项针对非法移民的政策措施，不仅一一落实了他在竞选中的相关承诺，而且一些举措的严厉程度大大超出了人们的预料。

2017 年 1 月 27 日，他签署了《限制移民行政令》，即所谓的"禁穆令"。其中规定：①在 90 天内暂停存在恐怖主义活动国家的移民进入美国，这些国家包括：叙利亚、也门、苏丹、索马里、伊拉克，伊朗和利比亚。②暂停美国《难民安置计划》（*Refugee Admissions Program*）120 天，在此期间对以前的入境申请和审批程序进行重新审查。③无限期中止奥巴马任内启动的安置叙利亚难民的计划，并把本财年美国计划接收的来自世界各地的难民数量削减 50%。[①]

2017 年 1 月 28 日，他签署了《极端审查令》（*Extreme Vetting*），

---

① Trump signs executive order limiting immigration，*DEBKA file*，January 28，2017，http：//www. debka. com/newsupdate/19819/Trump-signs-executive-order-limiting-immigration.

启动了对来自恐怖分子影响较大的 7 个国家移民的更为严格的审查行动。在五角大楼举行的签字仪式上，特朗普表示此举将"彻底阻止恐怖分子进入美国"。

2017 年 1 月 30 日，他向国土安全部移民与海关执法局（ICE）下达命令，展开了为期一周的对非法移民的"突袭"行动。2017 年 2 月 6 日开始的一周内，该局在纽约、洛杉矶、芝加哥、亚特兰大等全美多个城市或地区逮捕了数百人。尽管该局的发言人克里斯坦森（Gillian Christensen）对媒体表示，他们逮捕的人都是"严重的罪犯"和"对公共安全或移民制度构成威胁的人"，但该局的其他官员证实，"考虑到特朗普行政命令的定义更广，因此行动中也拘捕了一些缺乏居留文件的外来移民。"拘捕行动显然超出了特朗普所说的"罪犯"的范围。另外，以往对非法移民的搜查行动都是在夜间进行，但该局的此次行动却是选择在白天展开。美国媒体认为，特朗普此般是"一箭双雕"，一方面意在向公众表明，他的驱逐政策并非"说说而已"；另一方面也是向那些给非法移民提供避难机会的城市发出明确警告：对非法移民的庇护必须停止。

第三，捍卫持枪权，维护《宪法第二修正案》。在枪支管控这个在美国社会广受争议而又事关犯罪控制效果的重大问题上，特朗普秉持了共和党的传统理念和一贯立场，即捍卫持枪权，反对控枪。他本人的基本主张和政策倾向比较集中地体现在他的竞选官网上，其内容大体包含以下四个方面：其一，捍卫《宪法第二修正案》，坚决维护"人民持有并携带武器的权利不得侵犯"的宪法规定。他详细阐述道："《宪法第二修正案》保证了美国人民持枪的基本权利。宪法并没有创造这个权利，而是确保政府不得剥夺这项权利。"其二，实行"双轨"政策，既要坚定保护合法持枪者的权利，包括拥有各种类型武器的权利，同时要剥夺"危险公民"即罪犯，特别是非法移民中的犯罪分子的持枪权。其三，完善精神病患者防控体系，对于那些有暴力倾向的精神病患者，必须在他们危害社会前让他们离开街区。否则，一旦疯子发疯干了什么，那些控枪支持者和媒体又会跳出来指责合法持枪者。

除了在竞选官网上阐述这些立场、主张之外，在一些重要演讲和谈话中，特朗普还做出了一些具体的承诺。2016 年 10 月，他在葛底斯堡发表的竞选演说中，指责希拉里、奥巴马和民主党"正在试图削弱、改变《宪法第二修正案》，破坏我们的宪法"；并称如果当选，便会"立即废除奥巴马时期颁布的'控枪行政令'以及其他所有违反宪法的行政措施、总统备忘录、行政法令，等等"。在当选后接受媒体采访时，他表示："将为去世的大法官斯卡利亚推选一位继任者。我们选出的最高法院大法官将会用生命来守护美利坚合众国的宪法。"

二　特朗普犯罪控制"新政"的影响

2016 年的总统选举是在美国的犯罪问题趋于严重、社会的治安大环境不断恶化的背景下举行的。执政 8 年的民主党政府在犯罪控制问题上乏善可陈，没能向民众交上一份满意的"答卷"。然而，竞选的逻辑就是这样，民主党的失败正是特朗普的"利好"。所以客观地说，特朗普在竞选期间提出的一些打击犯罪，重建"法律与秩序"的主张之所以能够赢得"民心"，其主要原因是民主党 8 年的表现让人大失所望，而绝非特朗普的主张真正切中了美国犯罪问题的要害。

第一，关于"恢复"美国社会的"法律与秩序"以及采取"强硬化"刑事司法手段打击犯罪。这一点可以说是特朗普竞选总统时的重要"口号"之一，而他上任后采取的一系列强硬而又大胆的行动证明他的竞选诺言并非戏言。这种强硬的举措无疑会对社会犯罪产生一定的震慑作用，并且在短时间内产生一定的成效。但是，从美国历史上的类似先例与经验来看，这些并不能持续有效地控制社会犯罪。以 20 世纪七八十年的情况为例，当时，随着社会犯罪尤其是青少年犯罪的迅速增长，美国的犯罪治理理念与方法出现了重大改变，20 世纪 60 年代盛行的以注重有利于罪犯改造和重新回归社会为特征的"康复性"犯罪治理理念与方式，逐渐被以惩罚和监禁为特征的"强硬化"理念与方式所取代。其具体体现是：1976 年最高法院允许各州制定恢复死刑的立法；20 世纪 80 年代前后有 30 多个州先后通过了对缓刑和假释等社区矫正项目实施严格限制的法律，有些州甚至完全取消了假释。在治理青少年犯罪上，"强硬化"的刑事司法手段表现得更为突出。20 世纪 80 年代前后，美国各地的少年法院开始将少年犯大量移送至成人刑事法院审理，使其被适用等同于成年犯的严厉的刑罚，等等。然而，这些"强硬化"的刑事司法手段并没有取得预期的有效遏制犯罪的效果。正如前文所述，直到 20 世纪 90 年代初，美国的犯罪率尤其是青少年犯罪率仍然保持着上升势头。不仅如此，因持续实施"严打""监禁"等手段，又造成了各地监狱的人满为患和警力与资金的严重不足，"强硬化"的刑事司法手段最终难以为继。

此外，在评估当下美国社会的犯罪时，一个必须承认的事实是，目前美国犯罪问题的恶化并非因"法律与秩序"的缺失或遭到破坏所致。毫无疑问，美国社会目前并没有出现类似 20 世纪 60 年代那样的因反战、民权运动、嬉皮士运动如火如荼所造成的大规模的动荡和骚乱，社会的法律与秩序并没有遭到任何系统性的破坏。2011 年虽然发生了波及全美几十个城市的"占领华尔街"运动，但其间也只发生了一些小规模的警民冲突和骚乱，并且运动仅仅维持了半年便销声匿迹。因此，言称"恢复"美国社会的"法律与秩序"，这未免夸大其词，因而也不是一个治愈当今美国社会犯罪问题的对症处方。再者，在打击和控制犯罪的问题上，总统和联邦政府的权力实际上是受到很大制约的。根据美国宪法，维持治安的权力属于地方政府而非联邦政府。在实际执法中，联邦执法机构有权处理的犯罪案件只占全部犯罪案件的不到 10%，其他 90% 以上的案件都归地方执法部门处理，联邦执法机构无权干涉。[①] 由此可见，特朗普的相关政策主张在实际执行当中本身就受到很大的限制。

第二，关于非法移民与犯罪问题的关系。特朗普始终坚信，驱除非法移民，尤其是这些人中的犯罪分子是消除社会犯罪的优先选择。客观地说，非法移民确实给美国社会带来了一些犯罪，比如毒品走私

① Bruce Alpert, *Trump Follows Nixon's Lead in Calling for Law and Order*", http://www.hxen.com/englishlistening/voaenglish/voaspecialenglish/2016 - 07 - 23/436773.html.

和抢劫等，但是它并不是问题的核心和主流。根据位于华盛顿的非党派智库机构"移民研究中心"（Center for Immigration Studies）于2016年11月提供的统计资料，过去10年中在美国发生的枪击、谋杀、抢劫、毒品走私等7项主要犯罪案件当中，非法移民作案所占的比例仅为约4.15%，也就是说，美国发生的95%以上的犯罪都与非法移民无关。再以美国社会目前最严重的犯罪形式枪支暴力为例。根据枪支暴力档案室网站（http：//www. gunviolencearchive. org）提供的统计数字，在过去5年中，全美发生了约1400起重大枪击案（造成4人以上死亡的枪击案），其中大约只有13起即0.93%为非法移民所为，其他99%以上都与非法移民无关。① 由此可见，即使特朗普将他所称的"300万有犯罪前科的非法移民"全部予以逮捕并驱逐出境，它也只能消除美国大约4%的犯罪或不足1%的枪支暴力问题。很显然，这个数字对整个犯罪状况的改善是微乎其微的。由此可见，特朗普将非法移民视作造成美国社会犯罪的主因，这既不公正，也不可能有效地解决美国社会的犯罪问题。

第三，关于枪支暴力犯罪与枪支管控。近年来，枪支暴力犯罪已成为美国社会最严重和最具伤害力的犯罪形式，对枪支实施必要的管控以遏制枪支暴力犯罪的频发显然是犯罪控制中的当务之急。但是，特朗普却在枪支管控问题上始终固守共和党的一贯立场和主张，只同意"剥夺罪犯的枪"，而反对其他一切名目的控枪主张，并表示要逐一废除奥巴马时期颁布的所有控枪法案。在阻止控枪的具体行动上，国会中的共和党保守派与特朗普之间保持着高度的默契与呼应。特朗普上台还未及满月，共和党控制的国会参议院（继众议院之后）就于2017年2月15日投票废除了奥巴马当政期间颁布的一项重要的控枪规定。该规定赋予美国社会安全局（SSA）采集购枪者心理健康信息的权利，以便为防止有心理健康疾病的人购枪提供依据和参考。这项规定遭到废止意味着美国将允许约7.5万名精神病患者获得购买枪

---

① Adam M. Butz, "Policy Learning and the Diffusion of Stand Your Ground Laws", *Politics & Policy*, December 2016, p. 372.

支的权力。

目前，特朗普还没有在该议案上签字并正式生效。不过特朗普以往在该问题上的立场是十分明确的。2016 年 10 月，在回答美国全国广播公司（NBC）记者提出的"枪支犯罪和精神疾病之间的关系"问题时，特朗普表示："精神病是一个麻烦，政府需要做更好的工作。但是不是通过限制枪支。""目前的事实是，美国已经是一个枪支社会，不管有没有严格的枪支法律，一些非常聪明的精神病患者总归是可以弄到枪支的。在此情况下，大家可以获得枪支保护自己才是最好的情况。"① 鉴于特朗普不久前的这个表态，他最终在该文件上签字使其正式成为法律应该是一个必然的结果。如果此事变为现实，这无疑将会使业已十分严重的枪支暴力犯罪问题雪上加霜，而遏制枪支暴力犯罪的努力也将彻底成为空谈。

三　特朗普犯罪控制"新政"的前景

虽然特朗普在本届总统竞选过程中在遏制社会犯罪的问题上提出了一些颇能打动人心的思路和主张，并且确也得到了许多选民的认同和支持。但客观地说，他当时所提出的这些思路和主张更多的还只停留在笼统的、概念化的层面，并无多少系统、翔实的规划设计，甚至他的一些相关语言表述还不甚连贯和一致。因此，在事实上，人们并不真正了解他的思路与主张的具体内涵究竟为何，更不清楚他究竟会如何具体地推行他的政策主张以达到控制犯罪的目标。

另外，由于特朗普本人在当选总统之前没有过任何从政经历，他的从政经验尤其是处理社会问题的经验之缺乏毋庸置疑。不仅如此，他在挑选白宫团队成员，特别是担任重要职务人员和助手时，更青睐于成功商人和具有军方背景的人，这一用人偏好又使得他在当选后招募的核心阁僚中几乎没有一位是谙熟犯罪问题抑或社会问题的专家，就连他任命的政府首席法律顾问——司法部长塞申斯

---

① 王骁：《美参院废除奥巴马控枪法案，数万精神病患或可拥枪》，观察者网，http://www.guancha.cn/america/2017_02_16_394658.shtml，2017 年 2 月 16 日。

（Jeff Sessios）也已经远离司法工作 20 多年了。这些客观状况的存在，使得特朗普及其白宫团队在制定及实施相关政策措施时，难免出现一些偏颇甚至漏洞。随着时间的推移，这方面的问题已经开始越来越多地暴露出来，并且给特朗普新政府犯罪控制政策的推行造成了巨大的麻烦。

首先，他上台伊始便匆匆推出的"禁穆令"因带有明显的政治上的歧视、偏见或排斥等，还未及真正实施便立即在美国各界引起一波批评、抵制浪潮。不但他的代理司法部长耶茨（Sally Yates）公开批评他的这项禁令不合法，并下令司法部检察官不得为该禁令辩护；就连他自己刚刚提名的最高法院大法官格萨奇（Neil Gorsuch）也表示，总统的这项禁令"令人泄气"和"令人沮丧"。全美有 16 个州的总检察长公开声明反对这一禁令；纽约等地的总检察长还表示将发起对该禁令的起诉，等等。在国际上，这项禁令不仅遭到被牵连的伊斯兰各国政府的谴责，就连美国的亲密盟友英国、法国、德国、加拿大等国，以及欧盟、联合国等国际组织也都纷纷表示强烈反对。2017 年 2 月 3 日，华盛顿州西区联邦地方法院法官詹姆斯·罗巴特（James Robart）作出裁决，要求在全美范围内停止执行这项禁令。一周后，位于旧金山的第九联邦巡回上诉法院作出裁定，维持罗巴特法官的裁决，拒绝了司法部要求恢复这项禁令的请求。裁决书指出，政府没有提供证据证明其禁令出台前经过了必要的程序，例如举行听证会、事先发出通知等等；法院没有在此情况下支持政府这一做法的先例，因此予以驳回。至此，在这场上任后的首次司法大战中，特朗普以失败告终，"禁穆令"被完全"叫停"。

其次，2017 年 2 月 6 日—11 日，特朗普在美国多个城市发起的逮捕和驱逐非法移民的行动，也引起了国内外的广泛质疑和批评。全美非法移民拥有量最多的城市——旧金山市市政府律师艾雷拉（Dennis Herrera）批评特朗普的这一做法涉嫌违反美国《宪法第十修正案》，因为该修正案规定："未授予联邦政府行使且未禁止各州行使的权力，保留给各州政府或其人民。"艾雷拉表示，他将会就此事对特朗普提起诉讼。非法移民大州得克萨斯州首府奥斯丁市市长艾德勒（Stephen Adler）对美国全国广播公司（NBC）表示，遣返那些并非罪犯而只是有轻微违法行为的无证移民，不会让美国变得更加安全。相反这只会使移民社群产生恐惧和愤怒情绪，并且破坏公众对执法部门的信任。在国际方面，美国国土安全部根据特朗普的移民禁令，于 2017 年 2 月 20 日发布了两项备忘录，即《落实总统边境安全和加强移民执法的政策》（IPBSIEIP）和《执行移民法律以服务国家利益》（EILSNI）。根据这两项备忘录中的规定，美国海关人员可以将那些被逮捕的非法移民直接驱逐到墨西哥，而不论他们的国籍是否为墨西哥籍。① 这意味着更多无证移民将被关押或遣返到墨西哥等待听审。对此，墨西哥总统培尼亚（Enrique Peña Nieto）断然取消了他计划赴美与特朗普会谈的行程，以示不满和抗议。墨西哥外长比德加赖（Luis Videgaray）在启程赴美访问前也对媒体表示，美方的这一做法"是敌意和不必要的侵略行为。很难想象墨西哥政府还能够心平气和地跟美国官员坐在一起，讨论在打击毒品犯罪等方面进行合作的话题"。② 不仅如此，特朗普将在美墨边境修建隔离墙的工程不久后也将按计划启动，美墨关系的进一步恶化显然不可避免。按照特朗普竞选总统时所说，美国非法移民中的犯罪分子属墨西哥人最多，而两国关系的恶化使双方合作打击犯罪的前景已变得十分渺茫，这显然与特朗普"以打击非法移民犯罪来带动全面犯罪控制"的目标是南辕北辙的。

此外，近年来，美国国内发生的与国际恐怖主义势力"伊斯兰国"（ISIS）有牵连的犯罪活动，特别是"暴恐式"枪击案明显增多，去年以来已发生了四起此类性质的案件。加强国际合作，遏制极端主义势力的蔓延和影响，特别是严防美国国内受极端主义思想"激发"的"独狼式"的暴恐犯罪，是近年来美国警方重点加强的一项犯罪防范工作。但是，特朗普上任后所实施的这些歧视和排斥移民，尤其

---

① *Enforcement of the Immigration Laws to Serve the National Interest*；*Implementing the President's Border Security and Immigration Enforcement Improvement Policies*，https：//www. dhs. gov/.

② 孙卫赤：《墨西哥斥特朗普移民新政是侵略行为》，环球网，http：//world. huanqiu. com/exclusive/2017 - 02/10184005. html? t = 1487819054812，2017 年 2 月 23 日。

是针对穆斯林国家移民的做法，不但给极端组织扩大影响和招募成员提供了大好的机会和借口，而且也在客观上传播了这样一种认知，即美国是在和伊斯兰文明而不是犯罪分子和恐怖分子作战。显然，特朗普的这些做法既不利于国际社会的反恐行动，也是对美国自身犯罪控制努力的掣肘和伤害。

美国犯罪问题的产生和难以有效控制，刑事司法方面的措施不当固然是原因之一，但客观地说，问题的背后还有着诸多更深层和更广泛的政治与社会原因。例如：愈演愈烈的政治极化特别是"否决政治"（Vetocracy）①所造成的国家的政治机器瘫痪、社会政策难产；中产阶级萎缩、贫富鸿沟加大引发的普通百姓特别是贫困阶层的不满情绪上升、怨恨心理加重；少数族裔在就业、收入、教育机会等方面与白人的系统性差距加大导致的种族关系恶化、种族对立加剧；刑事司法领域中的"双重标准"和对少数族裔的普遍性歧视以及白人警察枪杀非洲裔事件频发造成的警民关系紧张、暴力氛围加重；等等。这些深层矛盾、对立和冲突不解决，无论是强化"法律与秩序"，还是推行"强硬化"的刑事司法措施，无疑都是隔靴搔痒和无的放矢，无法取得犯罪控制上的"治本"效果。

盖洛普咨询公司（Gallup）不久前进行的一项民意调查显示，因"禁穆令"和搜捕、驱除非法移民等争议巨大的施政措施，特朗普的支持率下跌到了40%，而不支持率则上升到了54%。②也就是说，有一半以上的美国人对特朗普截至目前的执政表现持负面评价。

虽然"禁穆令"和搜捕、驱逐非法移民举措的施政重点并不在犯罪控制，但其中包含着打击和遏制犯罪的成分与意图是毫无疑问的。因此，这些措施的"夭折"或招致的强烈反对和抵制，必然会殃及

---

① 美国斯坦福大学高级研究员福山（Francis Fukuyama）在其《政治秩序与政治衰败》（*Political Order and Political Decay*）一书中，把近年来民主党和共和党之间形同水火，一个政党往东、另一个政党一定往西；甚至不在乎对方有没有道理，决意不让对方得逞的"两极化"党争现象称作"否决政治"。

② *Trump Job Approval*（*Weekly*），http：//www.gallup.com/poll/203207/trump-job-approval-weekly.aspx.

乃至伤害特朗普全盘犯罪控制政策的眼前及未来的命运。由此看来，特朗普在竞选期间表达的雄心勃勃的"彻底清除折磨着我国的犯罪和暴力"以及"将成为一个法律与秩序的总统"的宏图与承诺，其实现的前景并不乐观。在他执掌白宫大权已届半年的今天，人们已经很难再继续期待他在犯罪控制方面真正有所作为。

主要参考文献

一 专著

陈恕祥：《美国贫困问题研究》，中国大百科出版社 2010 年版。

顾敏康：《逮捕、搜查与扣押的宪法问题：美国的经验教训》，法律出版社 2009 年版。

郭建安：《美国犯罪学的几个基本问题》，中国人民公安大学出版社 1992 年版。

简基松：《恐怖主义犯罪之刑法与国际刑法控制》，国家行政学院出版社 2012 年版。

康华：《美国法律问题透视》，群众出版社 1997 年版。

林维：《最高法院如何掌控死刑——美国联邦最高法院死刑判例经典选编》，北京大学出版社 2014 年版。

刘春：《权利的陷阱与制约》，中央党校出版社 1998 年版。

刘建宏：《国际犯罪学大师论犯罪控制科学》，人民出版社 2012 年版。

刘士心：《美国刑法中的犯罪论原理》，人民出版社 2010 年版。

刘瑜：《民主的细节：当代美国政治观察随笔（精装修订版）》，上海三联书店 2011 年版。

陆忠伟：《非传统安全论》，时事出版社 2003 年版。

潜堂：《公民治理：引领 21 世纪的美国社区》（国家治理与政府改革译丛），北京联合出版公司 2014 年版。

任东来：《美国宪政历程：影响美国的 25 个司法大案》，中国法制出版社 2015 年 6 月版。

任东来、胡晓进：《在宪政舞台上：美国最高法院的历史轨迹》，中
国法制出版社 2007 年版。

任建明、杜治洲：《腐败巧反腐败——理论、模型和方法》，清华大学
出版社 2009 年版。

阮传胜：《恐怖主义犯罪研究》，北京大学出版社 2007 年版。

宋贵伦：《中外社会治理研究报告》（上、下集），中国人民大学出版
社 2015 年版。

孙昂：《美国枪支文化：一部用枪支写成的国家历史》，黑龙江教育
出版社 2014 年版。

王德康：《白领对手——新一代警察面对经济犯罪的考验》，群众出版
社 2009 年版。

王慧博：《白领犯罪与社会控制》，复旦大学出版社 2015 年版。

王林：《美国社区反恐与反恐警务研究》，中国政法大学出版社 2015
年版。

王廷惠：《美国监狱私有化研究——私人部门参与提供公共服务分
析》，中山大学出版社 2011 年版。

王瑞平：《当代纽约警察：机制、策略、经验》，中国人民公安大学
出版社 2009 年版。

王希：《原则与妥协：美国宪法的精神与实践（增订版）》，北京大学
出版社 2014 年版。

王永超：《这才是美国》，北京时代华文书局 2015 年版。

王政：《美国亚裔有组织犯罪与帮派团伙研究》，中国人民公安大学
出版社 2006 年版。

吴宏耀：《美国联邦宪法第四修正案：非法证据排除规则》，中国人
民公安大学出版社 2010 年版。

徐显明：《少年司法的一个世纪》，商务印书馆 2008 年版。

诸葛文：《CSI 犯罪现场调查》，中国法制出版社 2015 年版。

姚建龙：《超越刑事司法：美国少年司法史纲》，法律出版社 2009
年版。

殷来：《我在美国坐牢：揭秘美国联邦监狱》，法律出版社 2008 年版。

张鸿巍：《美国检查制度研究》，人民出版社 2011 年版。

张杰：《萨瑟兰与犯罪学》，法律出版社 2010 年版。

张文娟：《中美少年司法制度探索比较研究》，法律出版社 2010 年版。

张勇安：《变动社会中政策选择：美国大麻政策研究》，上海东方出版中心 2009 年版。

张小虎：《当代中国社会结构与犯罪》，群众出版社 2009 年版。

张筱薇：《新型国际犯罪研究》法律出版社 2012 年版。

周琪、袁征：《美国的政治腐败与反腐败——对美国反腐败机制的研究》，中国社会科学出版社 2009 年版。

二 中文论文

陈新锦、林晓萍：《理想与现实的交织——美国毒品外交的兴起及其外延与内涵评析》，《福建警察学院学报》2011 年第 2 期。

陈新锦、林晓萍：《美国麻醉品刑事化过程中的种族歧视问题探究》，《福建师范大学学报》（哲学社会科学版）2011 年第 2 期。

陈新锦、林晓萍：《美国早期禁毒立法中联邦权力问题评析》，《历史教学》（高校版）2011 年第 4 期。

丁利民：《持枪如何成为美国公民的一种权力》，《法人》2007 年第 5 期。

范旭华：《从安然事件反思中国公司治理》，《今日湖北》（理论版）2007 年第 2 期。

傅达林：《透视美国枪支管制》，《人权》2007 年第 8 期。

高汉：《美国信用评级机构的责任演变与监管发展——从安然事件到次贷危机》，《华东政法大学学报》2010 年第 5 期。

高丽娜：《从宪法学角度看美国禁枪问题》，《人民论坛》2011 年第 1 期。

高英彤、姚旺：《试析美国枪支泛滥与枪支犯罪的原因》，《白城师范高等专科学校学报》，2000 年第 2 期。

高巍、刘刚：《美国禁毒政策初探》，《云南警官学院学报》2015 年第
　3 期。

耿银平：《从美国校园枪击案反思国内暴力文化》，《云南教育》2007
　年第 4 期。

贾元：《犯罪社会学理论视野下的白领犯罪成因探讨》，《法治与社
　会》2013 年第 5 期。

江振春：《断裂的年代与美国文化战争——以枪支管制问题为研究对
　象》，《学术界》2014 年第 5 期。

蒋畅奇：《美国枪支问题的困境》，《法制与社会》2014 年第 7 期。

金强：《白领犯罪及防治策略研究》，《上海公安高等专科学校学报》
　2009 年 4 月号。

韩文龙：《关注青少年的心理健康——从美国校园枪击案说起》，《现
　代商贸工业》2007 年第 8 期。

李丹：《个人权利充分自由化的背后——美国的枪支问题》，《世界文
　化》2011 年第 9 期。

雷安军：《美国现代司法审查的兴起》，《北方法学》2011 年第 6 期。

刘奇耀：《美国宪法第二修正案述评》，《山东社会科学》2012 年第
　10 期。

李淼：《白领犯罪的法律概念与法学理论》，《法学研究》2008 年第
　9 期。

李本森：《破窗理论与美国的犯罪控制》，《中国社会科学》2010 年第
　5 期。

李立丰：《美国青少年"管制物质"滥用犯罪若干重要理论问题简
　析》，《青少年犯罪问题》2010 年第 1 期。

李立丰：《美国青少年性犯罪若干重要理论问题简析》，《青少年犯罪
　问题》2008 年第 7 期。

李淑娟：《浅谈白领犯罪及其处罚》，《甘肃政法成人教育学院学报》
　2007 年第 6 期。

李昕朔：《中美枪支管理制度比较研究》，《湖北警官学院学报》2014

年第 4 期。

李小宁：《白领犯罪的行为经济学研究》，《山东经济》2009 年第
　　6 期。

李志红：《美国犯罪未成年人矫正控制与思考》，《山西青年管理干部
　　学院学报》2007 年第 1 期。

梁德阔、徐大慰：《美国青少年重复犯罪的实证研究》，《河北法学》
　　2013 年第 1 期。

梁建生：《吸毒应合法化吗？——关于毒品问题的国际大论战》，《国
　　际展望》2000 年第 1 期。

林东晓：《警枪前的人权——致命武力之法律规制研究》，《中国政法
　　大学学报》2012 年第 3 期。

林晓萍：《"毒品战争"及其问题评析》，《福建警察学院学报》2010
　　年第 2 期。

林晓萍：《全球毒品控制体系的演变与美国因素》，《福建师范大学学
　　报》（哲学社会科学版）2012 年第 2 期。

刘强：《美国社区矫正与犯罪刑罚控制的演变史研究》，《华东政法大
　　学学报》2008 年第 4 期。

刘彤：《持枪自由确有法律依据吗？——评宪法第二修正案》，《赤峰
　　学院学报》（汉文哲学社会科学版）2008 年第 2 期。

刘宇：《美国枪支问题背后的原因解析》，《青年探索》2015 年第
　　2 期。

刘静：《美国新枪械管制法艰难前行》，《观察与思考》2008 年第
　　12 期。

刘静坤、丁丽玮：《美国近期犯罪态势与警务改革评析》，《贵州警官
　　职业学院学报》2008 年第 5 期。

刘丽丽：《美国的枪支文化》，《中共石家庄市委党校学报》2013 年第
　　12 期。

芦佳：《美国毒品合法化问题初探》，《经济研究导刊》2010 年第
　　30 期。

罗洋：《全国步枪协会：美国枪支管制的主要障碍》，《湘潮（下半

月）》（理论）2007 年第 12 期。

潘飞：《枪杆子里见美国》，《出版出版广角》2016 年第 1 期。

齐永辉：《青少年犯罪的社会治理》，《兰州大学学报》（哲学社会科
　　学版）2008 年第 4 期。

任东来：《持枪权与美国宪法第二修正案的解释和吸纳》，《南京大学
　　学报》（哲学·人文科学）2009 年第 4 期。

邵娜、陈玉苗：《论中美枪支管理制度背后的法律文化》，《经营管理
　　者》2009 年第 11 期。

石庆环：《立法与反腐：以美国联邦政府腐败治理为研究对象》《辽
　　宁大学学报》（哲学社会科学版）2015 年第 3 期。

孙哲、赵可金：《美国国会对腐败问题的治理》，《清华大学学报》
　　（哲学社会科学版）2009 年第 5 期。

汤伟：《自由的代价：在美国禁枪只是幻想》，《文学教育》（下）
　　2015 年第 1 期。

汪天德：《美国青少年问题发展的新趋势》，《江苏社会科学》2013 年
　　第 10 期。

王娟：《青少年犯罪的社会控制》，《山西大学学报》2007 年第 6 期。

王宏伟：《美国禁枪的障碍与前景》，《中国减灾》2007 年第 5 期。

王慧博：《社会学习理论视角的我国白领犯罪解析》，《河南社会科
　　学》2012 年第 8 期。

文林：《美国毒品问题分析》，《广西公安管理干部学院学报》2013 年
　　第 4 期。

万玺：《美国枪支管控的历史及其发展前景探究——由华盛顿枪击案
　　引发的思考》，《法制博览》（中旬）2014 年第 5 期。

吴健毓：《关于麦道夫骗局的思考及其启示》，《商业时代》2012 年第
　　9 期。

徐华娟、毛英琴：《美国“馈金时代”的腐败机》，《领导文萃》
　　2014 年第 24 期。

严波：《浅析美国政府行政伦理与反腐败机制建设》，《南京人口管理
　　干部学院学报》2011 年第 4 期。

颜昌武、罗凯：《美国进步时代的腐败治理及其对中国的启示》，《学术研究》2015 年第 4 期。

杨嵩涛：《19 世纪末期以来美国的腐败问题及应对措施》，《天津行政学院学报》2011 年第 5 期。

姚建龙：《美国少年司法严罚刑事政策的形成、实践与未来》，《法律科学》（西北政法大学学报）2008 年第 3 期。

张海峰：《美国为什么人人有枪》，《中国检察官》2013 年第 5 期。

张鸿巍：《百年擅变：美国少年司法之溯源、衍变及展望》，《南京大学法学评论》2011 年春季卷。

张鸿巍：《浅析美国未成年人案件社会调查制度》，《河北法学》2014 年第 5 期。

张丽平、王崇刚：《美国毒品政策的调整与特点》，《历史教学》2012 年第 2 期。

张林安：《美国毒品管制战略的调整及启示》，《中国药物滥用防治》2014 年第 3 期。

张淑华《美国社会转型时期政治腐败与反腐败》《泰山学院学报》2007 年第 3 期。

张业亮：《大麻合法化何以在美国蔓延》，《世界知识》2015 年第 3 期。

张宇燕、富景筒：《制度缺陷造就美国式腐败》《中国改革》2007 年第 3 期。

张蕴初：《枪声不断——美国独特的枪支文化》《赤峰学院学报》（汉文哲学社会科学版）2015 年第 6 期。

张志鹏：《自由主义思潮发展历程及对青年学生的影响》，《南方论刊》2014 年第 3 期。

赵文、范旭华：《从安然事件反思中国公司治理》，《今日湖北》（理论版）2007 年第 2 期。

赵红梅：《对美国枪支文化代价的思考》《时代文学》2008 年第 16 期。

周立民：《日本毒品滥用的历史和现状》，《中国药物依赖性杂志》

2015 年第 3 期。

周松青：《中美校园暴力法律规制比较研究》，《中国青年研究》2016
　　年第 1 期。

朱霁康：《国际白领犯罪与国际化的内部调查》，《交大法学》2016 年
　　第 2 期。

朱伟一：《美国人的腐败》《领导文萃》，2007 年第 4 期。

朱伟一：《安然事件再反思》，《中国企业家》2007 年第 15 期。

三　译著

［美］阿兰·艾德斯，克里斯托弗·梅：《美国宪法：个人权利、案
　　例与解析》，项焱译，商务印书馆 2014 年版。

［美］阿德勒·劳弗等：《遏制犯罪：当代美国的犯罪问题及犯罪学
　　研究》，廖斌等译，中国法制出版社 2006 年版。

［美］爱德华·斯图尔特：《美国文化模式》，百花出版社 2000 年版。

［美］爱德华·考文：《美国宪法的"高级法"背景》，强世功译，北
　　京大学出版社 2015 年版。

［美］布来恩·隐内：《FBI 犯罪心理画像实录》，王旸译，化学工业
　　出版社 2013 年版。

［美］布莱恩·拉姆，苏珊·斯温：《谁来守护公正——美国最高法
　　院大法官访谈录》，马克译，北京大学出版社 2012 年版。

［美］戴维奥·布莱恩：《风暴眼：美国政治中的最高法院》，胡晓进
　　译，上海人民出版社 2010 年版。

［美］德博拉·罗德：《为了司法/正义：法律职业改革》，张群等译，
　　中国政法大学出版社 2009 年版。

［美］埃德温·萨瑟兰：《白领犯罪》，赵宝成等译，中国大百科全书
　　出版社 2007 年版，第 52—54 页。

［美］埃德温·萨瑟兰、唐纳德·特雷西、戴维·卢肯比尔：《犯罪
　　学原理》（第 11 版），中国人民公安大学出版社 2009 年版。

［美］赫尔曼·奥博迈耶：《最高法院的"掌舵人"：威廉·伦奎斯特
　　首席大法官传》，余冲译，中国法制出版社 2012 年版。

［美］菲律普·普尔普拉：《警察与社区——概念和实例》，杨新华译，中国人民公安大学出版社 2010 年版。

［美］富兰克林·齐姆林：《美国少年司法》，高维俭译，中国人民公安大学出版社 2010 年版。

［美］H. R. 佩里：《择案而审——美国最高法院案件受理议程表的形成》，傅郁林等译，中国政法大学出版社 2010 年版。

［美］詹姆斯·雅各布、吉姆伯利·波特：《仇恨犯罪：刑法与身份政治》，王秀梅译，北京大学出版社 2010 年版。

［美］基斯·威廷顿《司法至上的政治基础——美国历史上的总统、最高法院及宪政领导权》，牛悦译，北京大学出版社 2010 年版。

［美］杰弗里·图宾：《九人：美国最高法院风云》，何帆译，上海三联书店 2010 年版。

［美］杰弗里·图宾：《誓言——奥巴马与最高法院》，丁霄译，上海三联书店 2013 年版。

［美］杰弗瑞·西格尔等：《美国司法体系中的最高法院》，刘哲玮、杨微波译，北京大学出版社 2011 年版。

［美］联邦调查局：《FBI 犯罪现场调查手册》，叶红婷译，外文出版社 2013 年版。

［美］理查德·利奥：《警察审讯与美国刑事司法》，刘方权、朱奎彬译，中国政法大学出版社 2011 年版。

［美］林肯·斯蒂芬斯：《城市的耻辱》，邢锡范译，中国人民大学出版社 2015 年版。

［美］琳达·格林豪斯：《美国最高法院通识读本》，何帆译，译林出版社 2013 年版。

［美］卢卡斯·鲍威：《沃伦法院与美国政治》，欧树军译，中国政法大学出版社 2005 年版。

［美］玛丽·格伦顿：《法律人统治下的国度：法律职业危机如何改变美国社会》，沈国琴等译，中国政法大学出版社 2010 年版。

［美］玛格丽特·罗森海姆等：《少年司法的一个世纪》，高维俭译，商务印书馆 2008 年版。

［英］马丁·因尼斯：《社会控制——越轨行为、犯罪与社会秩序》，陈天本译，中国人民公安大学出版社 2009 年版。

［美］马克·李文：《黑衣人——美国联邦最高法院是如何摧毁美国的》，江溯译，中国法制出版社 2012 年版。

［法］米歇尔·福柯：《规训与惩罚（修订译本）（第 4 版）》，刘北成译，生活·读书·新知三联 2010 年版。

［美］《美国政府道德法、1989 年道德改革法、行政部门雇员道德行为准则》，蒋娜等译，中国方正出版社 2013 年版。

［意］尼可罗·马基雅维利：《君主论·李维史论》，潘汉典译，长春吉林出版集团 2011 年版。

［加拿大］彼得·斯科特《美国战争机器：深度政治、中情局全球毒品网络和阿富汗之路》，蒋小虎、刘永贞、陈艳鑫译，社会科学文献出版社 2016 年版。

［美］萨利·安格尔·梅丽：：《诉讼的话语——生活在美国社会底层人的法律意识》，郭星华等译，北京大学出版社 2007 年版。

［美］斯坦利·库特勒：《最高法院与宪法——美国宪法史上重要判例选读》，朱曾汶、林铮译，商务印书馆 2006 年版。

［美］托马斯·潘恩著：《美国危机》，柯岚译，上海三联出版社 2007 年版。

［英］托尼·金赛拉，芬恩坦·奥图勒：《美国在崩溃》，林凯琦、叶祝弟译，云南人民出版社 2009 年版。

［美］亚历克斯·梯尔：《越轨社会学》（第 10 版）（社会学译丛经典教材系列），王海霞译，中国人民大学出版社 2011 年版。

［法］托克维尔：《论美国的民主》，商务印书馆 1989 年版。

四　英文图书

Bijlefeld, M., *The Gun Conlrol Debate*, N. J: Princeton University Press, 1998.

Bishop, Donna and Scott Decker, *Punishment and Control: Juvenile Justice Reform in USA*. International Handbook of Juvenile Justice, Springer,

1993.

Caulkins J. Hawken, Marijuana legalization, *What everyone needs to know*, N. Y. : Oxford University Press, 2012.

Cottrol, R. , *Gun Control and the Constitution Sources and Explorations on the Second Amendment*, Washington. D. C: American University Press.

David J. Rothman, *The Discovery of the Asylum*, Little Brown, 1971.

Glass Rabi, *Modern Insanity*: *The Inner Link Between Work and Emotional Conflict*, N. Y. : Oxford University Press, 2009.

Ira M. Schwarhz and William H. Barton, *Reforming Juvenile Detention-No More Hidden Closets*, Columbia: Ohio State University Press, 1994.

Johnson Hertiert: *History of American Criminal Justice*, OH: Anderson publishingco, 2003.

John C. Watkins, *The Juvenile Justice Century*: *A Socio legal Commentary on American Juvenile Courts*, Carolina Academic Press, 1998.

Nat Katin-Borland, *Cyberwar*: *A Real and Growing Threat*, *in Sean S. Costigan and Jake Perry Editors*, *Cyberspaces and Global Affairs*, England: Ashgate Publishing Limited, 2012.

Peter C. Kratcoski, *Juvenile Delinquency*, Prentice-Hall, 1979.

Philip G. Zimbardo, *The Human Choice*: *Individuation*, *Reason*, *and Order versus Deindividuation*, *Impulse*, *and Chaos*, Lincoln: University of Nebraska Press, 1969.

Rabe Gary and Dean Champion, *Criminal Courts*: *Structure*, *Process*, *and Issues. Upper Saddle River*, NJ: Prentice Hall, 2002.

Senna & Siegel, *Introduction to Criminal Justice*, West Publishing Company, 1996.

Tomas Bernard, *The Cycle of Juvenile Justice*, Oxford University Press, 1992.

英文论文

Amanda Geller and Jeffrey Fagan, "Pot as Pretext: Marijuana, Race, and the New Disorder in New York City Street Policing", *Journal of Empiri-*

cal Legal Studies, December 2010.

Anna M. Kasunic, "Marijuana Legalization: Lessons from the 2012 State Proposals", *World Medical & Health Policy*, 2012, (4).

D. Mark Anderson and Daniel I. Rees, "The Legalization of Recreational Marijuana: How Likely Is the Worst-Case Scenario?" *Journal of Policy Analysis and Management*, Winter 2014.

David Eitle, "Public School Segregation and Juvenile Violent Crime Arrests in Metropolitan Areas", *Sociological Quarterly*, 2010, Vol. 51.

Deborah A. & Duncan McVicar, "High School: The Relationship between Early Marijuana Use and Educational Outcomes", *Economic Record*, 26 Jan., 2015.

DenYelle Baete Kenyon, "Incorporating Traditional Culture Into Positive Youth Development Programs With American Youth", *Child Development Perspectives*, 2012, Vol. 6 (3).

Hisamitsu Saito, Jun Jie, "Agglomeration Congestion, and U. S. Regional Disparities in Employment Growth", *Journal of Regional Science*, 2016, Vol. 56 (1).

Jeffrey W. Swanson, Nancy A. Sampson, "Guns, Impulsive Angry Behavior, and Mental Disorders: Results from the National Comorbidity Survey Replication", *Behavioral Sciences & the Law*, June 2016.

Jodi M. Jacobson, Paul Sacco, "Employee Assistance Program Services for Alcohol and Other Drug Problems: Implications for Increased Identification and Engagement in Treatment", *The American Journal on Addictions*, 2012, Vol. 21.

John Scott, "Social Processes in Lobbyist Agenda Development: A Longitudinal Network Analysis of Interest Groups and Legislation", *Policy Studies Journal*, November 2013.

Kahane, L., "Understanding The Interstate Export Of Crime Guns: A Gravity Model Approach", *Contemporary Economic Policy*, Vol. 31, 2013.

Karen Gainer Sirota, "Fun Morality Reconsidered: Mothering and the Relational Contours of Maternal-Child Play in U. S. Working Family Life", *Ethos*, 2010, Vol. 38 (4).

Kathleen Ferraiolo, "Morality Framing in U. S. Drug Control Policy: An Example From Marijuana Decriminalization", *World Medical & Health Policy*. December 2016, Volume 6 (Issue 4).

Kerri M. Raissian, "Hold Your Fire: Did the1996 Federal Gun Control Act Expansion Reduce Domestic Homicides?" *Journal of Policy Analysis and Management*, Winter 2016.

Lynne Landsman, "Effects of state medical marijuana laws on adolescent marijuana use", *American Journal of Public Health*, 2013, (103) 5.

Mark W. Miller , Annemarie F. Reardon , Erika J. Wolf, "Alcohol and Drug Abuse Among U. S. Veterans: Comparing Associations With Intimate Partner Substance Abuse and Veteran Psychopathology", *Journal of Traumatic Stress*, 2013, Vol. 26 (1) .

Payne, W. , "The Role of the Media in the Disparate Response to Gun Violence in America"; *Journal of Black Studies*, Vol. 45 (8) . 2014.

Randall Shelden and Lynn Osborne, "For Their Own Good: Class Interests and Child Saving Movement in Memphis, Tennessee, 1900 – 1917", *Criminology*, 1989.

Robert Caldwel, "The Juvenile Court: Its Development and Some Major Problems", *Journal of Criminal Law, Criminology, and Police Science*, Jan. -Feb. , 1991.

Rosalie Liccardo Pacula, "Sevigny . Marijuana Liberalization Policies: Why We Can't Learn Much from Policy Still in Motion", *Journal of Policy Analysis and Management*, 2014.

Sherman, R. , "The Public Opinions for the Gun Control Policy", *Law Maganize*, Apr. 18, 1994.

Steiner, Benjamin and Emily Wright, "Assessing the Relative Effects of State Direct File Waiver Laws on Violent Juvenile Crime: Deterrence of

Irrelevance?" *Journal of Criminal Law & Criminology*, 2006, No. 4.

Wolfgang Stroebe, "Firearm Availability and Violent Death: The Need for a Culture Change in Attitudes toward Guns", *Analyses of Social Issues and Public Policy*, December 2015.

Yingjun Zhou, Denise M. Boudreau, Andrew N. Freedman, "Middle – Class Mothers and Children Trends in the Use of Aspirin and Nonsteroidal Anti – Inflammatory Drugs in the General U. S. Population", *Pharma Co-epidemiol Drug Saf*, 2014, Vol. 23 (1) .

后　记

　　本书是本人 20 多年从事美国犯罪问题与犯罪治理研究工作的结晶。虽然因受篇幅及本人学养与知识储备之局限，书中未能论及该领域研究的所有方面，但是，当今美国社会的主要犯罪问题，特别是热点犯罪问题，例如枪支暴力犯罪问题、毒品滥用问题、大麻合法化问题以及网络犯罪问题等等，均已涵盖在内。

　　最近三十多年来，得益于国家改革开放的大势和中美两国交流与互动的持续推进，中国国内的美国犯罪问题研究取得了长足发展，大量厚重、优秀的研究成果不断涌现。但是截至目前，在"专题性"或"单一方向"的研究成果继续累积的同时，"综合性"或者"多方向"的研究成果仍然难得一见。本书的问世如能在这一小小的缺憾方面有所弥补抑或带来抛砖引玉的效果，这便是本人最大的满足与期待。

　　对于我本人来说，从事美国犯罪问题研究工作更多的是一种发自内心的兴趣和爱好，"著书立说"之事从不是我追求的目标。如今能有这部拙作面世，则要追根溯源到我的同事和朋友樊吉社研究员，是他的一句话让我改变了初衷。一次聊天中他说："你干了这么多年，总得给这一行留下点实实在在的东西吧。"他的话似不经意，但却让我来了"头脑风暴"，并最终确立了这个选题目标。而在从选题意向到全书成稿的整个过程中，中国社会科学院美国研究所学术委员会的各位专家学者以及我的同事陈宪奎、李恒阳等给了我很多高屋建瓴般的指点或具体、实在的帮助。陈宪奎同志在全书内容的布局上提出了极富专业眼光的建议；而李恒阳同志则在我需要的时候提供了慷慨无私的巨大帮助。此外，我的研究室同仁姬虹、潘小松、魏南枝、谢韬等，也都在成书过程中给了我莫大的鼓励和支持。可以说，没有以上方方面面的支持和帮助，就不会有本书的面世。因此，我要在这里发自内心地说一声：谢谢你们！谢谢你们的友情、睿智、慷慨和无私！

物换星移，逝者如斯。在本书各章节逐一完稿的日子里，美国社会的犯罪可以说每天都在发生新的变化、出现新的问题或新的动向。因此，书中的资料与论据难免有挂一漏万乃至失效过时之处，而自己的观点与判断亦难免有浅薄和偏颇之嫌。"写作是门遗憾的艺术"。因此，我对所有碰巧撞见了这本书的人有个愿望：希望您对书中存留的遗憾抑或不足之处宽容海涵，同时也望不吝赐教。

高英东
2017 年 6 月于北京